現代韓国語の形式名詞
「것geos」に関する研究

丁仁京

博英社

目次

凡　例

ACC　Accusative particle（対格助詞）
ADN　Adnominal modifier suffix（連体形語尾）
COP　Copula（指定詞）
DEC　Declarative suffix（平叙文表示形式）
FIN　Final form（終結語尾）
IM　　Imperative suffix（命令文表示形式）
INT　Intimate suffix（非格式体非丁寧形）
NEG　Negative（否定）
NOM　Nominalizer suffix（名詞化辞）
NM　　Nominative particle（主格助詞）
POL1　Formal Politeness suffix（格式体丁寧形）
POL2　Informal Politeness suffix（非格式体丁寧形）
PR　　Prospective suffix（勧誘文表示形式）
PRE　Present（現在・非過去）
PST　Past tense and perfect aspect suffix（過去表示形式）
Q　　Question marker（疑問表示形式）
REM　Reminiscence suffix（回想表示形式）
SH　　Subject honorific suffix（主体尊敬語尾）
TOP　Topic-contrast particle（主題助詞）

(1) その他の文法要素の意味は日本語で表記する。
(2) 文の適切性判断は、?：不自然，??：より不自然，#：意味が変わる，*：非文、
　　を表す。
(3) 韓国語ローマ字表記は、韓国文化観光部のローマ字表記法（第 2000-8 号）
　　に従う。
(4) 本稿で用いる文法用語は、主に日本語学での用語に従うが、必要に応じて
　　は韓国語学での用語を用いるものとする。
(5) 本稿で引用している韓国語文献や例文の日本語訳は、筆者によるものであ
　　り、翻訳についての責任はすべて筆者にある。
(6) 例文番号は、各章ごとに付す。

第1章

序　　論

1.1 はじめに

　言語は類型論的に見ると、孤立語，屈折語，膠着語，抱合語に分類され、主要部前置型と主要部後置型とに区分される。韓国語は、主要部後置型の膠着語とされる。また、言語を意味伝達機能の面から見ると、内容語（content word）は実質的な意味を持ち、機能語（function word）は実質的な意味を持たず統語的機能のみを持つことから、内容語は重く機能語は軽いとされる。韓国語においても機能語を省いても、おおよそその意味を伝えることができるが、機能語だけでは意味伝達はできない。本稿の考察対象である形式名詞[1]「것geos」は機能語であり、この形式名詞というのは名詞の中の下位範疇の一つである。形式名詞とされるものには実質名詞から転用されたものと (1)、その由来となる名詞がないものとがある (2)。次の (1a) はその元の「敷地・大地・場」という意味を持つ「터 teo」が使われている例であり、(1b) (1c) はそこから転用された例である。(1a) の「터 teo」は実質的な意味を持ち、意味的に自立し形態的にも自立して用いられるが、(2) の「것geos」は意味的にも形態的にも自立して使えない。

(1)　a.　터를 잡다 .

　　　　teo-leul　jab-da.

　　　　teo-ACC　定める -DEC

　　　　敷地を定める。

1　韓国語学では、「依存名詞」または「不完全名詞」、「形式名詞」と呼ばれるが、本稿では「形式名詞」（pseudo-noun）と称する。

b. 돈도 없는 터에 사치가 심하다 .

don-do 　eobs-neun 　teo-e 　sachi-ga 　　simha-da.

お金 - も 　NEG-ADN 　teo- に 　ぜいたく -NM 　過ぎる -DEC

お金もないくせにぜいたくが過ぎる。

c. 나는 내일 갈 터이다 .

na-neun 　naeil 　ga-l 　　teo-i-da.

私 -TOP 　明日 　行く -ADN 　teo-COP-DEC

私は明日行くつもりだ。

(2) a. * 것이 많다 .

* geos-i 　　manh-da.

geos-NM 　多い -DEC

のが多い。

b. 새 것이 많다 .

sae 　　　geos-i 　　manh-da.

新 (しい) geos-NM 　多い -DEC

新しいもの / のが多い。

c. 담배는 건강에 해로운 것이다 .

dambae-neun 　geongang-e 　haelou-n 　geos-i-da.

タバコ -TOP 　　健康 - に 　　　悪い -ADN 　geos-COP-DEC

タバコは健康に悪いものだ。

　本稿は、例文 (2) の形式名詞「것geos」を考察するものであるが、この形式名詞「것geos」は、実質的な意味を持たず、文法的な機能上では名詞でありながらも自立性がないため、単独では文に現れることができず、必ず修飾語を伴わなければならないものである。また、形式名詞「것geos」は現代韓国語の形式名詞の中でもその使用頻度が高く [2]、従属節あるいは主節の文末などの使用場面で様々な振る舞いを見せる。このように、広範囲にわたって用いられる形式名詞「것geos」は、先行要素である連体形語尾 [3] と後接要素とを

2 　안효경 （2001） では、現代韓国語の形式名詞 49 個を取り上げ、コーパス資料を用いてその使用頻度について言及しているが、その中で使用頻度が一番高かったのは「것geos」であると述べている （p. 198 〈付録 2〉 を参照のこと）。

3 　韓国語学では、「冠形詞形語尾（adnominalizer）」と呼ばれるが、本稿では「連体形語尾」

含めた形で文法化しており、様々な形式がある。また、それらの文法化の程度には違いがあり、固定化にも差が見られる。従って、これら諸形式は単に形式名詞「것geos」のみの考察では説明ができず、前後要素との関係を含めて考察しなければならない。特に、先行要素である連体形語尾の表す意味が、諸形式の意味・機能に大きく関与している。そのため、本稿では現代韓国語の形式名詞「것geos」を中心に前後要素を含めた「것geos」諸形式を統語的観点から考察し、コーパス資料を用いて実際の用例を検証しながら、その意味・機能を明らかにする。本稿が形式名詞「것geos」のみならず「것geos」に由来する諸形式に焦点を当てて考察を行うのは、従来の研究では形式名詞全般を扱った研究は数多くあるものの、「것geos」及び「것geos」諸形式を包括的に扱った研究がほとんどないためである。

　この研究を通じて従属節や文末など広範囲にわたって「것geos」に由来する諸形式に対する新たな知見が得られ、ひいては現代韓国語の理解も深まるものと考えられる。さらに、言語類型論的研究の観点から「것geos」に由来する諸形式の文法化及び日本語の形式名詞との対照を行い、言語学における韓国語の形式名詞「것geos」の位置づけを試みる。

1.2 研究の対象

　本稿では、(3)～(6)のように用いられる「것geos」諸形式を中心に考察を行う。考察にあたり、形式名詞「것geos」が連体修飾節を受けて用いられるものと、文末に用いられるものとに分類し、分析を行う。

(3)　a.　오히려 우리에게 무서운 <u>것</u>은 없었다.（BREO0294）

　　　ohilyeo　uli-ege　museou-n　<u>geos-eun</u>　eobs-eoss-da.
　　　かえって　私達-に　怖い-ADN　geos-TOP　NEG-PST-DEC
　　　かえって私たちに怖い<u>もの</u>はなかった。

と称する。なお連体形語尾とは、後続の名詞を修飾し連体修飾節を形成する語尾である。

　　b. 이렇게 떠나게 된 걸 용서하세요 . (Vol. 5)

　　　ileoh-ge 　　　　tteona-ge doe-n 　　　　　geo-l 　　　yongseoha-se-yo.
　　　この - ように　　離れる - ようになる -ADN　　geos-ACC　許す -IM-POL2
　　　このように離れるようになった<u>こと</u>を許してください。

(4)　a. 너…혹시 준상이 때문에 유진이랑 헤어진 거냐 …? (Vol. 6)

　　　neo... hogsi 　Junsangi ttaemun-e 　Yujin-ilang 　heeoji-n 　　　geo-nya..?
　　　お前 もしかして ジュンサン せい - で　　ユジン - と　　別れる -ADN　geos-COP-INT-Q
　　　お前 ... もしかしてジュンサンのことでユジンと別れた<u>の</u> ...。

　　b. 너는 …… 여기 일하러 온 게 아니다 . (Vol. 5)

　　　neo-neun yeogi ilha-leo 　o-n 　　　　　ge(geos+i) ani-da.
　　　君 -TOP　　ここに　働き - に　来る -ADN　geos-NM　NEG-DEC
　　　君は……ここに働きに来た<u>のではない</u>。

(5)　a. 태어난 이상 누구나 죽는 거야 . (3SPD2006)

　　　taeeona-n 　　isang nugu-na 　jug-neun 　geo-ya.
　　　生まれる -ADN 以上　誰 - もが　死ぬ -ADN　geos-COP-INT
　　　生まれた以上誰もが死<u>ぬんだ</u>。

　　b. 아무도 우리가 여기 갇힌 줄 모를 거야 . (BREO0294)

　　　amu-do uli-ga 　yeogi gadhi-n 　　jul 　mo-leul 　　　　geo-ya.
　　　誰 - も　私達 -NM ここ 閉じ込められる -ADN NOM 知らない -ADN geos-COP-INT
　　　誰も私たちがここに閉じ込められているとは知らない<u>だろう</u>。

(6)　a. 이런 데서 만나다니 정말 뜻밖인걸 ？(BREO0292)

　　　ileo-n 　　de-seo 　　manna-dani 　jeongmal 　tteusbakk-i-n-geo-l?
　　　こういう -ADN 所 - で　会う - とは　　本当　意外 -COP-ADN-geos-ACC-INT
　　　こんな所で会うとは本当に<u>意外だね</u>。

　　b. 자전거 타고 올걸 . (2CJ00052)

　　　jajeongeo 　ta-go 　　o-l-geo-l.
　　　自転車　　乗る - て　来る -ADN-geos-ACC-INT
　　　自転車に乗って<u>来ればよかったものを</u>。

　　c. 그런 소프트웨어가 나오면 내가 꼭 사줄게 . （BREO0282）

　　　geuleo-n sopeuteuweeo-ga 　nao-myeon nae-ga kkog 　sa-ju-l-ge.
　　　そういう -ADN ソフトウェア -NM 出る - ば　　私 -NM 必ず 買う - あげる -ADN-ge-INT
　　　そのようなソフトウェアが出てくれば、私が必ず<u>買ってあげるよ</u>。

　　上記の (3) は名詞句相当の、いわゆる連体修飾節[4]（用言の語幹＋連体形語尾）を受ける「것geos」であり、(4)(5) は「것geos」に指定詞[5]「이다 ida」が後接し、文末に現れている文である。(4) は、〈連体形語尾＋「것geos」＋「이다 ida」〉という構成要素それぞれの機能が残っており、分析的な構造を維持して機能していると考えられ、(5) では完全に一語化して機能するものである。(6a. b) は「것geos」に目的格助詞「을 eul」が後接した形式であり、(6c) は「것geos」に指定詞「이다 ida」が融合した形式である。これら (6) の形式は統語的構造を持ったものが形態的変化の後、さらに音韻的な縮約が起きて固定化し終結語尾[6]として機能するものである。

1.3 研究の背景と目的

　　1.2 で見たように本稿の考察対象である形式名詞「것geos」に関しては、様々な形式があり、また多くの先行研究による言及はあるが、その内容は個々の意味・用法や諸形式についての概説であり、包括的な研究は見られない。このような状況にある「것geos」の研究であるが、以下に形式名詞「것geos」に関する研究の大まかな流れと分析を簡単に紹介する。

　　形式名詞「것geos」に関する従来の研究を見ると、そのほとんどが形式名詞全般に関する考察の中で扱われている。形式名詞「것geos」だけに焦点を当てた研究には、歴史的な観点からの研究が多く、特定の時代、とりわけ中世韓国語における「것geos」の意味を中心に論議が行われている（李崇寧 1975，李基白 1982，鄭鎬完 1987a, b，李周行 1988 など）。そのため、意味・機能の変化には着目せず、その結果としての「것geos」の形式にのみ注目し論じているものが多く、「것geos」諸形式の共時的研究は少ない。

4　韓国語学では、「冠形節」と呼ばれるが、本稿では (3) のようなものを「連体修飾節」と称する。

5　指定詞は「이다 ida」で代表され、名詞を名詞述語文にする働きを持つ。日本語の「〜だ」に当たる。

6　韓国語の終結語尾は、一方では文の種類（平叙文、疑問文など）を区別する役割を担い、同時に対者待遇を表示する機能も担う。形式名詞「것geos」に由来する (6) のような終結語尾は、モダリティ機能を担っており、日本語の終助詞と同様の機能を持つものと言えるが、対者待遇の表示、及び連体形語尾の形式によってその意味・機能が異なるので、その点では日本語の終助詞とは異なる。

その中にあって形式名詞「것geos」を文法化という観点から捉えた研究としては、김태엽（1990），김언주（1996），안주호（1997）などがあるが、形式名詞全般の諸問題について考察を行ったものであるため、「것geos」の文法化の様相については詳しく述べられていない。

「것이다 geos-ida」は、分析的な構造を持って機能するものと、完全に一語化して機能するものとに分けることができる。分析的な構造を持っている「것이다 geos-ida」については、日本語の「のだ」との対照研究においてスコープ機能があることが指摘されている（宋承姫2000、崔眞姫2005など）。一語化して機能する「것이다 geos-ida」については、「것geos」に先行する連体形語尾の形式によって「-ㄴ 것이다 n geos-ida」と「-ㄹ 것이다 l geos-ida」とに分けられる。韓国語のみを対象とする研究では、「-ㄹ 것이다 l geos-ida」について論じた研究が多く、洪起文（1947）をはじめ、徐正洙（1978）など多くの研究者によって記述がなされている。この「-ㄹ 것이다 l geos-ida」は、「推量（推測）」または「意志（意図）」などの意味を表す形式として知られ、同様の意味を表すとされる先語末語尾[7]「-겠 -gess」との比較に焦点が置かれている。一方、「-ㄴ 것이다 n geos-ida」について論じた研究は、「-ㄹ 것이다 l geos-ida」に関する研究ほど多くはない（신선경1993，南基心・高永根1985など）。しかし、近年日本語の「のだ」と「-ㄴ 것이다 n geos-ida」との対照研究が盛んに行われ、一定の成果を上げている（李南姫2001，宋承姫2000，印省熙2003など）。これらの対照研究の多くは日本語の「のだ」の研究に沿う形で比較検討するという立場を取っているため、韓国語の「-ㄴ 것이다 n geos-ida」自体に対する分析が十分ではない。

なお、終結語尾として機能する「-ㄴ걸 n-geol」「-ㄹ걸 l-geol」「-ㄹ게 l-ge」形式に関する研究は、近年その研究の緒に就いたばかりの状態である。

以上、形式名詞「것geos」及び諸形式に関する先行研究を簡単に紹介したが、先行研究で十分に説明がなされていないと思われる問題点を幾つか挙げる。

7　韓国語の用言は、「語幹（語の意味を表す）＋語尾（文法的な関係を表す）」によって構成されており、語尾は語を完成させる語末語尾（final ending）と、語末語尾を後続させなければ語を完成できない先語末語尾（pre-final ending）とに分類される。先語末語尾には、過去を表す「-었 -eoss」や、推量を表す「-겠 -gess」、尊敬を表す「-시 -si」などがある。

　まず、研究者の内省や作例によるものが多く、実例に基づいた実証的研究はまだ十分に行われていない。次に、形式名詞「것geos」に由来する諸形式についての意味・機能の分析が十分に行われていない。さらに、形式名詞「것geos」及び諸形式が担う意味・機能を　律に説明できる包括的な研究が未だ行われていない。

　これらの点で先行研究が不十分であると共に、形式名詞「것geos」及び諸形式は、「것geos」単独での分析は不可能で、連体形語尾との関連を見ながら総合的に考察をしなければ真の理解はできないと考えられる。しかるに、形式名詞「것geos」に先行する連体形語尾との関連性についての言及がない点が大きな課題である。

　従って、本稿では、現代韓国語の形式名詞「것geos」を中心に、その統語構造における「것geos」の意味・機能を明らかにし、その意味・機能が如何に変化しているのか、さらには、言語学における形式名詞「것geos」の位置づけを多角的な観点からの考察に基づき、包括的に論じることを目的とする。

　なお、それぞれの形式における先行研究の詳細は、章ごとに詳しく述べる。

1.4 研究の方法

　形式名詞「것geos」に由来する諸形式の意味・機能を明らかにし、それがどのように変化しているのかを包括的に論じるため、本稿では三つの研究方法論を採用して考察を行う。

　形式名詞「것geos」は、自立性がなく単独では用いることができず、先行要素である連体形語尾と組み合わせて用いられるものであるが、節の名詞化の場合もその節と一つの統語的単位となってあり、その形式からさらに、連体形語尾と形式名詞「것geos」が一つの単位を成していると見做すべき形式へと変化することもある。

　そこで、まず、（Ⅰ）形式名詞「것geos」の先行要素である連体形語尾との関連から考察を行う。その理由は、形式名詞「것geos」が文法化する場合、その諸形式は必ず先行要素である連体形語尾を含んだ形で文法化すること、及び連体形語尾によって表す意味が異なるからである。

　次に、(Ⅱ) 本稿では機能主義言語学（functional linguistics）的観点から考察を行う[8]。機能主義の見解は、人間が社会でどのように言語を使っているのか、言語使用の側面を解明しようとする立場である。つまり、言語形式が実際の言語使用と密接な関わりを持っており、文法が談話の中で形作られていくという考え方である（Du Bois 1987, Hopper & Traugott 1993, Tomasallo 2003 など）。近年、この機能主義の観点で顕著な実績を挙げているのが文法化の議論である。本稿でもこの文法化（grammaticalization）の観点から、形式名詞「것geos」に由来する諸形式の意味・機能の拡張を明らかにする。さらに、言語類型論的・対照言語学的研究という視点から、類型論的に同タイプである日本語との比較を通して、韓国語の形式名詞「것geos」の特徴及び言語学的位置づけを試みる。

　最後に、(Ⅲ) 形式名詞「것geos」に由来する諸形式が実際の談話においてどのように使用されているのかを調べるために、コーパス資料の実例を基に、談話の場における話し手と聞き手との関係、話し手の意図など、様々な要素と「것geos」諸形式の使用との関係を分析し、その意味・機能を明らかにする。

1.5　考察に用いる言語資料

　本稿では、デジタル化されたテキスト用例を用いて分析・考察を行う。考察に用いた言語資料は、以下の二つのデータである[9]。

　一つ目のデータは、韓国文化観光部・国立国語院から配布されているCD-ROM『21 세기 세종계획 최종성과물(21 世紀世宗計画最終成果物)』(2007) である。このコーパスには、［口語コーパス］（200 ファイル）と、［文語コーパス］（2109 ファイル）とが収められている。口語コーパスは、日常対話や電話対話，討論，会議，演説，講義などを収めたデータであり、

8　言語研究を行う際に、大きく機能主義言語学と形式主義言語学（formal linguistics）の二つの立場がある。形式主義の見解は、言語に対して持っている言語能力を形式的体系として明示しようとする立場である（高見 2000, 小泉 2000 など）。

9　考察に用いた言語資料の詳細は巻末に記す（＜資料Ⅱ＞を参照）。なお、コーパス用例の中には実際の発話に則した表記が含まれているが、コーパス資料に従い、そのまま提示する。

文語コーパスは、新聞や雑誌，小説，ドラマシナリオ・映画シナリオなど
を収めたデータである。

　二つ目のデータは、KBS（韓国国営放送局）のホームページで公開され
ているドラマシナリオである。これは、2000 年以降に作られた 6 本のドラ
マ（60 分 /268 回分）をテキストファイルとしてデータベース化したもの
である。

　その他、必要に応じて小説から目視によって検索した用例や作例を用い
る。また、すべての引用資料は例文末尾に出典（番号）を付す。なお、章
ごとに考察に用いたコーパス資料の範囲が異なるため、章ごとに改めてそ
の範囲と手順を記する。

1.6 本書の構成

　本章に続く第 2 章では、本稿の考察対象に関する共通知識として、形式
名詞「것geos」の特徴と機能、及び「것geos」の先行要素である連体形語尾
についての先行研究の見解を概観し、本稿の立場を明らかにする。連体形
語尾の形式を一次的な形式として‐ㄴ n,‐ㄹ l を認め、それぞれ「現実」「非
現実」の事態を表す形式であるとの仮説に基づいて論じる。

　第 3 章では、連体修飾節を受ける「것geos」を中心に論じる。なお、考察
を行う際、連体形語尾との関連から関係節と名詞句補文とに分けて考察を
行う。

　第 4 章から第 5 章にわたっては、形式名詞「것geos」諸形式のうち、「것
geos」に指定詞「이다 ida」が後接し固定化して文末に現れ機能する「것이
다 geosida」形式を中心に論じる。まず、第 4 章では「것이다 geos-ida」形式
が分析的な構造を維持して機能するものについて考察する。また、第 5 章
では完全に一語化して機能する「것이다 geos-ida」について検討する。この
章では「것이다 geos-ida」形式を、文を構成する事態と事態との関係づけと
いう観点から考察を行う。この関係づけが意味・機能を理解するために重
要であること、及び連体修飾節と文末では、「現実」「非現実」の判断の対
象となる範囲に違いがあることを論じる。

　第 6 章では、従来の研究ではほとんど考察されていない形式名詞「것

geos」に由来する終結語尾を中心に考察を行う。形式名詞「것geos」諸形式のうち、前後要素が固定化して終結語尾として機能する「-ㄴ걸 n-geol」「-ㄹ걸 l-geol」「ㄹ게 l-ge」形式について、話し手が言及しようとする情報と統語形式との関連という観点から考察を行う。

　第7章では、形式名詞「것geos」の特徴及び言語学的位置づけを試みる。まず、文法化の概念に基づいて、形式名詞「것geos」に由来する諸形式の意味・機能の拡張を明らかにする。また、類型論的に韓国語と同タイプに属する日本語との比較を行う。本稿の連体形語尾を含めた形での考察という手法は、従来の日韓対照研究には見られないものであり、この観点から考察することで両言語の違いがより明確になると考えられる。

　最後に第8章では、本稿で得られた研究成果を総合的にまとめる。なお、このように本稿で論じる連体形語尾との関連を通した考察によって、韓国語の統語的な特徴を明らかにすることができると確信している。さらに、本稿の成果は韓国語学にとどまらず、言語類型論・対照言語学へ寄与することが可能になるものと考える。

第 2 章

本稿の考察対象に関する共通知識

2.1 はじめに

　本章では、本稿の考察に入る前段として、研究対象である形式名詞「것geos」の機能、及び「것geos」の先行要素である連体形語尾について先行研究での知見を概観する。一般名詞（完全名詞・自立名詞）や他の形式名詞では出現位置や連体形語尾との共起において、必ず‐ㄴnか、‐ㄹlを選択するという制限があるが、形式名詞「것geos」は様々な位置に現れ、連体形語尾との共起に制限がない。さらに、一般名詞のように固定された語彙的意味を持たない。以上のような特徴を持つことから、ここで確認をしておくことが第 3 章以降での多角的な考察に必要であると思われる。

　形式名詞とは、実質的な意味を持たず、名詞としての機能を担うものであるが、高永根（1970）によれば、「것geos」は文法的な機能としては名詞でありながらも自立性がないため、単独では文に現れることができず、必ず修飾語を伴わなければならないものとされる。従って、形式名詞「것geos」は (1) のように独立語としては使えず、常に〈修飾語＋「것geos」〉の環境で現れる。また、「것geos」は指示詞の後ろに付いて (2c) のように（〈指示詞＋「것geos」〉）、代名詞的に使われることもあり、一般名詞と同様、格助詞との結合に制限がない。

(1)　　　* 것이 많다 .

　　　　* <u>geos</u>-i　　manh-da.
　　　　　geos-NM　多い -DEC
　　　　　<u>の</u>が多い。

(2) a. 새 것이 많다 .[10]

　　　sae　　　geos-i　　manh-da.
　　　新 (しい)　geos-NM　多い -DEC
　　　新しいもの / のが多い。

　　b. 서현의 것을 닮은 그의 웃음 . (BREO0294)

　　　Seohyeon-ui　　geos-eul　dalm-eun　geu-ui　useum.
　　　ソヒョン - の　　geos-ACC　似る -ADN　彼 - の　笑み
　　　ソヒョンのものに似ている彼の笑み。

　　c. 아직도 김치냉장고가 없다면 이 기회에 그것도 하나 ...... (BREO0293)

　　　ajig-do　gimchi-naengjanggo-ga　eobs-da-myeon　i　　gihoe-e
　　　今 - も　キムチ - 冷蔵庫 -NM　　　NEG-DEC- たら　この　機会 - に

　　　geugeos-do　hana.
　　　それ - も　　一つ
　　　まだキムチ冷蔵庫がなかったら、この機会にそれも一つ……

(3) a. 오히려 우리에게 무서운 것은 없었다 . (BREO0294)

　　　ohilyeo　　uli-ege　　museou-n　geos-eun　　eobs-eoss-da.
　　　かえって　　私達 - に　怖い -ADN　geos-TOP　NEG-PST-DEC
　　　かえって私たちに怖いものはなかった。

　　b. 이렇게 떠나게 된 걸 용서하세요 . (Vol. 5)

　　　ileoh-ge　　　tteona-ge doe-n　　geo-l　　yongseoha-se-yo.
　　　この - ように　離れる - ようになる -ADN　geos-ACC　許す -IM-POL2
　　　このように離れるようになったことを許してください。

　以上のように、「것geos」には (1) のように自立性がなく、また、(2a-c) では名詞が「것geos」を修飾し、(3a.b) では用言が「것geos」を修飾するものであるが、用言の修飾を受ける際には、〈用言の語幹 ＋ 連体形語尾 ＋「것geos」〉のように現れる。

　次は、形式名詞「것geos」と助詞との結合を示す。

---

10 「새 sae」は、冠形詞（日本語の連体詞に当たる）として名詞の前に置かれる。

表2-1　「것geos」と助詞の結合

形式名詞	助詞	文語体	口語体
것geos	-은 (eun/は)	것은 (geos-eun)	건 (geo-n)
	-이 (i/が)	것이 (geos-i)	게 (ge)
	-을 (eul/を)	것을 (geos-eul)	걸 (geo-l)

2.2 形式名詞「것geos」の機能

　形式名詞「것geos」は2.1で見たように、様々な使われ方をする。ここでは、「것geos」の主な機能である指示機能と名詞化機能について考察する。

2.2.1「것geos」の指示機能

　形式名詞「것geos」自体は語彙的な意味を持たないが、同一文内あるいはその文の外の何らかを指し示すもので、具体的なものから抽象的なものまで指し示す指示機能を持っている[11]。「것geos」によって指示される対象が具体的な語彙で特定できる場合は、「것geos」はその語彙に置き換えることも可能であるが、抽象的な語彙では表現できない場合もある。

(4)　a.　대형 슈퍼마켓에서 산 고기가 시장에서 산 것보다 더 연했다 .

　　　daehyeong syupeomakes-eseo sa-n　　gogi-ga　sijang-eseo　sa-n
　　　大型　　　スーパー - で　　　買う -ADN 肉 -NM　市場 - で　　買う -ADN
　　　geos-boda　　deo　　　yeonhae-ss-da.
　　　geos- より　　もっと　柔らかい -PST-DEC
　　　大型スーパーで買ったお肉が市場で買った<u>もの</u>よりもっと柔らかかった。

　　　　　　　　　　　　　　　　　　　　　　　　　　　　　　(BREO0293)

　　b.　애들 먹일 걸 왜 손 대 ! (Vol. 5)

　　　ae-deul　meogi-l　　　geo-l　　wae　son　dae!
　　　子供 - 達　食べさせる -ADN　geos-ACC　何　手　付ける -INT
　　　子供たちに食べさせる<u>もの</u>に何で手を付けるの !

11　南基心（1991: 84）によれば、「것geos」自体は語彙的な意味を持たないが、具体的なもの（物）から抽象的なもの（事）まで文脈によって解釈され得る事柄を指し示す、指示機能を持っていると言う。形式名詞「것geos」の機能を「代用」とみなす見解もある（김기혁 2000など）が、本稿では「指示」とする。

c. 대학 졸업장보다 더 귀중한 것들이 얼마든지 있다 , 사람됨은 학력과 무관
   하다 . (BREO0293)

daehag joleobjang-boda deo gwijungha-n <u>geos</u>-deul-i eolma-deunji
大学 卒業書 - より   さらに 貴重 -ADN   geos- 等 -NM いくら - でも
iss-da,   salamdoem-eun haglyeog-gwa mugwanha-da.
ある -DEC 人柄 -TOP   学歴 - と   関係がない -DEC
大学卒業証書よりさらに貴重な<u>もの</u>等がいくらでもある、人柄は学歴と
関係がない。

d. 오히려 우리에게 무서운 것은 없었다 . ((3a) 再掲)

ohilyeo uli-ege   museou-n <u>geos</u>-eun eobs-eoss-da.
かえって 私達 - に 怖い -ADN geos-TOP   ない -PST-DEC
かえって私たちに怖い<u>もの</u>はなかった。

e. 순이가 피아노를 치는 것이 이상하다 . (南基心 1991: 84, (4))

Suni-ga piano-leul   chi-neun   <u>geos</u>-i   isangha-da.
スニ -NM ピアノ -ACC 弾く -ADN   geos-NM   おかしい -DEC
スニがピアノを弾く<u>の</u>が変だ。

　上記の (4a-d) では関係節が修飾する主名詞（被修飾語）として現れ、具体
的対象及び抽象的対象を指し示している。(4a) は同一文内にある「고기 (gogi/
肉)」を指し示し、(4b) は文中にない「食べ物（お菓子や果物など）」を指し示し、
「것geos」はその語彙に置き換えることもできる。(4c. d) は、具体的な対象と
いうよりは、抽象的なものを指し示している。(4e) は「소리 (soli/ 音)，모습
(moseub/ 様子)，사실 (sasil/ 事実)」などピアノを弾くことで想定される事態
に関わる具体的な意味を持つ語彙に置き換えることも可能である。
　また、(5) のような文末に現れる「것geos」であっても、連体修飾節を受
ける「것geos」と同様に指示機能を担っている場合もある。(5) は、「전화
(jeonhwa/ 電話)」を指し示す。

(5)　　ドドイ어 그는 그 이상한 <u>전화</u>의 정체를 알게 되었다 . 그건 진짜 경지에게 온
　　　　<u>전화</u>였다 . 그것도 가족이 아닌 , 그가 모르는 남자에게서 온 것이었다 .

deudieo geu-neun geu isangha-n <u>jeonhwa</u>-ui jeongche-leul al-ge
ついに   彼 -TOP   その 異常 -ADN 電話 - の   正体 -ACC   知る - こと
doe-eoss-da. geugeo-n jinjja Gyeongji-ege o-n <u>jeonhwa</u>-yeo-ss-da.
になる -PST-DEC それ -TOP 本当 キョンジ - に 来る -ADN 電話 -COP-PST-DEC

geugeos-do gajog-i   ani-n,   geu-ga moleu-neun   namja-egeseo
それ - も   家族 -NM   NEG-ADN   彼 -NM   知らない -ADN   男 - から

o-n   geos-i-eoss-da.
来る -ADN   geos-COP-PST-DEC

ついに彼はその異常な電話の正体を知ることになった。それは本当に
キョンジに来た電話であった。それも家族でない、彼が知らない男か
ら来た<u>ものだった</u>。（BRE00292）

　以上のように「것geos」は指示機能を持っており、「것geos」が用いられ
ている同一文内に限らずその文の外にあるものを指示することができる。
先行する名詞を指示する場合は、その名詞と置き換えることも可能であり、
また先行する名詞の存在の有無を問わず、先行文脈や状況から想定できる
事柄を表す抽象的概念を指示する機能も担っている。

2.2.2「것geos」の名詞化機能

　形式名詞「것geos」は指示機能の他に、節を名詞化する、いわゆる名詞化
機能を持っている。

(6) a. 이렇게 떠나게 된 걸 용서하세요 . ((3b) 再掲)

　　ileoh-ge   tteona-ge   doe-n   geo-l   yongseoha-se-yo.
　　この - ように   離れる - ように なる -ADN   geos-ACC   許す -IM-POL2
　　このように離れるようになった<u>こと</u>を許してください。

　b. 디저트를 쳐다보고 있는 그녀의 두 눈이 영롱하게 빛나는 게 보였다 .

　　dijeoteu-leul   chyeodabo-go iss-neun   geunyeo-ui du   nun-i
　　デザート -ACC   見つめる - いる -ADN   彼女 - の   二つ   目 -NM

　　yeonglongha-ge bichna-neun   ge   boy-eoss-da.
　　キラキラ   光る -ADN   geos-NM   見える -PST-DEC
　　デザートを見つめている彼女の二つの目がキラキラ光る<u>の</u>が見えた。

　　　　　　　　　　　　　　　　　　　　　　　　　　　　　　　　（BRE00292）

　c. 나는 남편에게 호소하는 걸 포기했다 . (BRE00294)

　　na-neun   nampyeon-ege   hosoha-neun   geo-l   pogihae-ss-da.
　　私 -TOP   夫 - に   訴える -ADN   geos-ACC 諦める -PST-DEC
　　私は夫に訴える<u>の</u>を諦めた。

　上記の (6) では、以下 (6') のように、通常名詞を項として取る動詞が主節に用いられているため、主節に従属節を埋め込むためには名詞化が必要であり、「것geos」が用いられている。(6a) は、主節の「용서하세요 (yongseoha-se-yo/ 許してください)」に従属節の「이렇게 떠나게 되다 (ileoh-ge tteona-ge doe-da/ このように離れるようになる)」を埋め込むために、従属節を名詞化する必要から「것geos」が用いられている。その他の例も同様である。これら (6a-c) の主動詞が純粋な名詞を項としてとる例を挙げると次の (6') になる。

(6')　a　어머니 못난 아들을 용서하세요 .

　　　　 eomeoni　mosna-n　adeul-eul　yongseoha-se-yo.
　　　　 お母さん　愚か -ADN　息子 -ACC　許す -IM-POL2
　　　　 お母さん、愚かな息子を許してください。

　　 b　구름 사이로 맑고 높은 하늘이 보였다 .

　　　　 guleum　sai-lo　malg-go　nop-eun　haneul-i　boy-eoss-da.
　　　　 雲　　　間 - から　澄む - て　高い -ADN　空 -NM　見える -PST-DEC
　　　　 雲の間から、澄んだ高い空が見えた。

　　 c　나는 복수를 포기했다 .

　　　　 na-neun　bogsu-leul　pogihae-ss-da.
　　　　 私 -TOP　復讐 -ACC　諦める -PST-DEC
　　　　 私は復讐を諦めた。

　このように、形式名詞「것geos」は意味的・統語的には自立性がないが、具体的なものから抽象的な事柄まで指示する機能と文を名詞化する機能とを持っている。

2.3　連体形語尾に関する先行研究

　連体形語尾とは、後続の名詞を修飾し連体修飾節を形成する語尾である。本節では、形式名詞「것geos」が名詞節を形成するために必須とする連体形語尾の体系とその意味機能について、従来どのような議論がなされてきたかを見る。

2.3.1　連体形語尾の体系

現代韓国語の連体形語尾には、- 던 deon，- ㄴ n，- 는 neun，- ㄹ l の四つの形式があり、用言によってその現れ方が異なる。以下、用言による連体形語尾の現れ方を示す。

表2-2　用言による連体形語尾の現れ方[12]

	過去(回想)	過去	現在	未来／推量
動詞	-던 deon	-(으)ㄴ eun	-는 neun	-(으)ㄹ eul
存在詞		-던 deon	-는 neun	-을 eul
形容詞		-던 deon	-(으)ㄴ eun	-(으)ㄹ eul
指定詞		-던 deon	-ㄴ n	-ㄹ l

連体形語尾の形態論的な面に関しては、大きく三つの立場があり、(i)- ㄴ n，- ㄹ l のみを認める立場、(ii)- ㄴ n，- 는 neun，- ㄹ l の三つの形式を認める立場、(iii)- 던 deon，- ㄴ n，- 는 neun，- ㄹ l の四つの形式を認める立場がある[13]。

(i) の立場は、- 던 deon，- 는 neun 形式は、それぞれ主節に現れる先語末語尾 - 더 -deo，- 느 -neu に - ㄴ n が結合してできた複合形式であると考え、主節と従属節、とりわけ連体修飾節に現れる - 더 deo，- 느 neu との共通性を求めようとする立場である。(ii) の立場は、- 는 neun は単一形態として独立した語尾であると認めるが、- 던 deon は先語末語尾 - 더 -deo に - ㄴ n が結合してできた複合形式であると考える立場である。(iii) の立場は、四つの形式

12　連体形語尾 -(으) ㄴ eun と -(으) ㄹ eul は、用言の語幹が子音で終わる場合は - 은 eun，- 을 eul で、母音で終わる場合は - ㄴ n，- ㄹ l で現れる。本稿では、- 은 eun と - ㄴ n，- 을 eul と - ㄹ l は音韻論的異形態として、- ㄴ n と - ㄹ l で代表して表記する。外国語としての韓国語教育では、連体形語尾の形態と意味を国語学的に考慮し指導するよりは、効果的な教授・学習という立場から上記の表のように、過去（回想），過去，現在，未来 / 推量（形容詞と指定詞は推量としてのみ使う）が、- 던 deon，-(으) ㄴ eun，- 는 neun，-(으) ㄹ eul の四つの形式に対応する単一の形態として指導している。

13　(i) の立場には、金完鎮 (1957)，沈在箕 (1979)，徐泰龍 (1980)，李翊燮・任洪彬 (1983)，南基心・高永根 (1985)，張京姫 (1985)，金倉燮 (1987)，徐正洙 (1990)，Lee, H. S. (1991)，최동주 (1995)，문숙영 (2005, 2009)，박재연 (2009) などがある。(ii) の立場には、권재일 (1983)，梁東暉 (1978) などがある。(iii) の立場には、최현배 (1965)，김차균 (1980a, b)，李南淳 (1981b)，李翊燮・任洪彬 (1983)，南基心 (1972, 1978)，任洪彬 (1982)，허웅 (1987)，野間 (1997)，中島 (2002) などがある。

を単一形態として認める立場であり、主節と連体修飾節に現れる - 더 deo, - ㄴ neu との共通性を求めない立場である。

本稿では、(i) の立場をとり、一次的な形式として - ㄴ n, - ㄹ l を認め、- 던 deon, - 는 neun は先語末語尾 - 더 - deo, - 느 - neu に - ㄴ n が結合してできた二次的な複合形式として認める。しかし形式が同じであっても、主節に現れる先語末語尾 - 더 -deo, - 느 -neu と連体修飾節に現れる - 더 deo, - 느 neu とが全く同じ性質を持っているとは考えない[14]。それは、ある形式が主節に現れるか連体修飾節に現れるかなど、その構文によって性質が変わってくるのは当然あり得ることだからである。

2.3.2 連体形語尾の意味機能と分類

連体形語尾を考えるにあたり、まず上で見たように、形態的な分類だけでなくその機能の認定が問題となる。連体形語尾の意味機能に関する従来の研究では、テンス的意味を表す形式とみる立場、アスペクト的意味を表す形式とみる立場、叙法（mood, 以降ムードとする）・モダリティ的意味を表す形式とみる立場、さらに、研究者の中には、アスペクト的意味及びモダリティ的意味の両方で捉えようとする立場、テンス・アスペクト・モダリティ的意味を表す形式としてみる立場など、統一されておらず、研究者の見解は分かれている。

このように先行研究での様々な見解がある中、まず、テンス的意味を表す形式とする研究では、최현배（1965）や梁東暉（1978）、南基心・高永根（1985）などがあり、- ㄴ n, - 는 neun, - ㄹ l の三つの形式をそれぞれ「過去」「現在」「未来」を表すテンス形式として扱っている。テンスの意味を

14　南基心・高永根（1985）では、先語末語尾 - 더 -deo は過去に経験したことを回想するときに用いられ、話し手が主体の行為に対して直接目撃したことを回想して相手に伝えるものである。この先語末語尾 - 더 -deo は連体形語尾にも現れるが、主語が 1 人称の時も使われ、直接経験していない事態についても使われると言う。なお、先語末語尾 - 더 -deo に関しては多くの研究がなされているが、その意味機能について、① テンス・アスペクトの機能を担う、② アスペクト・モダリティ機能を担う、③ モダリティ機能を担う、の三つに分けることができる。モダリティ機能を担う場合、張京姫（1985）では「過去自覚」、이홍식（1995）では「過去に認識された事実に対する発話時の再認識」、김차균（1980a, b）では「回想」「新しく知る」、徐正洙（1977b, 2006）では「報告」「知らせ」、任洪彬（1982）では「意識の断絶」を表すとする。その他研究者によって解釈が異なる。- 느 neu については〈脚注 19〉を参照されたい。

表す形式とする立場から見れば、以下の (7a) の -는 neun は「現在」を、(7b)
の -ㄴ n は「過去」を、(7c) は「現在」を、また、(7d) の -ㄹ 1 は「未来」
を表すとされる。しかし、南基心（1976, 1978）では、-ㄴ n, -는 neun, -
ㄹ 1 が「過去」「現在」「未来」など一貫したテンスを表さず、連体修飾節
のテンスが主節時基準とも発話時基準とも断定できないと述べている。そ
して、-ㄴ n, -ㄹ 1 の二つの形式がアスペクト的意味及びモダリティ的意
味を表すものとし、それぞれ「完了」対「未完了」、「確定」対「未確定」、「実
現」対「未実現」など話し手の主観的な事態把握を表すという認知的観点
から捉えている。

(7)　a.　아침에 지하철에서 <u>조는</u> 사람을 많이 보았다 .

　　　　achim-e　jihacheol-eseo　<u>jo-neun</u>　　　　salam-eul　manhi　bo-ass-da.
　　　　朝 - に　　地下鉄 - で　　うとうとする -ADN　人 -ACC　　たくさん　見る -PST-DEC
　　　　朝、地下鉄で<u>うとうとする人</u>をたくさん見た。

　　b.　어제 <u>읽은</u> 책을 좀 빌려줘 .

　　　　eoje　<u>ilg-eun</u>　　　chaeg-eul　jom　　　billy-eoj-wo.
　　　　昨日　読む -ADN　　本 -ACC　　ちょっと　貸す - くれる -INT
　　　　昨日<u>読んだ</u>本をちょっと貸して。

　　c.　<u>예쁜</u> 강아지를 한 마리 샀어요 .

　　　　<u>yeppeu-n</u>　　　gangaji-leul　han　mali　sa-ss-eoyo.
　　　　可愛い -ADN　　子犬 -ACC　　一　　匹　　買う -PST-POL2
　　　　<u>可愛い</u>子犬を一匹買いました。

　　d.　내일 <u>입을</u> 옷을 챙겨 줄래 ? (국립국어원 2005b: 162-174)

　　　　naeil　<u>ib-eul</u>　　　os-eul　　chaenggy-eo　ju-l-lae.
　　　　明日　着る -ADN　　服 -ACC　　取りまとめる - くれる -ADN-FIN-INT-Q
　　　　明日<u>着る</u>服を取りまとめてくれる？

　さらに、李翊燮・任洪彬（1983）, 高永根（2004）などでは、-ㄹ 1 は (8b)
のように過去を表す先語末語尾「- 었 -eoss」が -ㄹ 1 に先行することから、
-ㄹ 1 は未来を表すテンス形式でないことが明らかであり、(8a. b) は「推量（推
測）」、(8c) は「意志（意図）」を表すとし、モダリティ的意味を表す形式と
捉えている。

(8) a. 지금 신나게 놀고 있을 놈들이 부럽군요.

　　　jigeum　sinna-ge　　nol-go iss-eul　　mom-deul-i　　bleob-gun-yo.
　　　今　　　楽しい-く　　遊ぶ-いる-ADN　やつ-等-NM　　羨ましい-FIN-POL2
　　　今楽しく遊んでいるであろうやつらが羨ましいですね。

　　b. 이제는 다 자랐을 손자 놈이 보고 싶다.

　　　ije-neun　da　　　jala-ss-eul　　　sonja　nom-i　　bo-go sip-da.
　　　今-TOP　すっかり　大きい-PST-ADN　孫　　やつ-NM　会う-たい-DEC
　　　今はすっかり大きくなったであろう孫に会いたい。

　　c. 갈 사람은 가고 있을 사람은 있자.

　　　ga-l　　　salam-eun ga-go　　iss-eul　　salam-eun　iss-ja.
　　　行く-ADN　人-TOP　　行く-て　居る-ADN　人-TOP　　いる-PR-INT
　　　行く人は行って、居る人はいよう。

　　　　　　　　　　　　　　　　　　　　　　（李翊燮・任洪彬 1983: 194,（53）(54)(56)）

　連体形語尾を、テンス的意味を表す形式と捉えない立場には、上で触れた南基心（1978）などの他、沈在箕（1979, 1982）などがある。沈も、-ㄴn と -ㄹl を「＋完了性」「＋決定性」対「－完了性」「－決定性」のようにアスペクト的意味及びモダリティ的意味を表すものとして扱っている。

　また、徐泰龍（1980）や安明哲（1983）などでは、-ㄴn と -ㄹl を「決定性」または「確実性」に関わる認識モダリティの対立と捉えている。さらに、李周行（1988）では、-ㄴn は「過去」「完了」「経験」の意味を、-는 neun は「現在」「現実」「進行」の意味を、-ㄹl は「未来」「推定」「意志」のように、テンス・アスペクト・モダリティ的意味を表す形式としている。

　近年では、類型論的議論において、ムード・モダリティに対して用いられている概念である「現実（realis）」「非現実（irrealis）」を用いて、-ㄴn と -ㄹl の対立を記述しようとする研究が多い[15]。Lee, H. S.（1991）では、-ㄴn は「現実連体形」として現実の状況を表すのに用いられ、-ㄹl は「非現実連体形」として基準時にはまだ起こっていないが、その後すぐ起こる状況を表す場合に用いられるとしている。문숙영（2005, 2009）や임동훈

───────────────

[15]　連体形語尾 -ㄴn と -ㄹl を「現実・非現実」の対立として記述している研究には、신현숙（1986）, Lee, H. S.（1991）, 최동주（1995）, 박재연（2004, 2006, 2009）, 문숙영（2005, 2009）, 임동훈（2008）, 堀江（2002）, 丁（2010b）などがある。

(2008) [16]，박재연（2004, 2006, 2009）でも、- ㄴ n と - ㄹ l の意味を現実と
非現実の対立として捉えている。その他、- ㄹ l のみを対象にした研究には
村田（2000）と高地（2008），임동훈（2009）があるが、これらの研究で
も - ㄹ l は非現実の性格を持つとする。なお、これら「現実」「非現実」と
捉える先行研究では、連体修飾節の性質の違いによる分析はほとんどなさ
れていない。

2.4　2章のまとめ

　以上のように、形式名詞「것geos」は、意味的・統語的には自立性がない
が、具体的なものから抽象的な事柄まで指し示す機能と、文を名詞化する
機能を持っている。本稿では、形式名詞「것geos」の必須要素である連体形
語尾の体系について、2.3 で述べたように一次的な形式として - ㄴ n，- ㄹ l
を認め、それぞれ「現実」「非現実」の事態を表すものとして論を進める [17]。
従来の研究でのテンスやアスペクト的意味を表すという見解よりも、「現実」
対「非現実」という捉え方のほうが、より一貫した説明ができると考える。
なお、この点については第 3 章以降で詳しく論じる。また、- 던 deon, - 는
neun は二次的な複合形式として、「過去未完了」の - 더 deo [18] と「現在未完了」
の - ㄴ neu [19] に、- ㄴ n が結合した形式として扱う。

16　임동훈（2008: 215）では、連体形語尾 - ㄴ n, - ㄹ l や名詞化辞「- 음 eum」「- 기 gi」を「内
　　包文語尾」という用語を用いている。また「現実・非現実」をそれぞれ「叙実法（realis）・
　　叙相法（irrealis）」の用語を用いている。

17　本稿では、韓国語の連体形語尾 - ㄴ n，- ㄹ l がそれぞれ「現実」「非現実」の事態を
　　表すものとして論を進めていくが、第 3 章以降で見るように類型論的議論で用いら
　　れている用語としての「realis」「irrealis」と完全には合致しない。そのため、本稿では
　　混乱を避けるために英語表記を外し、「現実」「非現実」として表記する。類型論でい
　　う「realis」「irrealis」との具体的な違いは、該当する箇所でその都度示す。

18　최동주（1995: 277）では、- 더 deo が表す「進行，持続，反復，中断」の意味が共有
　　する属性は、状況の一面を表すところにあるとし、- 더 deo が「非完結相」であるこ
　　とを意味するとする。문숙영（2009）でも同様の見解である。

19　문숙영（2009）によれば、- ㄴ neu は「非過去時制」を表すとする。その理由として、
　　①未来状況と結合すること，②絶対時制の - ㄴ neu と相対時制の - ㄴ neu が同一であ
　　るということを説明する方法がない，③現在未完結と対照するものがない，④ - ㄴ
　　neu の出現が話し手の選択に左右されない、という理由を挙げ、「非完結相」という
　　見方を否定している。

第 3 章

従属節における「것geos」の機能

3.1　はじめに

　本章では、従属節のうち連体修飾節を受ける「것geos」の機能を連体形語尾と組み合わせて考察を行う。すでに第 2 章で見たように先行研究によれば、連体形語尾の意味機能はテンス・アスペクト・モダリティといった複数の領域にあたり、統一された見解があるとは言えない。

　また、連体形語尾に関する先行研究は、主名詞（被修飾名詞）が一般名詞である場合の考察が中心であり、形式名詞に関する考察は少ない。一般名詞が主名詞となる場合は、連体形語尾の形式と名詞との共起関係、とりわけ連体形語尾 - ㄹ 1 としか共起しない主名詞に関する研究が多い。その中には、連体修飾節を「関係節」と「名詞句補文」とに分類し、考察している研究がある（南基心 1973，권재일 1980，李翊燮・任洪彬 1983 など）。

　用言が名詞を修飾する場合には、〈用言の語幹＋連体形語尾〉のように連体形語尾は必須の要素であり、その連体形語尾には複数の形式がある。そのため、先行研究では連体形語尾について様々な考察が加えられている。しかし、主名詞が一般名詞ではなく形式名詞である場合にも連体形語尾は必須であり、連体形語尾と切り離して考えるべきではなく、両者を組み合わせて考察すべきである。さらに、この後述べるように、連体修飾節の事態内容に連体形語尾の形式が関わってくるので、形式名詞「것geos」の考察にあたっても連体形語尾との考察が必要である。

　本稿で、連体形語尾と「것geos」を組み合わせて考察するという新たな観点から分析することで、連体形語尾についてもその特徴を見出しやすくなり、韓国語の「것geos」の機能の理解を深め、さらには、韓国語の連体形語尾についての理解も深まると考える。

本章では、(1) のような連体修飾節を受ける「것geos」の考察を行う。

(1) a. 오히려 우리에게 무서운 것은 없었다 . (BREO0294)

　　　ohilyeo　uli-ege　museou-n　geos-eun　eobs-eoss-da.
　　　かえって　私たち　怖い -ADN　geos-TOP　NEG-PST-DEC
　　　かえって私たちに怖いものはなかった。

b. 이렇게 떠나게 된 걸 용서하세요 . (Vol. 5)

　　　ileoh-ge　　　tteona-ge doe-n　　　　geo-l　yongseoha-se-yo.
　　　この - ように　離れる - ように　なる -ADN　geos-ACC　許す -IM-POL2
　　　このように離れるようになったことを許してください。

なお、本章では次の (2a) のようにすでに語彙化して名詞になっているもの、(2b) の「名詞（句）＋같은 (gat-eun/ ような)」構造をもつもの、(2c) の「그런 (geuleo-n/ そんな)」[20] など「形容詞の語幹＋連体形語尾」のような構造を持ち、その形式自体が指示機能を持つものは考察対象から外す。

(2) a. 우리 재명이 , 그 어린것이 세상 살기가 싫단다 . 5 학년이야 .

　　　uli　Jaemyeong-i,　geu eoli-n-geos-i　　　sesang sal-gi-ga
　　　私たち ジェミョン　その　幼い -ADN-geos-NM　世の中　生きる -NOM-NM
　　　silh-da-n-da.　5-hagnyeon-i-ya.
　　　嫌 - と -DEC　5- 学年 -COP-INT
　　　うちのジェミョン、その幼子が世の中生きるのが嫌なんだって。5 年生だよ。（BREO0293）

b. 휘이익 , 서늘한 바람 같은 게 등골을 스쳤다 .

　　　hwiiig,　sconeulha-n balam　gat-eun ge　deunggol-eul　　seuchyeo-ss-da.
　　　すうっと　涼しい -ADN 風　　よう -ADN　geos-NM 背筋 -ACC　かすめる -PST-DEC
　　　すうっと、涼しい風のようなものが背筋をかすめた。

c. 푸른 꽃을 고르려고 했지만 그런 건 어디에도 없더군요 .

　　　puleu-n kkoch-eul goleu-lyeo-go　hae-ss-jiman　geuleo-n　　geo-n
　　　青い -ADN 花 -ACC　選ぶ - よう - と　する -PST- けど　そのよう -ADN geos-TOP
　　　eodi-e-do　　　eobs-deo-gun-yo.
　　　どこ - に 3- も　ない -REM-FIN-POL2
　　　青い花を選ぼうとしたけど、そんなものはどこにもなかったですよ。

20　その他、이런（ileo-n/ こんな), 저런（jeoleo-n/ あんな), 어떤（eotteo-n/ どんな）を含む。

　なお、考察に用いた言語資料は、CD-ROM『21 세기 세종계획 최종 성과물
(21 世紀世宗計画最終成果物)』(2007) である。このコーパス資料から「것
geos」「거 geo」「건 geon」「게 ge」「걸 geol」[21] でマッチする用例を Em Editor を
用い、検索した後に一文ずつチェックし、今回の考察対象となる用例に絞り
込んだ。このような手順で抽出した 1039 例をコーパス資料として用いる[22]。

3.2　連体修飾節構文の二類型

　連体修飾節はその構文性質によって、主名詞（被修飾名詞）と修飾節の
間に格関係が成立する、すなわち主名詞が修飾節の必須成分として格助詞
を伴って修飾節に戻すことができる「関係節」(gap あり) と、格関係が成
立しない、すなわち修飾節内に組み入れることのできない「名詞句補文」(gap
なし) の二種類がある。このように構文性質によって連体修飾節の構文に
は二つの類型が認められる。

(3) 　　　[노래를 부르는] 순이　　　(← Ø 가 노래를 부른다)

　　　　[nolae-leul buleu-neun] Suni (← Ø -ga nolae-leul buleu-n-da)

　　　　歌 -ACC　　歌う -ADN　スニ　　-NM　歌 -ACC　　歌う -PRE-DEC

　　　　歌を歌うスニ (← Ø が歌を歌う)

(4) 　　　[순이가 노래를 부르는] 목소리

　　　　[Suni-ga　nolae-leul　buleu-neun] mogsoli

　　　　スニ -NM　歌 -ACC　　歌う -ADN　声

　　　　スニが歌を歌う声

　徐正洙 (2006: 1259-1322) によれば、(3) のような文は「関係節 (relative
clause)」、(4) は「冠形化補足節」に相当する[23]。この「冠形化補足節」は、「内

21　「것geos」の検索においては、文語体では「것geos」で現れ、口語体では「거 geo」「건
　　geon」「게 ge」「걸 geol」で現れるため、「것geos」「거 geo」「건 geon」「게 ge」「걸 geol」
　　の 5 つの形式について検索を行った（第 2 章の〈表 2-1〉参照）。
22　考察に用いたコーパス資料は、CD-ROM『21 세기 세종계획 최종 성과물』(2007) に収
　　められている [文語コーパス] のうち、(BREO0292 ~ BREO0294) の三つのデータ
　　(1.09MB) である。コーパス資料の詳細は巻末に記す（＜資料Ⅱ＞を参照）。
23　徐正洙 (2006: 1271) は、「冠形化補足節」は「名詞句補足節／補文 (noun phrase

容節（content clause）」や「同格冠形節」とも呼ばれている。(3)(4) は、主名詞が一般名詞の例であるが、形式名詞「것geos」であっても同様に「関係節」と「名詞句補文」の二種類がある。

(5) a. ［그들이 모르는］것이 많다.　　　　　（←그들이 Ø 를 모른다）

　　　［geu-deul-i moleu-neun］geos-i manh-da .（← geu-deul-i Ø -leul moleu- n-da）
　　　彼 - 等 -NM　知らない -ADN geos-NM 多い -DEC　彼 - 等 -NM　-ACC 知らない -PRE-DEC

　　　彼らが知らないことが多い。　　　　　（←彼らが Ø を知らない）

　　b. 그들이 모르는 {것이 / 문제가 / 사건이} 많다 .（徐正洙 2006: 1274, (4)）

　　　geu-deul-i　moleu-neun　{ geos-i /munje-ga /sageon-i }　manh-da.
　　　彼 - 等 -NM　知らない -ADN　geos-NM/ 問題 -NM/ 事件 -NM　多い -DEC

　　　彼らが知らない{ ことが / 問題が / 事件が }多い。

(6) a. ［그들이 정치를 모르는］것이 틀림없다.

　　　［geu-deul-i　jeongchi-leul　moleu-neun］　geos-i　　teullimeobs-da.
　　　彼 - 等 -NM　政治 -ACC　　知らない -ADN　geos-NM　　間違いない -DEC

　　　彼らが政治を知らないことは間違いない。

　　b. 그들이 정치를 모르는{것이 /* 문제가}틀림없다 .（徐正洙 2006: 1274, (3)）

　　　geu-deul-i jeongchi-leul moleu-neun　{ geos-i /*munje-ga } teullimeobs-da.
　　　彼 - 等 -NM　政治 -ACC　　知らない -ADN　geos-NM/ 問題 -NM　　間違いない -DEC

　　　彼らが政治を知らない {ことは / 問題は }間違いない。

　(5a) の「것geos」は (5b) のように「문제 (munje/ 問題)」や「사건 (sageon/ 事件)」などに置き換えることができ、修飾節内の gap と主名詞が同一の指示物を持つ関係節である。一方、(6a) の修飾節内には gap がなく、主名詞である「것geos」は単に節・文を名詞化する機能を担っている名詞句補文である。

　この名詞句補文には、(6a) や (7) のように「것geos」が単に文を名詞化するものと、(8) のように名詞化だけでなく修飾節が主名詞の内容を補足するものとの二種類がある。

___

complement）」の一つであるとする。また、李翊燮・任洪彬（1983: 270-285）では、「関係化（relativization）」と「名詞句補文化（NP-complementation）」と呼んでいる。日本語学では、「関係節」は「内の関係（＝付加的修飾）」（［サンマを焼く］男）とも、「名詞句補文」は「外の関係（内容補充的修飾）」（［サンマを焼く］匂い）とも呼ばれている（寺村 1992: 202）。

(7) a. 이렇게 떠나게 된 걸 용서하세요 . ((1b) 再掲)

　　　ileoh-ge　　　tteona-ge doe-n　　　geo-l　　yongseoha-se-yo.
　　　この - ように　離れる - ようになる -ADN　geos-ACC　許す -IM-POL2
　　　このように離れるようになった<u>こと</u>を許してください。

　 b. 슬픔이 용암처럼 끓고 있는 게 느껴졌다 . (BREO0294)

　　　sulpeum-i　yongam-cheoleom kkeulh-go iss-neun ge　neukkyeojyeo-ss-da.
　　　悲しみ -NM　溶岩 - ように　　　沸く - いる -ADN　geos-NM 感じられる -PST-DEC
　　　悲しみが溶岩のように沸いている<u>の</u>が感じられた。

(8) a. 경지는 규혁의 입이 벌어지는 것을 가만히 쳐다보았다 . (BREO0292)

　　　Gyeongji-neun Gyuhyeog-ui　ib-i　　beoleoji-neun geos-eul　gamanhi
　　　キョンジ -TOP　キュヒョク - の　口 -NM　開く -ADN　　geos-ACC　じっと
　　　chyeodabo-ass-da.
　　　見つめる -PST-DEC
　　　キョンジはキュヒョクの開いた口が塞がらない<u>の</u>をじっと見つめた。

　 b. 순이가 피아노를 치는 것이 이상하다 . (南基心 1991: 84, (4))

　　　Suni-ga　piano-leul　chi-neun　　geos-i　　isangha-da.
　　　スニ -NM　ピアノ -ACC　弾く -ADN　geos-NM　おかしい -DEC
　　　スニがピアノを弾く<u>の</u>が変だ。

　　(8) は「것geos」の内容を補足するものであり、その補足内容によっては、(8a)
は「모습（moseub/ 姿）」に、(8b) は「소리（soli/ 音）」、「모습（moseub/ 姿）」、「사
실（sasil/ 事実）」などのように抽象的な意味を持つ語彙にも置き換えること
が可能である [24]。

---

[24]　徐正洙（2006: 1278）では、名詞句補文に現れる「것geos」は以下の (a)(b) のように「사
　　실（sasil/ 事実）」や「일（il/ 行為・こと等）」に置き換えられ易いとしている。名詞句
　　補文における「것geos」が主名詞に代替できることについては、その他、윤용선 (1989)、
　　南基心（1991）などでも指摘されている。
　　(a) 나는 그들이 다시 결합하는 {사실 / 것 }을 알고 있다 .
　　　　na-neun　geu-deul-i　　　dasi gyeolhabha-neun {sasil/geos}-eul　al-go iss-da.
　　　　私 -TOP　彼 - 等 -NM　また 結合する -ADN　　事実 /geos-ACC　知る - ている -DEC
　　　　私は彼らがまた一緒になる { 事実 / こと } を知っている。
　　(b) 그 부부가 가끔 다투는 {일 / 것 }이 목격되었다 .
　　　　geu bubu-ga　gakkeum datu-neun {il/geos}-i　　moggyeogdoe-eoss-da.
　　　　その 夫婦 -NM　時々　　争う　　こと /geos-NM　目撃 - される -PST-DEC
　　　　その夫婦が時々争う { こと / の } が目撃された。　（徐正洙 2006: 1278, (2)(3)）

このように名詞化される補文には二つの類型があるが、議論を簡潔にするため、修飾節が主名詞の内容を補足するものを「補文Ⅰ型（補足型）」、単に文を名詞化するものを「補文Ⅱ型（名詞化型）」と表記する[25]。

3.3　連体修飾節構文による意味の差異

次に、連体修飾節の構文における意味の差異について考察する。ここでは 2.3 で述べたように連体形語尾の体系について、一次的な形式として -ㄴ n, -ㄹ l を認め、それぞれ「現実」と「非現実」の事態を表すものとする本稿の仮説を検証する。

「現実（realis）・非現実（irrealis）」は類型論的議論で用いられる用語であるが[26]、その用語が表わす概念は、「現実（realis）」とは、実現したこと、直接知覚を通じて認識が可能な今起こっていることを実際の状況として描写するものを指し、「非現実（irrealis）」とは、想像を通じて認識が可能な思考の領域内に存在する状況として描写するものを指す（Mithun, M. 1999: 173）[27]。

この「現実・非現実」という概念で事態を区分する言語は、韓国語以外にも見られる。例えば、典型的な抱合語である Caddo 語の場合、出来事の参与者を表す代名詞的な接頭辞（pronominal prefix）が動詞に付くが、この接頭辞が人称と格、また「現実・非現実」によって区別される[28]。また、

25　南基心（1991）では、「것geos」を補文素とし、(7) のような例を文法的形態素として、(8) のような例を語彙的形態素としている。

26　この「現実（realis）・非現実（irrealis）」という概念は、北アメリカ原住民の言語や Papua 語などで表れる文法範疇の対立を記述するために導入された概念である。詳しくは、Chafe,W.（1995），Mithun, M.（1995, 1999），Palmer, F.（2001）などを参照されたい。

27　Mithun（1999: 173）では「現実（realis）・非現実（irrealis）」の概念について、次のように述べている。'The realis portrays situations as actualized, as having occurred or actually occurring, knowable through direct perception. The irrealis portrays as purely within the realm of thought, knowable only through imagination.'

28　Caddo 語では、否定（negation），禁止（prohibition），義務（obligation），条件（conditional），仮装（simulative），稀に起きる（infrequentative），感嘆（admirative）などは非現実（irrealis）のマーカーで示され、その他の状況とは区別される。また、判定疑問文では非現実（irrealis）のマーカーが、説明疑問文，命令文では現実（realis）のマーカーが付く（Chafe,

Alsea語では二種類の補文標識があり、現実の事態と非現実の事態とに区分される（Mithun, M. 1999: 175）[29]。韓国語と Alsea語とはその現実・非現実の捉え方が同様とは言えないが、韓国語の場合も節の事態が現実と非現実とに区分され、連体形語尾 -ㄴ n, -ㄹ l で示される。このように、事態内容が現実の事態か非現実の事態かを区分することは、諸言語において広く見られるものであり、韓国語では、連体形語尾によって示される。

　考察を始めるにあたって、「関係節」、「補文Ⅰ型（補足型）」、「補文Ⅱ型（名詞化型）」に分け、それぞれの構文による連体形語尾の意味機能との関わりについて見る。

表3-1　連体形語尾と連体修飾節の類型との共起による用例数[30]

	関係節	補文Ⅰ型 （補足型）	補文Ⅱ型 （名詞化型）	合計
一(었)던eoss-deon	1(1)	4	33	38
一던deon	4	2	5	11
一ㄴn	92(32)	23	216	331
一는neun	46(7)	86 [22]	481 [51]	613
一ㄹl	31	13	2	46
合計	174	128	737	1039

3.3.1　関係節を受ける「-ㄴ 것 n geos」「-ㄹ 것 l geos」

　本稿は、連体形語尾の体系については一次的な形式として -ㄴ n, -ㄹ l を認め、それぞれ「現実」「非現実」の事態を表すとする立場であるが、連体形語尾に関しては 2.3.2 で見たように、テンス的意味を表す形式とみる立場、アスペクト的意味を表す形式とみる立場、モダリティ的意味を表す形式とみる立場などから様々な説明が加えられている。

W. 1995: 351-359）。

29　Alsea語では、mis と sis の二種類の補文標識があり、現実(realis)は mis で、非現実(irrealis)は sis によって表される。また、接辞によって Realis と Irrealis, 起動相（Inchoative）と完了相（Completive）とが重複して表されるという（Mithun, M. 1999: 175）。

30　〈表 3-1〉における ( ) 内の用例数は、分裂文の用例であり、[ ] 内の用例数は、終結語尾 -다 da が用いられた「-다는 것 da-neun geos」補文の用例である。

　　以下の (9) は修飾節内の空所と主名詞が同一の指示物を持つもので、「것
geos」は当然名詞に置き換えられるものであるが、テンス的意味を表す形式
とする立場からは、(9) の - ㄴ n は、それぞれ (9a) は過去（回想）、(9b) は過去、
(9c. d) は、現在を表すとされる。

(9)　a.　처음에는 조금씩 뛰던 것이 , 이제는 심장이 밖으로 튀어나올 것만 같았다 .

cheoeum-e-neun jogeum-ssig ttwi-deon　　geos-i,　　ije-neun simjang-i
初め - に -TOP　　少し - づつ　　　弾む -ADN　geos-NM　今 -TOP　心臓 -NM
bakk-eulo twieonao-l　　geos-man　gat-ass-da.
外 - に　　　飛び出す -ADN　geos- ほう　よう -PST-DEC
初めには少しずつ弾んでいた<u>もの</u>が、今は心臓が外に飛び出してく
るようだった。　　（BREO0292）

　　b.　대형 슈퍼마켓에서 산 고기가 시장에서 <u>산 것</u>보다 더 연했다 .

daehyeong syupeomakes-eseo sa-n　　　gogi-ga sijang-eseo sa-<u>n</u>
大型　　　スーパー - で　　買う -ADN　肉 -NM　市場 - で　　買う -ADN
geos-boda　deo　　　yeonhae-ss-da.
geos- より　　さらに　柔らかい -PST-DEC
大型スーパーマーケットで買ったお肉が、市場で買った<u>もの</u>よりさ
らに柔らかかった。　（BREO0293）

　　c.　그녀의 음악 취향은 한마디로 잡식성이었다 . 온갖 팝 , 록음악과 재즈 , 블
루스 , 클래식에 서태지의 앨범까지 한 개도 빠지지 않고 다 가지고 있었
다 . 그리고 규혁이 모르는 것들도 꽤 있었다 . (BREO0293)

geunyeo-ui eumag chwihyang-eun han-madi-lo jabsigseo-i-eoss-da.
彼女 - の　　音楽　好み -TOP　　　一 - 語 - で　　雑食性 -COP-PST-DEC
ongaj　　pab, lokeumag-gwa jaejeu, beulluseu, keullaesig-e　Seotaeji-ui
あらゆるポップ ロック音楽 - と　ジャズ ブルース　クラシック - に　ソテジ - の
aelbeom-kkaji han gae-do ppaji-ji　　anh-go da　　gaji-go iss-eoss-da.
アルバム - まで　一 - も　　漏らす -NOM NEG- て　全て　持つ - いる -PST-DEC
geuligo Gyuhyeog-i　　moleu-neun　geos-deul-do kkwae iss-eoss-da.
そして　キュヒョク -NM　知らない -ADN　geos- 等 - も　結構　ある -PST-DEC
彼女の音楽好みは一語で雑食性だった。あらゆるポップ，ロック音
楽とジャズ，ブルース，クラシックにソテジのアルバムまで一つも漏
らさずすべて持っていた。そしてキュヒョクが知らない<u>もの</u>等も結構
あった。

d. 한발짝씩 내딛자 , 그 보드라움 사이로 뾰족뾰족<u>한 것</u>이 찔러왔다 .

han-baljjag-ssig naedid-ja,　geu bodeulau-m　sai-lo　pyojogppyogha-<u>n</u>
一 - 歩 - ずつ　　踏み出す - と　その 柔らかい -NOM　間 - から とがっている -ADN

<u>geos</u>-i　　　jjilleowa-ss-da.
geos-NM　突き刺さる -PST-DEC

一歩ずつ踏み出すと、その柔らかさの間からとがっている<u>もの（石）</u>
が突き刺さってきた。　（BREO0293）

　しかし、- ㄴ n をテンス的意味を表す形式として解釈できない例も散見される。金倉燮（1987: 101-103）では、(10) のように - 던 deon, - 었던 eoss-deon は、おおよそ過去の時間副詞と共起するが、- ㄴ n はすべての時間副詞と共起する点を挙げ、- ㄴ n はテンス形式ではなくアスペクト形式として扱うべきであるとしている。

(10)　나는 내년에 이 빈터 위에 우리집이 {* 지어지던 /* 지어졌던 / 지어진} 모습을 상상하고 있어 . (金倉燮 1987: 109, (34))

na-neun naenyeon-e i　binteo wi-e　　ulijib-i　{*jieoji-deon /
私 -TOP　来年 - に　この 空地　上 - に　我が家 -NM　建てられる -ADN /

*jieojy-eoss-deon /jieoji-n }　　moseub-eul sangsangha-go iss-eo.
建てられる -PST-ADN / 建てられる -ADN　姿 -ACC　　想像する - いる -INT

私は来年この空地の上に我が家が {建てられていた / 建てられていた /
建てられた }姿を想像しているよ。

(11)　그 재료는 지은 지 한 달은 지나야 유독가스가 빠지니까 내달에 {* 지어지던 /
* 지어졌던 /* 지어졌을 / 지어진 } 집에는 그 다음 달에 들어갈 수 있어 .

geu jaelyo-neun ji-eun　　ji　han dal-eun jina-ya　　yudoggasu-ga
その 材料 -TOP　　造る -ADN から　一　月 -TOP　過ぎる - こそ　有毒ガス -NM

ppaji-nikka naedal-e {*jieoji-deon /*jieojyeo-ss-deon /*jieojy-eoss-eul /
抜ける - から 来月 - に　建てられる -ADN / 建てられる -PST-ADN / 建てられる -PST-ADN /

jieoji-n }　　　　jib-e-neun　geu daeum dal-e deuleoga-l su iss-eo.
建てられる -ADN　家 - に -TOP　その 翌　月 - に 入る -ADN できる -INT

その材料は造って 1 ヶ月過ぎて初めて有毒ガスが抜けるから来月に
{建てられていた / 建てられていた / 建てられただろう / 建てられた }
家にはその翌月に入ることができるよ。　（문숙영 2009: 271, (11)）

　一方、문숙영（2009: 270-271）では、(10) の例は「내년（naenyeon/ 来年）」を基準時とした相対的過去としても解釈ができるとし、(10) の例に - 었을 eoss-eul との共起関係を追加した (11) の例を挙げている。문は、(11) のような文では、「지어졌을（jieojyeo-ss-eul/ 建てられただろう）」は用いられないため、(11) の - ㄴ n は、過去の意味を表すテンスではないとした上で、関係節が表す事態が現実世界に存在することを話し手が仮定するために用いられ、- ㄴ n は「現実」を表すとする。

　次に、- ㄹ 1 が用いられた例についてもテンス的意味を表す形式とするならば、次の (12a. b) の - ㄹ 1 は未来の意味を表すと言えるが、(12c) は過去を表す「- 었 -eoss」が - ㄹ 1 に先行することから、- ㄹ 1 は未来の意味を表すテンス形式でないことが明らかである。また、モダリティ的意味を表す形式とする立場では、(12a) は意志を、(12b. c) は推量を表すとされる。

(12) a. 애들 먹일 걸 왜 손 대！（Vol. 5）

　　　 ae-deul　meogi-l　　　　geo-l　　wae　　son　dae!
　　　 子供 - 達　食べさせる -ADN　　geos-ACC　何　　手　付ける -INT
　　　 子供たちに食べさせるものに何で手を付けるの！

　 b. 젠장！그래, 원하면 나가라지. 내가 무서울 게 뭐 있어, 안 그래？

　　　 jenjang!　geulae,　wonha-myeon　naga-la-ji.　　　　nae-ga　　museou-l
　　　 くそ　　　そう　　　望む - なら　　出て行く -IM-FIN-INT　私 -NM　　怖い -ADN

　　　 ge　　mwo　iss-eo.　　an　　geulae?
　　　 geos-NM　なに　ある -INT　NEG　そう -INT-Q
　　　 くそ！そう、望むなら出て行けばいいだろう。俺に怖いことなんかあるか、そうだろう？（BREO0292）

　 c. 이제는 다 자랐을 손자 놈이 보고 싶다.

　　　 ije-neun　da　　jala-ss-eul　　　sonja　　nom-i　　bo-go　sip-da.
　　　 今 -TOP　すっかり　大きい -PST-ADN　孫　　　やつ -NM　会う - たい -DEC
　　　 今はすっかり大きくなったであろう孫に会いたい。

　　　　　　　　　　　　　　　　　　　　　　　（李翊燮・任洪彬 1983: 194,（54））

　문숙영（2009: 269）では、- ㄹ 1 が表す意味として「予定, 未発生, 意志, 可能性, 推測」を挙げ 5 つに分類し[31]、これらの意味から、- ㄹ 1 の意味機能

---

[31]　문숙영（2009）の分析結果は、関係節と名詞句補文とを区別していない。

としては「非現実」が最も有力であると論じている[32]。

(13) a. 이 사람이 바로 나와 결혼할 사람이야 .

　　　 i　　 salam-i　　 balo　　 na-wa　 gyeolhonha-l　 salan-i-ya.
　　　 この 人 -NM　　 まさに　 私 - と　 結婚する -ADN　 人 -COP-INT
　　　 この人がまさに私と結婚する人だよ。

b. 큰비가 내려 줄 날만을 기다려 .

　　　 keunbi-ga　 naely-eo ju-l　　　 nal-man-eul　　 gidaly-eo.
　　　 大雨 -NM　 降る - くれる -ADN　 日 - だけ -ACC　 待つ -INT
　　　 大雨が降ってくれる日だけを待っている。

c. 내가 갈 학교야 . 꼭 입학허가서를 받고야 말겠어 .

　　　 nae-ga　 ga-l　　　　　 haggyo-ya.　 kkog　 ibhagheogaseo-leul bad-goya mal
　　　 私 -NM　 行く -ADN　　 学校 -COP-INT 必ず　 入学許可書 -ACC　　　 もらう - しまう
　　　 -gess-eo.
　　　 - つもり -INT
　　　 私が行く学校だ。必ず入学許可書を受け取って見せるつもりだ。

32　임동훈（2009）では、関係節の場合、制限的関係節か非制限的関係節か、そして主名
　　詞が指示的（referential）か非指示的かによって意味が異なるとしている。임は連体形
　　語尾 - ㄹ 1 は「予定, 傾向, 可能性, 意思」などを表すが、その連体修飾節が表す事態は、
　　知覚してわかるような実際の事件ではない点で、- ㄹ 1 は非現実を表すと述べている。
　　以下、임（2009: 67）が挙げている例文である。
　　　　 非制限的
　　　　　 ↑
　　(a) 탈출할 7087 번 죄수를 잘 감시해 . （指示的／限定的→予定）
　　　　 talchulha-l　　　 7087-beon joesu-leul　 jal gamsiha-e.
　　　　 脱出する -ADN 7087- 番　　 囚人 -ACC　 よく 監視する -INT
　　　　 脱出する 7087 番の囚人をよく監視して。
　　(b) 나는 탈출할 죄수를 알고 있다 . （指示的／非限定的→予定, 性向）
　　　　 na-neun　 talchulha-l　　 joesu-leul　 al-go iss-da.
　　　　 私 -TOP　　 脱出する -ADN 囚人 -ACC　 知る - いる -DEC
　　　　 私は脱出する囚人を知っている。
　　(c) 탈출할 죄수가 있는지 눈여겨보시오 .　　　 （非指示的→可能性, 意思）
　　　　 talchulha-l　　 joesu-ga　 iss-neun-ji　 nunyeogy-eo bo-si-o.
　　　　 脱出する -ADN 囚人 -NM　 いる -ADN- か　 注視する - てみる -IM-DEC
　　　　 脱出する囚人がいるか注視してください。
　　　　　 ↓
　　　　 制限的

　　d. 그런 소식을 전하면 그 사람은 돌아올 사람이다 .

　　　geuleo-n　　sosig-eul　jeonha-myeon geu　salam-eun dolao-l　　salam-i-da.
　　　その - ような 便り -ACC 伝える - ば　　　その　人 -TOP　　戻る -ADN 人 -COP-DEC
　　　そのような便りを伝えればその人は戻る人だ。

　　e. 애를 잘 돌봐 줄 사람이더라 . （문숙영 2009: 269, (7)）

　　　ae-leul　jal　dolbw-a　jou-l　　　　salam-i-de-la.
　　　子 -ACC　よく　世話する - くれる -ADN　　人 -COP-REM-INT
　　　子をよく世話してくれる人だったよ。

　文では、(13a) は予定された未来状況、(13b) はまだ発生していない状況、(13c) は意志未来状況、(13d) はこれから発生する可能性があると思われる状況、(13e) は推測の状況に用いられると述べている。しかし、(13a) は予定された未来だけではなく意志とも捉えることができ、その解釈は曖昧である。これらの意味の解釈は文脈などにより異なる意味となるが、-ㄹ1が「非現実」を表すことから文脈によって異なる解釈になるのである。
　また、これら関係節の中の特殊なものとして分裂文（強調構文）がある。分裂文は、文のある特定の要素に相手の注意を向けるために、一つの文が二つの部分に分かれ、前節の「～것은（geos-eun/ のは）」において伝達情報の元となる内容が述べられ、後節に焦点を当てたい要素が示される。従って、修飾節の内容は伝達情報の元となる内容である。今回のコーパスデータで関係節は 174 例であり、そのうち、(14) のような分裂文は 40 例あった。

(14) a. 라라의 죽음을 전한 건 김이었다 . (BREO0294)

　　　Lala-ui　jugeum-eul jeonha-n　　geo-n　　Kim-i-eoss-da.
　　　ララ - の　死 -ACC　　伝える -ADN geos-TOP キム -COP-PST-DEC
　　　ララの死を伝えたのはキムだった。

　　b. 주로 떠드는 건 나였다 . 이상했다 . 나는 원래 말이 없는 편인데 ,

　　　ju-lo　tteodeu-neun　geo-n　　na-y-eoss-da.　isanghae-ss-da.
　　　主 - に　しゃべる -ADN　geos-TOP 私 -COP-PST-DEC おかしい -PST-DEC
　　　na-neun wonlae mal-i　　eobs-neun　pyeon-i-n-de,
　　　私 -TOP　本来　　口数 -NM NEG-ADN　方 -COP-ADN- のに
　　　主にしゃべるのは私だった。変だった。私は本来口数が少ない方なのに、(BREO0294)

c. 그녀가 가리킨 건 장식장 위에 놓인 아이 사진이었다 ．（BREO0293）

geunyeo-ga galiki-n geo-n　　　jangsigjang wi-e　nohi-n　　　　　ai
彼女 -NM　　指す -ADN geos-TOP 飾り棚　　　上 - に　置かれる -ADN 子供

sajin i eoɛɛ-da.
写真 -COP-PST-DEC
彼女が指した<u>の</u>は飾り棚の上に置かれている子供の写真だった。

　この (14a) の修飾節の内容は、「ララの死を伝える」であり現実に起こった事態であり、この分裂文の修飾節の内容は現実の事態である。今回のコーパスデータでの分裂文全 40 例では、その修飾節の内容は、全て現実の事態であり、全て - ㄴ n が用いられている。このことから、- ㄴ n が「現実」を表していると考えられ、- ㄹ l が「非現実」を表すことと併せてこの二つの形式は、「現実・非現実」の対立を表していると言える。

　このように、連体形語尾 - ㄴ n, - ㄹ l が「現実・非現実」を表すと捉えることで、「것geos」がモノを総称的に表す場合についても説明可能である。(15)(16) の例の「것geos」は、「단 것＝과자（da-n geos=gwaja/ 甘い物）」「매운 것＝매운 음식（maeu-n geos=maeu-n eumsig/ 辛い食べ物）」「먹을 것＝음식（meog-eul geos=eumsig/ 食べ物）」、「마실 것＝음료（masi-l geos=eumlyo/ 飲料）」など、あるモノの総称としての上位概念を表す。これらの総称で表されるものは、現実世界での具体的な存在（物）を想定せず、ただ食べ物全般などの抽象的な概念を指し示すだけである。

(15) a. 갑자기 단 것이 먹고 싶어진다 ．(BREO0293)

gabjagi da-n　　　　　geos-i　　meog-go sip-eoji-n-da.
急に　　甘い -ADN　　geos-NM　食べる - たい - なる -PRE-DEC
急に甘い物が食べたくなるな。

b. 가끔은 매운 것이 좋다 ．

gakkeum-eun maeu-n　　　geos-i　　joh-da.
たまに -TOP　辛い -ADN　　geos-NM　よい -DEC
たまには<u>辛い物</u>がいい。

(16) a. 아버지는 대답했지 . 먹을 건 널려 있고 아이들은 일 같은 건 안 하고
　　　노는 그런 곳이라고 . （BREO0293）

abeoji-neun　daedabhae-ss-ji.　　meog-eul　　　geo-n　　neolly-eo iss-go
父 -TOP　　答える -PST-FIN-INT　　食べる -ADN　　geos-TOP 満ち溢れる - いる - て

ai-deul-eun　il　　gat-eun　　　geo-n　an ha-go　　no-neun　　geuleon
子供 - 達 -TOP　仕事　よう -ADN　　geos-TOP NEG する - て　遊ぶ -ADN　　そんな

gos-i-lago.
所 -COP- と

お父さんは答えたんだ。食べ物は満ち溢れていて子供たちは仕事のよ
うなことはしないで遊ぶ、そんなところだと。

b. 가정부가 유리컵에 마실 것을 담아 내왔다 . (BREO0293)

gajeongbu-ga yulikeob-e　　　masi-l　　　geos-eul　　dam-a naewa-ss-da.
家政婦 -NM　　ガラスコップ - に　飲む -ADN　geos-ACC　　入れる - 出す -PST-DEC
家政婦がガラスのコップに飲み物を入れて出した。

　(15a. b) のように、「形容詞＋것geos」が総称的に用いられる場合、形容
詞はモノが本来的に持っている「属性」を表す。これは現実の属性である
ため、現実を表す - ㄴ n が用いられる。一方、(16a. b) のように「動詞＋것
geos」が総称的に用いられる場合は、「飲むもの＝飲むためのもの」、「食べ
るもの＝食べるためのもの」というように、動詞が「目的・用途」を表す。
動詞が表す動作・変化は時間の流れの中で実現されるものであり、動詞が「目
的・用途」を表す場合は単なる概念としての動作・変化を表すだけである
ため、非現実を表す - ㄹ l が用いられる [33]。

　今回のコーパスデータで、関係節の 174 例のうち、- ㄴ n は 143 例あり
- ㄹ l は 31 例あった。そのうち「- ㄴ 것 n geos」が総称を表す用例は 31 例あり、
「- ㄹ 것 l geos」の 31 例すべては総称であった。また、この総称の「- ㄴ 것 n
geos」の用例のすべてで形容詞が用いられ、「- ㄹ 것 l geos」では、1 例のみ
形容詞でその他はすべて動詞であった。

　総称とは、本来抽象的な概念である。動詞・形容詞が表す概念を備えた

33　地下鉄などで見られる「타는 곳 （ta-neun gos/ 乗るところ）」、「나가는 곳 （naga-neun gos/
　　出るところ）」などの標示では、連体形語尾 - ㄴ l が用いられるが、これらは単純に「目
　　的・用途」を表しているというよりは、「ここで乗る」「ここから出る」といった間接
　　的な指示の意味を含んでいると思われる。韓国語の「連体形語尾＋名詞」構造にお
　　ける語形成については、丁（2014）を参照されたい。

ものの総和であり、個々のものを指さない。しかし、文脈によってはある
程度具体性を帯びたり、あるいは限定的に捉えることができる場合もある。
例えば、上記に挙げた (15a) の「단 것＝과자（da-n geos=gwaja/ 甘い物）」の
場合、本来、科学的な甘味料から、お菓子、果物など「甘い」と味覚によっ
て判断されるもの全般を指すものであるが、「（疲れたときは）急に甘い物
が食べたくなる」では、お菓子あるいは人によっては果物が想定され、さ
らに発話者によってはいくつかの具体的な品目も想定されることもある。
このような場合、ある程度具体的であると言えなくもない。しかし、あく
までも想定であり、甘いと感じられるもの全般を指すと考えるべきである。
　また、(17)(18) は先行研究では「意志」を表す例と捉えられる例であろう。
しかし、(18) は明らかに「意志」とは言えず、「引け目を感じるもの」とい
う総称と解される。同様に (17) も「意志」として「食べさせようとするもの」
ではなく「子供に食事として与えるもの」という総称と捉えることができる。
このように、これらの例を総称と捉えることで、これらの例文に一貫にし
た説明が可能となる。

(17)　애들 먹일 걸 왜 손 대！((12a) 再掲)

　　　ae-deul　　meogi-l　　　　geo-l　　　wae　son　　dae!
　　　子供 - 達　　食べさせる -ADN　geos-ACC　何　　手　　付ける -INT
　　　子供たちに食べさせるものに何で手を付けるの！

(18)　뭐요？ 자격지심？ 난 꿀릴 거 하나도 없어요 . 나는 나대로 신념이 있는 사
　　　람이에요 .　(BRE00294)

　　　mwo-yo? jagyeogjisim? na-n　kkulli-l　　　　　geo　hana-do eobs-eoyo.
　　　何 -POL2 -Q 自責の念 -Q　私 -TOP　引け目を感じる -ADN　geos　一つ - も NEG-POL2
　　　na-neun　na-daelo sinnyeom-i　iss-neun　　salam-i-eyo.
　　　私 -TOP　　私 - なり　信念 -NM　　ある -ADN　人 -COP-POL2
　　　何ですって。自責の念。私は引け目を感じるところ、一つもありま
　　　せん。私は私なりの信念がある人です。

　(17) の「子供に食事として与えるもの」として総称と捉える場合、発話
者にとっては準備した品目、例えば、子供たちの夕飯であり、ご飯とおか
ず（例えば、ハンバーグなど）まで限定することもできるであろう。また、

話し手や場面によっては聞き手が個々の具体的な名称をリストアップして言うことが可能であり、具体的であるとも言える。その意味において、具体的な存在物としての現実であるとも言える。しかし、これらはあくまでも文脈や発話場面での状況によるものであり、子供に与えて初めて現実のものとなる。また、(18)のように同じく総称であり、文脈や発話場面などがあっても具体的と感じられないものもある。「引け目」を感じるものは個々人によって異なり、何に引け目を感じるか限定できない。「引け目」自体は、精神的な反応の感情であり、具体的に存在するものではない。そのため、(17)(18)の総称は、具体的な現実とは言えず、-ㄹ1が用いられ非現実であることが表されている。

　なお、非現実の事態で-ㄹ1が用いられている用例には、以下のように動詞の繰り返しによる慣用的な表現（AA，A「A，「AAなどのパターン）や義務・禁止表現などに続く「것geos」があった。これらも総称として考えられ広義の総称として捉えられる。

(19) a. 제발 <u>잊을 건</u> 잊고 <u>받아들일 건</u> 받아들이고 좀 그러세요 .

jebal　ij-eul　geo-n　ij-go　　　　bad-a　deuli-l　geo-n　bad-adeuli-go
どうか 忘れる -ADN geos-TOP 忘れる - て 受け入れる -ADN geos-TOP 受け入れる - て

jom　　　geuleo-se-yo.
ちょっと　そうする -IM-POL2

<u>どうか忘れるべきことは忘れて、受け入れるべきことは受け入れて</u>、そうして下さい。（BREO0294）

b. <u>보아서는 안될 것을 본 죄</u> , <u>탐내서는 안될 것을 탐낸 죄</u> .（BREO0293）

bo-aseo-neun　an-doe-l　　　geos-eul bo-n　　joe, tamnae-seo-neun
見る - て -TOP　　NEG- 良い -ADN geos-ACC 見る -ADN　罪　欲しがる - て -TOP

an-doe-l　　　geos-eul tamnae-n　　joe.
NEG- 良い ADN geos-ACC　欲しがる -ADN　罪

<u>見てはいけないものを見た罪、欲しがってはいけないものを欲しがった罪</u>。

　また、形容詞が用いられた (20)「무섭다（museob-da/ 怖い）」の用例がある。形容詞はその属性を表すことから、(20a) の「무섭다（museob-da/ 怖い）」はその属性を持つ具体的なものを表し、現実世界に存在するものとして -ㄴ n

が用いられる。一方、(20b) は「무섭다（museob-da/ 怖い）」と感じる事態について述べている文であり、個別のものの属性ではない。すなわち、思考上の概念だけであり、非現実世界のものであるため - ㄹ1が用いられている。

(20) a. 오히려 우리에게 무서운 것은 없었다 . ((1a) 再掲)

　　　 ohilyeo　　uli-ege　　museou-n　geos-eun　eobs-eoss-da.
　　　 かえって　私達 - に　　怖い -ADN　　geos-TOP　NEG-PST-DEC
　　　 かえって私たちに怖いものはなかった。

　 b. 젠장 ! 그래 , 원하면 나가라지 . 내가 무서울 게 뭐 있어 , 안 그래 ?

　　　 jenjang! geulae, wonha-myeon　naga-la-ji.
　　　 くそ　　そう　　望む - なら　　　出て行く -IM-FIN-INT

　　　 nae-ga　　museou-l ge　　mwo　iss-eo.　an　geulae?
　　　 私 -NM　　怖い -ADNgeos-NM　なに　　ある -INT　NEG　そう -INT-Q
　　　 くそ！そう、望むなら出て行けばいいだろう。俺に怖いことなんかあるか、そうだろう。((12b) 再掲)

　以上の事例に加え、(21) のように漢字の意味説明の際に、- ㄹ1が用いられる。(21) は名詞句補文の構造をしているが文字の解説をするために、動詞、形容詞は単なる思考上の概念を表すのみで、現実の動作や属性は表さない。思考上の概念は現実とは別に存在するものであるため、非現実を表す - ㄹ1 連体形が用いられると説明できる[34]。

(21)　　갈 거 (去),　　올 래 (来),　　매울 신 (辛)

　　　 ga-l　　geo　o-l　　lae　aeu-l　　sin
　　　 行く -ADN 去　来る -ADN 来　辛い -ADN　辛
　　　 さる - キョ　　くる - ライ　　からい - シン

---

34 「큰 대 (大), keu-n dae/ おおきい - ダイ」「흰 백 (白), hui-n baeg/ しろい - ハク」などの形容詞の一部に例外的に - ㄴn が用いられることもある。藤本 (1980) の 15 世紀半頃の千字文に関する研究によれば、訓が形容詞である場合、後続の音との間に - ㄹ1を用いるのが一般的であるが、古い千字文では - ㄴn が用いられ、新しい千字文ほど - ㄹ1に移行してゆくとされる。また、動詞の場合も古い千字文では - ㄴn が用いられたという興味深い指摘がある。しかし、ここでは現代韓国語の考察に絞るため、このような用法があったことに言及するにとどめる。

　以上述べてきたように、連体形語尾‐ㄴ n,‐ㄹ l は多くの用語・用法に分けて説明することなく、「現実・非現実」という捉え方で簡潔に説明できる。先行研究の見解のように、テンスやアスペクト的意味を表す、あるいは「推量」「意志」などのモダリティを表すとして、各々の用例ごとに説明を不可するより、総称、及び漢字の意味解釈を一元的に説明できる。しかし、連体形語尾はテンス、アスペクトとも密接な関係があり、この観点からの分析を否定することはできないが、この関係節及びこの後述べる名詞句補文の分析を通して考えるならば、「現実・非現実」という捉え方がより一貫した説明ができると考える。

3.3.2　名詞句補文を受ける「‐ㄴ 것 n geos」「‐ㄹ 것 l geos」

3.3.2.1　補文Ⅰ型（補足型）

　名詞句補文において、「補文Ⅰ型（補足型）」は、「것geos」によって名詞化され、この「것geos」は、その修飾節が表す内容と同一の意味を持つ名詞と置き換えることも可能である[35]。この場合、主名詞に対応する事態が現実を表すものも、非現実を表すものもあるが、用例の多くは名詞句補文の内容が表す事態によって現実あるいは非現実を表す。

　徐正洙（2006: 1281）では、名詞句補文の場合、「사실（sasil/ 事実）」の名詞では‐ㄹ l が現れず、「가능성（ganeungseong/ 可能性）」、「개연성（gaeyeonseong/ 蓋然性）」などの名詞では‐ㄹ l のみと共起する現象を指摘している。また、李翊燮・任洪彬（1983: 270-285）は、「가능성（ganeungseong/可能性）」や「필요（pilyo/ 必要）」などの名詞は、未来的であるため‐ㄹ l としか共起できないと指摘している[36]。

35　徐正洙（2006: 1277-1278）では、名詞句補文（徐正洙では「補足節」）の主名詞になる名詞は一部に制限され、修飾節が表す事態と同一の意味をもつ名詞であるとし、「사실（sasil/ 事実）,점（jeom/ 点）,일（il/ 行為・こと等）,사건（sageon/ 事件）,불상사（bulsangsa/ 不祥事）,까닭（kkadalg/ 理由）,죄（joe/ 罪）,경험（gyeongheom/ 経験）,경우（gyeongu/ 場合）,기적（gijeog/ 奇跡）」の名詞を挙げている。さらに、これらの主名詞はそれ自体の語彙的な意味よりは、その前の名詞句補文の内容を一つに括る機能をもっているとする。また、野間（1997: 124）では、名詞句補文の主名詞（被修飾名詞）に立ちうるものは、朝鮮語も日本語と概ね似ているとして、主として引用にからむ名詞や一群の抽象的な名詞であるとしている。

36　李翊燮・任洪彬（1983: 270-285）では、名詞句補文を「名詞句補文化（NP-

(22)　　グイガ 불경을 {읽은 / 읽는 /* 읽을} 사실을 알았다.

　　　　geui-ga bulgyeon-eul { ilg-eun /ilg-neun / *ilg-eul} sasil-eul al-ass-da.

　　　　彼 -NM　お経 -ACC　　読む -ADN / 読む -ADN / 読む -ADN　事実 -ACC　知る -PST-DEC

　　　　彼がお経を {読んだ / 読んでいる / 読む} 事実を知った。

（徐正洙 2006: 1281, (1)）

(23) a.　내가 그 집에 {* 간 /* 가는 / 갈} 필요는 없다.

　　　　nae-ga geu jib-e {*ga-n /*ga-neun /ga-l }　　　　pilyo-neun eobs-da.

　　　　私 -NM　その 家 - に　行く -ADN / 行く -ADN / 行く -ADN　必要 -TOP　NEG-DEC

　　　　私がその家に {行った / 行っている / 行く} 必要はない。

　　 b.　영희가 그 일에 {* 성공한 /* 성공하는 / 성공할} 가능성이 전혀 없다.

　　　　Yeonghui-ga geu il-e {*seonggongha-n /*seonggongha-neun / seonggongha-l }

　　　　ヨンヒ -NM　その 仕事 - に 成功する -ADN / 成功する -ADN / 成功する -ADN

　　　　ganeungseong-i jeonhyeo eobs-da.

　　　　可能性 -NM　　全く　　　　NEG-DEC

　　　　ヨンヒがその仕事に {成功した / 功している / 成功する} 可能性が全
　　　　くない。（李翊燮・任洪彬 1983: 280, (11a. b)）

「補文Ⅰ型（補足型）」の「것geos」は、3.2 で述べたように「사실 (sasil/ 事実),
일 (il/ 行為，こと等), 모습 (moseub/ 姿), 소리 (soli/ 音)」など抽象的な意
味を表す特定の名詞にも置き換えられる。次の (24a. b) では「일 (il/ 行為,
こと等)」に、(24c) では「모습 (moseub/ 姿)」に、(24d) では、「사실 (sasil/
事実), 모습 (moseub/ 姿), 소리 (soli/ 音)」に、(24e) では「이유 (iyu/ 理由)」に、
(24f) では「상황 (sanghwang/ 状況)」に置き換えられる。以下の (24) のよ
うに連体形語尾 -ㄴn が用いられた「補文Ⅰ型（補足型）」の「것geos」は、
実現したこと、繰り返し起こっていること、今起こっていることなどを表し、
何れも現実の事態であることを表している。コーパスデータの中で、「補文
Ⅰ型（補足型）」の -ㄴn の用例は 116 例あり、その全てが以下のような現
実の事態を表している。

---

complementation)」と称し、「名詞句補文化」の場合、その特性の一つとして主名詞の
語彙的な意味により、連体形語尾との共起において、比較的自由なものと制限があ
るものがあるとしている。例えば、「경우 (gyeongu/ 場合)」は連体形語尾に制限がな
いが、「기억 (gieog/ 記憶)」は過去的であるため -ㄴn としか共起できず、また、「필
요 (pilyo/ 必要)」は未来的であるため -ㄹl としか共起できないと述べている。

(24) a. 저도 밖에서 음식 사먹<u>는</u> 게 아주 지겹습니다 . (BREO0292)

jeo-do bakk-eseo eumsig sa-meog-<u>neun</u>　　ge　　aju
私 - も　外 - で　　食べ物　買う - 食べる -ADN　geos-NM　とても

jigyeob-subnida.
うんざりする -POL1

私も外で食べ物を買って食べる<u>こと</u>にうんざりしています。

b. 오다가 까페에 들러 찬 맥주 한 잔 들이켜<u>는</u> 게 고작이었다 .

o-daga　　kkape-e　　deull-eo　　cha-n　　maegju han-jan
来る - 途中 カフェ - に　立ち寄る - から 冷たい -ADN　ビール　一 - 杯

deulikyeo-<u>neun</u> ge　　gojag-i-eoss-da.
飲みほす -ADN　geos-NM　せいぜい -COP-PST-DEC

来る途中カフェに立ち寄って、冷たいビールを一杯飲みほす<u>の</u>が
せいぜいです。 (BREO0294)

c. 경지는 규혁의 입이 벌어지<u>는</u> 것을 가만히 쳐다보았다 . ((8a) 再掲)

Gyeonji-neun Gyuhyeog-ui　　ib-i　　beoleoji-<u>neun</u> geos-eul gamanhi
キョンジ -TOP　キュヒョク - の　口 -NM　開く -ADN　　geos-ACC　じっと

chyeodabo-ass-da.
見つめる -PST-DEC

キョンジはキュヒョクの開いた口が塞がらない<u>の</u>をじっと見つめた。

d. 순이가 피아노를 치<u>는</u> 것이 이상하다 . ((8b) 再掲)

Suni-ga　piano-leul　chi-<u>neun</u> geos-i　isangha-da.
スニ -NM　ピアノ -ACC　弾く -ADN　geos-NM　おかしい -DEC

スニがピアノを弾く<u>の</u>が変だ。

e. 고기 맛이 다른 것은 그 집만의 숙성냉동 비법이 있을 거라고도 했다 .

gogi mas-i daleu-n　　geos-eun geu jib-man-ui　　sugseongnaengdong
肉　味 -NM 違う -ADN geos-TOP その 家 - だけ - の　熟成冷凍

bibeob-i iss-eul　　geo-la-go-do　　hae-ss-da.
秘法 -NM ある -ADN geos-COP- と - も　する -PST-DEC

お肉の味が違う<u>の</u>は、その家だけの熟成冷凍秘法があるのだろうと
も言った。 (BREO0294)

f. 나는 가게가 한가한 걸 보고서 까페를 나왔다 . (BREO0294)

na-neun gage-ga hangaha-n geo-l　bo-goseo kkape-leul　nawa-ss-da.
私 -TOP 店 -NM　暇 -ADN　geos-ACC 見る - から カフェ -ACC 出る -PST-DEC

私はお店が暇な<u>の</u>を見てからカフェを出た。

　一方、同じく「補文Ⅰ型（補足型）」で-ㄹ1が用いられた13例全てで、その節の内容が非現実を表している。次の(25)の用例は、「필요（pilyo/必要）」に置き換えられる例である。(25a)は過去の事実としての行動、(25b)は現在の状況ではあるが、(25a. b)共に否定の述語が用いられ、その事実や状況を否定している。すなわち、現実の事柄であっても、その事柄が非現実であるべきだということを述べる場合には、非現実を表す「-ㄹ것1geos」が用いられる。(25a. b)では、「他人の話をした」「すまないと思う」という過去の事柄や現在の状況に対して「そのような必然性はなかった」ということを述べるために、また(25c)では、「迷っている」という現在の事柄に対して、反語表現を用いて「そのような必然性はない」という気持ちを表すために、「-ㄹ것1geos」が用いられている。

(25) a. 남의 이야기 할 것 없었다 . (BREO0293)

　　　 nam-ui　iyagi　ha-l_____geos　eobs-eoss-da.
　　　 他人 - の　話　　する - ADN　geos　NEG-PST-DEC
　　　 他人の話をする<u>こと</u>はなかった。

　　b. 미안해할 거 없어요 . (BREO0294)

　　　 mianhaeha-l_____geo　eobs-eoyo.
　　　 すまない - ADN　geos　NEG-POL2
　　　 すまないと思う<u>こと</u>はないです。

　　c. 경지 씨 , 망설일 거 뭐 있어요 ? (BREO0292)

　　　 Gyeongji-ssi,　mangseol-i-l_____geo　mwo　iss-eoyo?
　　　 キョンジ - さん　迷う -COP-ADN　geos　何　ある -POL2-Q
　　　 キョンジさん、迷う<u>こと</u>なんかありますか。

　これら「필요（pilyo/必要）」に置き換えられる例は、単なる連体修飾節の事態のみではなく、連体修飾節の事態と上位節の述語まで含んだ上で、現実・非現実の判断がなされ、-ㄹ1が用いられていると考えられる。「것geos」が「필요（pilyo/必要）」に置き換えられる場合には上位の述語としては「없다（eobs-da/ない）」「있다（iss-da/ある」しか現れない[37]。実際コーパ

37　(25)のように、「것geos」が「필요（pilyo/必要）」に置き換えが可能な場合、上位節の述語が存在詞のみと共起するが、この点においては、日本語の名詞化辞「こと」と同様であると言える。日本語の「こと」も名詞「必要」に置き換えが可能であり、そ

スデータでも「없다（eobs-da/ ない）」が用いられている 10 例のすべてが -
ㄹ 1 であった[38]。このように、限定された述語の場合のみではあるが、連体
修飾節の事態だけでなく、上位節の述語まで含んで判断されるという点で、
判断の対象範囲に変化が見られる[39]。

　先行研究では、名詞「필요（pilyo/ 必要）」が未来的であるため - ㄹ 1 とし
か共起できないとしている。しかし、名詞「필요（pilyo/ 必要）」が「未来」
を意味する語であることで - ㄹ 1 が共起するというよりは、名詞「필요（pilyo/
必要）」に対応する事態が非現実であるため、非現実を表す - ㄹ 1 と共起す
ると考えるべきである。

　また、同じように否定の述語が用いられていても、事実、すなわち現実
が否定されない場合には、- ㄴ n が用いられる。(26) の例は、上位節の述語
に「모르다（moleu-da/ 知らない）」が用いられているが、「むっちりとした
手が毛で覆われている」という事実を否定するのではなく、「その事実を
知っていること」を否定するので、「むっちりとした手が毛で覆われている」
という事実はそのまま事実であり、- ㄴ n が用いられるのである[40]。

(26)　대체 나는, 문틈으로 들이민 부얼부얼한 손이 털로 뒤덮여 있<u>다</u>는 <u>걸</u> <u>왜</u>
　　　<u>몰랐을까</u>?（BREO0292）

daeche na-neun, munteum-eulo deulimi-n　　bueolbueolha-n　　son-i
一体　　私-TOP　ドアの隙間 - から　押し込む -ADN　むっちりとする -ADN　手-NM

teol-lo dwideopyeo <u>iss-da-neun</u>　　<u>geo-l</u>　　wae <u>molla-ss-eul-kka</u>?
毛 - で　覆いかぶさる -いる -DEC-ADN　geos-ACC　なぜ わからない -PST-ADN- だろうか

いったい私は、ドアの隙間から押しこまれたむっちりとした手が毛で
覆いかぶさっている<u>こと</u>を<u>なぜ</u> <u>わからなかったのだろうか</u>。

の際には、上位節の述語にも制限が見られ、「ある・ない」のみと共起する。

38　連体形語尾 - ㄹ 1 が「補文 I 型（補足型）」に現れている用例は 13 例あったが、そのうち、
　　述語に「없다（eobs-da/ ない）」が用いられ、指示された連体修飾節の内容が「필요（pilyo/
　　必要）」に置き換えられる用例は 7 例であり、その他、3 例が「이유（iyu/ 理由）」で
　　あった。

39　このように、連体修飾節の事態のみの判断ではなくなっていることから、類型論で
　　用いられている「realis」「irrealis」とは異なる。また、このような変化は、この後第 5
　　章で検証する文末表現での変化に繋がるものであると言える。

40　「모르다（moleu-da/ 知らない・わからない）」のような叙実動詞（「잊다・잊어버리다（ij-da・
　　ijeobeori-da/ 忘れる）」「그만두다（geumandu-da/ やめる）」等）を用いる場合は、- ㄴ n が現れる。
　　これらは否定されても従属節の内容が否定されないという性質を持っている。

　次に、先行研究での「가능성（ganeungseong/ 可能性）」という名詞が - ㄹ 1
とだけ共起するという指摘についても、本稿では次のように考える（(23b)
参照）。「가능성（ganeungseong/ 可能性）」の語彙的意味は、ある事態がこれ
から起こり得るかどうかの確率についてであるから、その事態は当然実現
しておらず、本稿での現実・非現実という対立で捉えるならば、非現実の
事態の成立についての確率であると言える。これから起こるかどうかとい
うことは現時点から将来に起こる事態であり、テンスそのものではない。
　さらに、連体形語尾 - ㄹ 1 が名詞句補文に現れ、特に「때・무렵（ttae・
mulyeob/ 時、頃など）」などの名詞に先行する場合は、モダリティやテンス
の意味はなく、純粋に先行する節が後接名詞を修飾することを示す機能だ
けを担うという主張がある [41]。一方で、임동훈（2009）では純粋に名詞修飾
機能のみを担っているとは言えないと指摘している。次の (27) は、임が挙
げている「때（ttae/ 時、頃など）」「날（nal/ 日）」が用いられた例である。

(27) a. 오전이 끝나가는 때의 잡담

　　　ojeon-i　　kkeutnaga-neun　　ttae-ui　　jabdam
　　　午前 -NM　終わりかける -ADN　時 - の　　雑談
　　　午前が終わりかけている時の雑談

　b. 나는 여자 친구를 만날 때 향수를 뿌리고 나간다 .

　　　na-neun　yeoja　　chingu-leun　manna-l　　ttae　hyangsu-leun　ppuli-go
　　　私 -TOP　女性　　友達 -ACC　　会う -ADN　時　香水 -ACC　　　つける - て
　　　naga-n-da.
　　　出かける -PRE-DEC
　　　私は彼女に会う時は香水をつけて出かける。

　c. 어머니가 오시는 날만을 손꼽아 기다리고 있어 .

　　　eomeoni-ga　o-si-neun　　nal-man-eul　　sonkkob-a　　gidali-go iss-eo.
　　　母 -NM　　来る -SH-ADN　日 - だけ -ACC　指折り数える - 待つ - いる -INT
　　　お母さんがいらっしゃる日だけを指折り数えて待っている。

41　時を表す「때・무렵（ttae・mulyeob/ 時、頃など）」などの名詞に先行する連体形語尾 -
　　ㄹ 1 が名詞修飾機能のみを担うという主張には、나진석（1965a, b）, 沈在箕（1979）,
　　南基心（2001）, 문숙영（2005, 2009）, 高永根・구본관（2008）などがある。

d. 어머니가 오실 날만을 손꼽아 기다리고 있어 . (임동훈 2009: 70, (8))

eomeoni-ga　o-si-l_____nal-man-eul　sonkkob-a　gidali-go iss-eo.

母 -NM　　　来る -SH-ADN 日 - だけ -ACC　指折り数える - 待つ - いる -INT

お母さんがいらっしゃる日だけを指折り数えて待っている。

　임（2009: 70）は、(27a) は話し手が特定の時や決まった時を念頭に置いた場合、(27b) は不特定な時を表す場合、(27c) は毎月二週目の土曜日に来るとか決まった日にお母さんが来る場合、(27d) は来るか来ないか知らない状況で使うとしている。このような時を表す名詞は、その名詞が指示する時間の幅が広い名詞であり（신현숙 1986）、これらの名詞の前に指示詞がないと特定の時を指すことが難しい。このような点から、임は、「때 (ttae/ 時、頃など)」の前には - ㄹ l が来るのが自然であるが、発話状況や文脈によって特定の時を示す場合は - ㄴ n も用いられるとしている。

　この임が指摘する特定の時とは、話し手にとっては定まったもの、あるいは習慣のように恒常的なものであり、不特定な時とは、単に想像など思考の中に存在するものであるということになるであろう。

　韓国語の「指を折る」は、特定の日を指すことも、単に心待ちにしていることも表すことができるので、(27c. d) のように特定の日であっても不特定の日であっても用いることができる。従って、(27c) は임の指摘のように、毎週土曜日であってもよく、何月何日と確定した日の場合には、その「お母さんが来る日」という日は決定された事実であり、その期日が到来するしないに関わらず現実である。一方、(27d) は、いつ来るかわからないが、いずれ来るであろう日であるので、現実の日にちとしてではなく、思考の中だけで想定される日であり、非現実である。すなわち特定された日か否かで、現実・非現実に分かれ - ㄴ n と - ㄹ l が使い分けられている。従って、임の指摘も - ㄴ n と - ㄹ l が「現実・非現実」に対応するという本稿の仮説を裏付けるものであろう。

　以上のように、「補文Ⅰ型（補足型）」の「것geos」は、その節の内容によって連体形語尾との共起に制限がある。その共起の制限に関して先行研究でも様々な説明が加えられているが、本稿では - ㄴ n と - ㄹ l の使い分けが、節の内容が表す事態が現実であるか、非現実であるかによってなされ、否定の述語が用いられた場合、現実としての事実が否定されるのか、現実の

事実以外が否定されるのかで‐ㄴnと‐ㄹlの出現が異なると考える。現実の事態が否定されれば非現実の事態となり、‐ㄹlが用いられる。一方、現実の事態以外が否定されれば、現実は否定されず現実となり、‐ㄴnが用いられる。先行研究での‐ㄴnと‐ㄹlが現在・未来というテンスやアスペクト的意味を表すとする説明では、ここで扱った現象に対して一貫性が感じられないが、‐ㄴnと‐ㄹlが「現実・非現実」の事態を表すという本稿の理解であれば、一貫して説明ができる。

3.3.2.2 補文Ⅱ型(名詞化型)

ここでは、名詞句補文が名詞化機能のみを担う「補文Ⅱ型(名詞化型)」の「것geos」を考察する。(28)の「補文Ⅱ型(名詞化型)」の例では、実現したこと、今起こっていることなど、現実の事態を表し、連体形語尾‐ㄴnが用いられている。以下の例をはじめ「補文Ⅱ型(名詞化型)」では、修飾節が表す内容はすべて現実であった(735例)。従って、この「補文Ⅱ型(名詞化型)」でも「補文Ⅰ型(補足型)」と同様、‐ㄴnが現実を表すと考えられる。以下、この点について検証していく。

(28) a. 이렇게 떠나게 <u>된 걸</u> 용서하세요. ((1b)再掲)

　　　 ileoh-ge　　tteona-ge　　　　doe-<u>n</u>　　　 geo-l　　yongseoha-se-yo.
　　　 この‐ように　離れる‐ように　なる‐ADN　　geos-ACC　許す‐IM-POL2
　　　 このように離れるようになった<u>こと</u>を許してください。

　 b. 슬픔이 용암처럼 끓고 있는 <u>게</u> 느껴졌다. ((7b)再掲)

　　　 sulpeum-i　yongam-cheoleom　kkeulh-go iss-<u>neun</u> ge　neukkyeojy-eoss-da.
　　　 悲しみ‐NM 溶岩‐ように　　　沸く‐ている‐ADN　geos-NM 感じられる‐PST-DEC
　　　 悲しみが溶岩のように沸いている<u>の</u>が感じられた。

　 c. 씽크대와 냉장고 사이에 공간을 <u>남겨두는 건</u> 우습잖아요. (BREO0293)

　　　 ssingkeudae-wa　naengjanggo　sai-e　gonggan-eul　namgyeodu-<u>neun</u>
　　　 シンク台‐と　　　冷蔵庫　　　間‐に　空間‐ACC　　残す‐ADN

　　　 geo-<u>n</u>　　uswub-janh-ayo.
　　　 geos-TOP　おかしい‐じゃない‐POL2
　　　 シンク台と冷蔵庫の間に空間を残す<u>の</u>はおかしいじゃないですか。

d. 규혁이 탐스러운 듯한 눈길로 자신의 머리칼을 바라보던 것이 생각났다 .

Gyuhyeog-i 　tamseuleou-n 　deusha-n 　nungil-lo jasin-ui meolikal-eul
キュヒョク -NM 欲しがる -ADN よう -ADN 　視線 - で 　自分 - の 　髪の毛 -ACC
balabo-deon 　geos-i 　saenggagna-ss-da.
眺める -ADN 　geos-NM 　思い出す -PST-DEN
キュヒョクが欲しがるような視線で、自分の髪の毛を眺めていた<u>こと</u>が思い出された。 　（BREO0292）

e. 그토록 이곳에선 그를 그리워했던 걸 당신도 짐작했을 줄 알아요 .

geutolog igos-eseo-n 　geu-leul geuliwohae-ss-deon geo-l 　dangsin-do
それほど こちら - で -TOP 彼 -ACC 懐かしがる -PST-ADN geos-ACC あなた - も
jimjaghae-ss-eul 　ju-l al-ayo.
察する -PST-ADN できる -POL2
それほどまでこちらでは彼を懐かしがった<u>の</u>を、あなたも察しただろうと思います。 　（BREO0294）

f. 어제 내가 만난 그 선생님이 언젠가 마녀재판이란 말을 했던 게 생각난다 .

eoje nae-ga manna-n 　geu seonsaeng-nim-i eonjenga manyeojaepan-
昨日 私 -NM 会う -ADN その 先生 - 様 -NM 　いつか 　魔女裁判 -
i-la-n 　mal-eul hae-ss-deon 　ge 　saenggagna-n-da.
COP -DEC-ADN 話 -ACC する -PST-ADN geos-NM 思い出す -PRE-DEC
昨日私が会ったその先生が、いつか魔女裁判だという話をしていた<u>こと</u>が思い出される。 　（BREO0294）

「補文Ⅱ型（名詞化型）」の「것geos」は (28) のように、仮に連体形語尾がテンス的意味を表すとする観点から見ると、修飾節と主節とのテンスには様々な組み合わせがある。このうち (28d) は過去（回想）と呼ばれるものであり、この場合は過去未完了というアスペクト的意味を表すとされる。また、(28e. f) では過去を表す「- 았 -eoss」と - 던 deon が結合し、過去完了の回想と言われているが、いずれも修飾節の事態の内容は (28a-c) と同様に話し手が経験した事実であり、(28d-f)はその事実を回想するものである。従って、(28a-f) のすべての修飾節の内容が現実の事態を表していると言える。

　「것geos」による補文は、(29) のような〈用言の語幹＋連体形語尾＋「것geos」〉（「- ㄴ 것 n geos/ ㄹ 것 l geos」）構造の他に、〈終結語尾＋連体形語尾＋

「것geos」〉（「- 다는 것 da-neun geos」）構造の二種類がある[42]。

(29) a. 시간이 기억을 침식한다는 걸 감안하더라도 , 수한의 눈빛은 달랐다 .

sigan-i gicog eul chimsigha n da-neun geo-l gamanha-deo-lado,
時間 -NM 記憶 -ACC 侵食する -PRE-DEC-ADN geos-ACC 勘案する -REM- も
Suhan-ui nunblch-eun dalla-ss-da.
スハン - の 目つき -TOP 違う -PST-DEC
時間が記憶を侵食する<u>というの</u>を勘案しても、スハンの目つきは違った。
(BREO0293)

b. 자기가 남편을 외롭게 만들었다는 걸 영월은 알고 있었다 . (BREO0293)

jagi-ga nampeon-eul oelob-ge mandeul-eoss-da-neun geo-l
自分 -NM 夫 -ACC 孤独 - に させる -PST-DEC-ADN geos-ACC
Yeongwol-eun al-go iss-eoss-da.
ヨンウォル -TOP 知る - いる -PST-DEC
自分が夫を孤独にさせた<u>ということ</u>をヨンウォルは知っていた。

c. 내가 운이 좋았다는 건 나도 인정한다 . (BREO0294)

nae-ga un-i joh-ass-da-neun geo-n na-do injeongha-n-da.
私 -NM 運 -NM 良い -PST-DEC-ADN geos-TOP 私 - も 認める -PRE-DEC
私が運が良かった<u>ということ</u>は私も認める。

d. 문제는 집 주위가 녹색투성이라는 것이었다 . (BREO0293)

munje-neun jib juwi-ga nogsaeg-tuseong-i-la-neun geos-i-eoss-da.
問題 -TOP 家 周囲 -NM 緑 - だらけ -COP-DEC-ADN geos-COP-PST-DEC
問題は家の周囲が緑色だらけだ<u>ということ</u>だった。

(29a-c) の「- 다는 것 da-neun geos」補文や (29d) の文末に現れる「- 라는 것 la-neun geos」補文は、終結語尾 - 다 da が用いられ、一つの完全な文として扱われる。それぞれの例文で、「- 다는 것 da-neun geos」補文で示された命題は、話し手にとって事実であり、そのため - 는 neun と共起している。以上のように、連体形語尾 - ㄴ n は、節の内容が現実の事態を表す場合に用いられる。
　次に、連体形語尾 - ㄹ l は今回のコーパスデータから見ると、全用例

---

42 南基心（1973）と李翊燮・任洪彬（1983）では、〈用言の語幹＋連体形語尾＋「것geos」〉構造は「不具補文」とし、〈終結語尾＋連体形語尾＋「것geos」〉構造は「完形補文」として区分している。

1039 例のうち - ㄹ1 の用例は 46 例（4.4%）で連体修飾節ではほとんど用いられていないが、以下のような条件節では、- ㄹ1 が用いられる。

(30)　네 마리가 짖으며 우르르 달려들었다 . 아찔했다 . 일단 물렸다 하면 떼거리로 물고늘어질 게 뻔했다 . (BREO0293)

ne mali-ga　jij-eumyeo　　　uleuleu dallyeodeul-eoss-da. ajjilhae-ss-da.
四 匹 -NM　吠える - ながら　どっと　飛びかかる -PST-DEC　くらっとする -PST-DEC
ildan　　mully-eoss-da ha-myeon　　ttegeoli-lo　mul-go　　meuleoji-l
ひとたび 噛まれる -PST-DEC する - ば　集団 - で　噛みつく - 放さない -ADN
ge　　　ppeonhae-ss-da.
geos-NM　明らか -PST-DEC
四匹が吠えながらどっと飛びかかった。くらっとした。<u>ひとたび噛ま</u>
<u>れたとすれば、集団で噛みついて放さない</u>ことは明らかだった。

　この (30) の条件節が表す事態は、主節の事態が成立するために必要な事態を述べるもので、その必要な事態とは、まだ起きていない事態であり、現実ではなく非現実の事態であるため、条件節には ㄹ1 が用いられている。次の (31) も - ㄹ1 が用いられている非現実の用例である。

(31) a.　결국 그녀는 미쳐버릴 게 틀림없다 . (BREO0292)

gyeolgug　geunyeo-neun　michyeobeoli-l　　ge　　　　teullim-eobs-da.
結局　　　彼女 -TOP　　　狂ってしまう -ADN geos-NM　間違い -NEG-DEC
結局彼女は狂ってしまう<u>こと</u>は間違いない。

b.　너 혼자 안달해봐야 비참한 신세 못 면할 게 뻔하다고 ! (BREO0292)

neo honja andalhae-bwaya　bichamha-n　sinse mos myeonha-l
君　一人　気をもむ - みても　みじめ -ADN　境遇 NEG 免れる -ADN
ge　　　ppeonha-dago!
geos-NM　明らか -INT
君一人で気をもんでみても、みじめな境遇を免れない<u>こと</u>は明らかだ！

　(31a. b) の述語「틀림없다 (teullimeobs-da/ 間違いない)」、「뻔하다 (ppeonha-da/ 明らかだ)」は、話し手がある事態に対して確実であると判断していることを表している。その判断の対象となる事態は、まだ起きていない事態であり、現実の事態ではない。この点では 3.3.2.1 で触れた「가능성（ganeungseong/

可能性）」と共通する。「틀림없다（teullimeobs-da/ 間違いない）」などは事態が起きる確率が高く、ほとんど確実に起こるとの判断を表し、「가능성（ganeungseong/ 可能性）」はその事態が起きるかどうかの確率に言及するもので、話し手がその事態が起きる確率に対する確信度には差があるが、共に言及しているその事態は、いずれもまだ起きていない事態である。

　以上のことから、連体形語尾 - ㄴ と - ㄹ 1 が「現実・非現実」の事態を表す形式であると考えられる。しかし、条件節など以外で - ㄹ 1 が用いられることは稀である。それは連体修飾節は、節の内容が主節の述語にとって必須の要素となる格助詞を伴い、その内容はある現実の事態に対する補足・説明を表す場合が多く、そのため - ㄴ n を多用すると考える。一方、条件節では条件（仮定）現実の事態ではないため、- ㄹ 1 が連体修飾節よりも出現しやすくなると考えられる。

　韓国語の代表的な名詞化辞としては「- 음 eum」「- 기 gi」「것geos」がある（閔賢植 1990）。これらの名詞化辞のうち、先行する動詞の語幹に連体形語尾が付いて主名詞として扱われるのは「것geos」のみである。「것geos」の場合は、今まで見てきたように、その節がどのような性質を持っているのかを表すのに対し [43]、主名詞がない場合は、用言の語幹に直接名詞化辞が付いて補文を成し、「- 음 eum」と「- 기 gi」が選択され、さらに主動詞の意味的特徴によって選択される [44]。

(32) a. 그가 한국을 떠났음이 분명하다.

　　geu-ga Hangug-eul tteona-ss-eum-i　　bunmyeongha-da.
　　彼 -NM　韓国 -ACC　離れる -PST-NOM-NM　明らか -DEC
　　彼が韓国を離れたのは明らかだ。

[43] 名詞化辞「- 음 eum」「- 기 gi」に比べ、「것geos」を中心として取り上げたものは少ないが、意味的な特徴に着目した研究には、Cook, E. D. (1968), 李延玟 (1975b), 이홍배 (1970), 任洪彬 (1974), Kim, N. K. (1984), 李孟成 (1968), 安明哲 (1989), 南基心 (1991), 徐正洙 (2006) などがある。

[44] 名詞化辞「- 음 eum」は、主動詞が知覚動詞「보다 (bo-da/ 見る), 듣다 (deud-da/ 聞く), 맛보다 (masbo-da/ 味見をする、味わう)」, 認識動詞「알다 (al-da/ 知る), 깨닫다 (kkaedad-da/ 悟る)」, 評価動詞「분명하다 (bunmyeongha-da/ 明らかである), 확실하다 (hwagsilha-da/ 確実である)」などに用いられ、「- 기 gi」は「적합하다 (jeoghabha-da/ 適合である), 좋다 (joh-da/ 良い), 싫다 (silh-da/ 嫌い), 쉽다 (swib-da/ 易い), 괴롭다 (goelob-da/ 辛い)」などや、「- 기로 생각하다 (gilo saenggagha-da/ ～することにする), - 기 때문 (gi ttaemun/ ～するため), – 기 위하여 (gi wihayeo/ ～するために), – 기 전에 (gi jeon-e/ ～する前に)」などのような構成にのみ用いられる（閔賢植 1990: 217）。

b. 그는 내가 어리석었음을 지적했다 . (국립국어원 2005b: 159, (3 가 , 나))

geu-neun　　nae-ga　eoliseog-eoss-eum-eul　　jijeoghae-ss-da.

彼 -TOP　　　私 -NM　愚か -PST-NOM-ACC　　　指摘する -PST-DEC

彼は私が愚かだった<u>こと</u>を指摘した。

(33) a. 어머니는 오빠가 건강히 돌아오기를 바라셨다 . (국립국어원 2005b: 159, (3 라))

eomeoni-neun　　oppa-ga　geonganghi　dolao-gi-leul　　bala-sy-eoss-da.

母 -TOP　　　　　兄 -NM　健康に　　　帰ってくる -NOM-ACC 望む -SH-PST-DEC

お母さんは兄さんが健康に帰ってくる<u>こと</u>をお望みになられた。

b. 그런데도 소장은 대신 일할 사람을 찾지 않고 내가 다시 일어서기를 기다려 주었다 . (『今会い』 p. 11)

geuleonde-do sojang-eun　daesin　ilha-l　　　salam-eul　chaj-ji anh-go

それで - も　　所長 -TOP　　代わり　働く -ADN　人 -ACC　　探す -NOM NEG- て

nae-ga　dasi　ileoseo-gi-leul　　gidaly-eo ju-eoss-da.

私 -NM　　再度　立ち上がる -NOM-ACC　待つ - くれる -PST-DEC

それでも所長は代わりの人を探したりせず、ぼくが立ち直る<u>の</u>を待っていてくれた。

　先行研究では、「- 음 eum」 は 「＋決定性」 「事実性」 「叙実性」、「- 기 gi」 は 「－決定性」 「期待性」 「非叙実性」 との対立を成すものとして扱われている [45]。先行研究で指摘されているこれらの用語の対立は、- ㄴ n, - ㄹ l の 「現実・非現実」 の対立の違いで説明ができる [46]。先行研究で 「- 음 eum」 の代わりに

---

[45] これまで議論された 「- 음 eum」 と 「- 기 gi」 の意味的な対立を簡単に提示する。

	「- 음 eum」	「- 기 gi」
최현배 （1965）	観念的	具体的進行
任洪彬 （1974）	［＋存在］ ［＋対象化］	［－存在］ ［－対象化］
Yang, D. W. （1976）	事実性	期待性
沈在箕 （1980）	［＋決定性］ ［＋実体性］	［－決定性］ ［－実体性］
권재일 （1982）	［＋決定性］ ［＋対象性］	［－決定性］ ［－対象性］
Kin, N. K. （1984）	叙実性	非叙実性
徐正洙 （2006）	結果性・完結状態性	過程性・未完結性

[46] 「것geos」 については、Cook, E. D. （1968） では、「것geos」 により名詞化された従属節

「-ㄴ 것 n geos」が用いられることがしばしば指摘されており[47]、(32) の「- 음 eum」は「-ㄴ 것 n geos」補文に置き換えが可能である。一方、「- 기 gi」は非叙実動詞である「바라다・원하다 (bala-da・wonha-da/ 願う、望む)」「빌다 (bil-da/ 祈る)」「기다리다 (gɪdalɪ-da/ 待つ)」などには、通常「- 기 gi」が慣用的に用いられる。しかし、これら非叙実動詞であっても、(34)(35) のように「-ㄹ 것 l geos」補文や - ㄴ n の複合形式 - 는 neun が用いられた「- 는 것 neun geos」補文が用いられる例も散見される。

(34) a. 나는 철수가 학교에 갈 것을 바랐다 . (권재일 1980)

　　　 na-neun Cheolsu-ga　　haggyo-e　ga-l_____geos-eul　bala-ss-da.
　　　 私 -TOP　チョルス -NM　学校 - に　行く -ADN　geos-ACC　願う -PST-DEC
　　　 私はチョルスが学校に行く<u>こと</u>を願った。

　 b. 북한은 속히 잘못을 시인하고 다시 국제사회의 책임있는 일원으로, 같은 민족으로 화해의 조치를 취할 것을 간절히 빕니다 .[48]

　　　 Bughan-eun　soghi　jalmos-eul　siinha-go　dasi　gugjesahoe-ui
　　　 北朝鮮 -TOP　　早く　誤り -ACC　　認める - て　改めて　国際社会 - の
　　　 caegim-iss-neun　ilwon-eulo,　gat-eun　　minjog-eulo　hwahae-ui　jochi-leul
　　　 責任 - ある -ADN　一員 - として　同じ -ADN　民族 - として　和解 - の　　措置 -ACC

が叙実性（factive）を表すとし、李延玖（1975b: 283）では、必ずしも「것geos」が叙実性を表すとは言えないという。また、Kim, N. K.（1984），Song, Z. H.（1981）では、「것 geos」は叙実性と非叙実性（non-factive）の両方を表すことができるとしている。ここでの叙実性（factive）・非叙実性（non-factive）というのは、Kiparsky, P. & Kiparsky, C.（1970）が英語の補文の意味的研究で用いた概念である。Kiparsky, P. & Kiparsky, C.（1970）によれば、叙実性とは，主節の述語を否定しても、従属節が真であることは変わらないこと、このような述語を「叙実述語」といい、非叙実性とは、主節の述語を否定した場合、従属節が真であるかどうかが変わること、このような述語を「非叙実述語」という。この「叙実性・非叙実性」は「現実・非現実」と意味的に重なる部分もある。

47　現代韓国語では、文を名詞化する機能を持つものとしては、「것geos」と「- 기 gi」が生産的であると言える。「- 음 eum」が用いられる場合、メモや日記などで箇条書きのようなスタイルで多く用いられ、会話を始め、通常の言語使用の場面ではほとんど用いられない。

48　http://blog.daum.net/kimfrancois/7700475　（アクセス日 2010. 06. 01）

chwiha-l　geos-eul　　ganjeol-hi　bi-bnida.

取る -ADN　geos-ACC　切実 - に　　　願う -POL1

北朝鮮は早く誤りを認めて改めて国際社会の責任ある一員として、同じ民族として和解の措置を取ることを切実に祈ります。

(35) a.　나는 그가 오<u>는 것</u>을 바란다 . (Kim, N. K. 1984)

na-neun　geu-ga　　o-neun　　geos-eul　　bala-n-da.

私 -TOP　　彼 -NM　　来る -ADN　geos-ACC　願う -PRE-DEC

私は彼が来る<u>こと</u>を望んでいる。

b.　그이는 비가 개<u>는 것</u>을 기다렸다 . (徐正洙 2006: 1286, (6))

geui-neun　bi-ga　　gae-neun　　geos-eul　　gidaly-eoss-da.

彼 -TOP　　雨 -NM　　上がる -ADN　geos-ACC　待つ -PST-DEC

彼は雨が上がる<u>の</u>を待った。

c.　그가 오<u>는 것</u>을 기다리고 있다 .

geu-ga　　o-neun　　geos-eul　　gidali-go iss-da.

彼 -NM　　来る -ADN　geos-ACC　待つ - いる -DEC

彼が来る<u>の</u>を待っている。

　では、「바라다・원하다 (bala-da・wonha-da/ 願う、望む)」「빌다 (bil-da/ 祈る)」などの述語では、「- ㄹ 것 l geos」ではなく、慣用的に「- 기 gi」が用いられるのはなぜであろうか。(34a) の述語「빌다 (bil-da/ 祈る)」は、まだ実現していない事態が実現してほしいという語彙的意味を持っており、「非現実 X を現実 X であれかし」という話し手の思考を表す動詞である。「- ㄹ 것 l geos」は修飾節の事態が非現実であることのみを表し非現実として扱うが、「- 기 gi」で表された修飾節は非現実の事態であるが、その非現実の事態が「現実であれかし」とする点で「- ㄹ 것 l geos」と異なる。「바라다 (願う)」「빌다 (祈る)」などの非叙述動詞が用いられる場合には、その「바라다 (願う)」「빌다 (祈る)」の内容である事態の実現を求める（すなわち架空の事態の実現化を求める）場合が主であるため「- 기 gi」が用いられると考えられる。

　このように、単に修飾節の事態を非現実で非現実として扱うか、非現実ではあるが話し手の思考上で現実であれとするかの違いによって使い分けられている。従って、話し手の考え方によって非現実であることだけを表現し「- ㄹ 것 l geos」に置き換えることも不可能ではない[49]。

49　但し、そのニュアンスには違いがある。

　次に、まだ起きていない事態であっても話し手がその事態が起きることが確定していると判断している場合には、その事態は現実と捉えられ、- ン n の複合形式 - 는 neun が用いられる。例えば、(35a) のように「彼が来る」という情報を得ている場合、(34b) のように「雨は（確実に）上がること」や「(日時を決めて約束した場合の）彼が来ること」のような場合などで確実に起きる現実の事態を表している (35) では、- 는 neun が用いられ、この形式が厳密には類型論でいう「realis」と同じものとは言えないが、広義の現実を表していると考えられる。

　ここまでの議論から「- ㄴ 것 n geos」「- ㄹ 것 l geos」「- 음 eum」「- 기 gi」との関係を整理してみる。「- ㄴ 것 n geos」は「現実」を、「- 음 eum」は既定の事実のみを表すものである。次に、「- ㄴ 것 n geos」の複合形式「- 는 것 neun geos」はまだ実現していない事態であっても話し手がその事態が起きることに関して、確固たる根拠（電車等の遅刻表や経験上の知識等）を持っている場合など、確実に実現することを現実として扱い表す。

　韓国語では、この「現実」と実現が確定していることを同等に扱うことから類型論的議論で用いられる用語としての「realis」「irrealis」とは異なるため、混乱を避けるために英語表記を外し、「現実」「非現実」として表記し、この「現実」には実現が確定していることも含まれるものとする。

　今回のコーパスデータの中で、複合形式 - 는 neun が「補文 II 型」に用いられた 330 例のうち 40 例が、実現が確定している現実であった。

(36) a. 아가씨 , 이리로 가는 것이 더 빨라요 . (BREO0292)

agassi　ili-lo　　　ga-neun　geos-i　　deo　ppalla-yo.
嬢さん　こっち - に　　行く -ADN　geos-NM　より　早い -POL2
お嬢さん、こっちに行くのがより早いですよ。

b. 어떻게 생겨먹은 녀석이 혼인 신고서 제출하는 것도 잊어버리냐 ?

eotteoh-ge saenggyeomeog-eun　nyeoseog-i honin singoseo jechulha-neun
どの - ようにできる - しまう -ADN 野郎 -NM　　婚姻　申告書　提出する -ADN

geos-do ij-eobeoli-nya?
geos- も　忘れる - てしまう -INT-Q
どこのどいつが婚姻申告書を提出するのも忘れてしまうものか。

(BREO0292)

　次に、「- ㄹ 것 l geos」と「- 기 gi」は共に非現実の事態に対して用いられるとも考えられるが、「- ㄹ 것 l geos」は修飾節の表す内容が非現実の場合に用いられ、「- 기 gi」で表された修飾節はその非現実である架空の事態が「現実であれかし」とする点で異なる。従って、「바라다・원하다 (bala-da・wonha-da/ 願う、望む)」「빌다 (bil-da/ 祈る)」などの願望・希求動詞が用いられ、非現実 X である修飾節の内容が現実 X となることを望む場合に、「- 기 gi」を用いられることが多くなる。

3.4　3章のまとめ

　本章では、連体修飾節での形式名詞「것geos」と連体形語尾との関連を、「것geos」関係節、「補文 I 型（補足型)」、「補文 II 型（名詞化型)」に分け考察を加え、「- ㄴ 것 n geos」「- ㄹ 것 l geos」は、節が表す事態内容が「現実」か「非現実」であるかを表すモダリティ的意味を担う形式と捉えることで、すべての事例に対して統一した説明ができることを論じた。

　また、補文を「補文 I 型」、「補文 II 型」と分類することで「것geos」の機能の違いを際立たせることができた。さらに、連体形語尾 - ㄴ n, - ㄹ l が「現実・非現実」という事態の対立を表す形式であると捉えることで、「것geos」によって示された連体修飾節と - ㄴ n, - ㄹ l の組み合わせの選択基準は、節の内容が「現実」か「非現実」であるかによって決まること、「것geos」が用いられ「総称」と一括して呼ばれるものであっても、その総称の表す概念が「現実」「非現実」であるかによって、- ㄴ n, - ㄹ l が決まり、表示されるという一貫した説明ができることを示した。

　なお、この「現実・非現実」を表すという捉え方はテンスとの関係を否定するものではなく、テンスとも深い関わりがある。一般に、過去や現在の事態は現実であり、未来の事態は非現実であることが多く、過去, 現在, 未来といったテンスとも関係がある。また、完了・未完了というアスペクトも、実現する・しないということから「現実・非現実」と関わりがあると言える。従って、連体形語尾はテンス, アスペクトとも密接な関係があり、この観点からの分析を否定することはできないが、「現実・非現実」という捉え方のほうが、現象ごとに多くの用語を用いて説明する先行研究より、一貫したよりよい説明ができると論じた。

第 4 章

スコープ機能の「것이다 geos-ida」

4.1　はじめに

　本章以降では文末に用いられる「것geos」について考察を試みる。ここでは第 2 章で述べたように、「것geos」の機能の一つである名詞化機能を持つ「것geos」が指定詞「이다 ida」と一緒に用いられて、「것이다 geos-ida」のように固定化して文末に現れるものを扱う。これまで文末に現れる「것이다 geos-ida」形式については、洪起文（1947）をはじめ、徐正洙（1978），安明哲（1983），野間（1990），안주호（1997）など多くの研究者によってモダリティ機能を持つものという観点から、意味分析や品詞制約、主語の人称制限、文法化などについての記述がなされている。しかし、韓国語のみを対象とする研究では言及されていないが、日韓対照研究を行う宋承姫（2000）、崔眞姫（2005, 2006）などの研究者によって、「것이다 geos-ida」に日本語の「のだ」と同様のスコープ機能があると指摘されているが、指摘のみにとどまっており説明が不十分であった。この点に関して筆者は、丁（2008b）で、「것이다 geos-ida」にはモダリティ機能の他にスコープ機能があることを示した。本章では、形式名詞「것geos」に関する従来の研究の中であまり検討がなされていない文末表現「것이다 geos-ida」のスコープ機能について明らかにする。ここでの考察は丁（2008b）の考察を基にその後の知見を加え、加筆・修正したものである。

　なお、従来から指摘されている、一語化して機能するモダリティの「것이다 geos-ida」文については、次の第 5 章で考察を行う。

　考察にあたり、まず、「것geos」の後接要素である指定詞「이다 ida」の特徴についての先行研究を概観する。次に、「것geos」と「이다 ida」が結合し

てスコープ機能を担う「것이다 geos-ida」文を考察する。最後に、名詞文やモダリティの「것이다 geos-ida」との比較を行いながら、スコープの「것이다 geos-ida」文の統語的特徴を明らかにする。

4.2　後接要素である指定詞「이다 ida」の特徴

指定詞「이다 ida」[50]は、叙述機能を表す用言の一種である。「이다 ida」構文の典型的な形式は、「NP1 은 / 이 NP2 이다（NP1-eun/i NP2-ida/NP1 は / が NP2 だ）」で、先行詞 NP2 に依存する形式であり、テンスやモダリティなどの文法要素と結合して活用する。(1a) は「이다 ida」の現在形であり、(1b) は「이다 ida」の過去形である。(1c) は「이다 ida」の後ろにモダリティ形式が結合した例である。

(1)　a.　순이는 중학생이다.

　　　　　Suni-neun　　junghagsaeng-i-da.
　　　　　スニ -TOP　　　中学生 -COP-INT
　　　　　スニは中学生だ。

　　b.　순이는 중학생이었다.

　　　　　Suni-neun　　junghagsaeng-i-eoss-da.
　　　　　スニ -TOP　　　中学生 -COP-PST-INT
　　　　　スニは中学生だった。

　　c.　순이는 중학생일 지도 모른다.

　　　　　Suni-neun　　junghagsaeng-i-l　ji-do　moleu-n-da.
　　　　　スニ -TOP　　　中学生 -COP-ADN　NOM- も 知れない -PRE-INT
　　　　　スニは中学生かも知れない。

また、一般的に用言を否定する場合は、「안 an/- 지 않다 ji anhda」という否定辞を用いるが、「이다 ida」は、(2) のように「NP2 이 / 가 아니다（NP2-i/

50　「이다 ida」に関する諸見解は、大きく二つに分かれる。一つは、用言の一種と認め、「指定詞」とする考え（최현배 1963, 1965）、もう一つは、用言の一種とは認めず、名詞に付く「叙述格助詞」とする考え方（정인승 1960, 南基心 2001）である。学校文法では、「叙述格助詞」として扱われている。

ga anida/NP2 ではない）」の形式が用いられる。

(2)　순이는 중학생이 아니다.
Suni-neun　junghagsaeng-i　ani-da.
スニ -TOP　中学生 -NM　NEG-INT
スニは中学生ではない。

この「이다 ida」の意味的特徴は、「NP1 은 / 이 NP2 이다（NP1-eun/i NP2-ida/NP1 は / が NP2 だ）」の NP1 と NP2 が同一の関係、あるいは属性の関係を表す。(3a) は同一の意味関係を、(3b) は属性の意味関係を表す例である[51]。

(3)　a.　샛별이 금성이다.（南基心 2001: 158）
saesbyeol-i　geumseong-i-da.
明けの明星 -NM　金星 -COP-INT
明けの明星は金星だ。

　　b.　고래가 포유동물이다.（南基心 2001: 156）
golae-ga　poyudongmul-i-da.
鯨 -NM　哺乳動物 -COP-INT
鯨は哺乳動物だ。

また、남길임（2004: 45）は、「이다 ida」構文を［命題的］構文と［様相的］構文に分類し、［様相的］構文の場合は、NP1 と NP2 の間では、「同一性」や「属性」のような意味関係が見られず、形式名詞あるいは自立名詞であったものが「이다 ida」構文という特定の環境に限って語彙の意味とは区別され、抽象的な意味、つまり文法的な意味を担うようになったとしている[52]。

以上、先行研究を基に「것geos」の後接要素である指定詞「이다 ida」の特徴を簡単に見たが、このような特徴を持つ指定詞「이다 ida」と組み合わされて、＜名詞化の機能を持つ「것geos」＋「이다 ida」＞という分析的な

51　南基心（2001）では、同一関係と属性関係を「分類文」とし、その他、隠喩的な表現を「類似分類文」、「NP1 ≦ NP2」の関係が成立しないのは「非分類文」としている。
52　「이다 ida」構文については、南基心（1986）, 嚴正浩（1989）, 徐正洙（1991）, 李南淳（1999）, 김기혁（2000）, 양정석（2001）, 이건수（2002）などを参考されたい。

構造を持つ文末表現「것이다 geos-ida」を考察する。

4.3　スコープ機能の「것이다 geos-ida」

　スコープ（scope）とは、一般に肯定，否定，疑問などの作用が及び得る範囲であり、その作用が集中する部分を焦点（focus）という。

　文末表現「것이다 geos-ida」と同様のモダリティ機能を持つとされる日本語の「のだ」に関しては、すでに久野（1983）、野田（1990, 1997）など多くの研究で、スコープ機能があることが指摘されている。久野（1983）によれば、日本語の否定辞「ない」のスコープは極めて狭く、通常その直前の要素しか否定のスコープに入らない。そのため、述語に否定辞が続く場合には述語しか否定されない。述語以外の要素を否定するためには、述語を含む命題を「の」によって名詞化しなければならないとし、次の例文を挙げて説明している（下線と鍵括弧は筆者による）[53]。

　(4)　A:　君は終戦ノ年ニ生マレタノカ。

　　　　B:　a. ?イヤ、終戦ノ年ニハ、生マレナカッタ。　（久野 1983: 126, (22)）

　　　　　　b. イヤ、[終戦ノ年ニ生マレタ]ノデハナイ。（久野 1983: 128, (29)）

　久野は、(4A) に対する答えの文 (4Ba) が不自然であるとし、その理由は、(4Ba) は質問の焦点である「終戦ノ年ニ」を否定しようとするものだが、「ナカッタ」の否定のスコープに入る要素は、「ナイ」の直前の「生マレ」のみである。そのため「?? 僕は終戦の年には、生まれるという行為をしないで（翌年まで待った）」という解釈が生じ、(4A) の回答文として不適格になる

53　久野（1983: 140）は、日本語の否定辞「ない」と疑問助詞「か」のスコープについて次のようにまとめている。
　（ⅰ）　日本語の否定辞「ナイ」と疑問助詞「カ」のスコープは極めて狭く、通常、その直前の動詞，形容詞，「X ダ / デス」に限られる。このスコープの制限の例外は、「マルチプル・チョイス式」焦点と、疑問詞である。
　（ⅱ）　主題は、否定辞と疑問助詞のスコープ外にある。
　そして、そのスコープ外の要素をスコープに引き入れるには「のだ」を用いるとしている。

と言う。そこで、述語以外の要素を否定したい場合は、(4Bb) のように、文全体を「の」によって名詞化してから、否定辞「ない」を用いるとしている。そのことにより、「の」で括られた文全体が否定のスコープに入る形になり、その中の「終戦ノ年ニ」を焦点にすることができると説明する。

また、野田（1997）は、久野の主張を基にして「のだ」のスコープ機能について詳しく述べている。野田は、「のだ」の本質を、文を名詞文に準じる形に変えるものであるとし、スコープの「のだ」は、文の一部を名詞化するという構文的な理由から必要とされるものであるとしている（下線と鍵括弧は筆者による）。

(5)　a.　［ 悲しいから泣いた ］の ではない。（野田 1997: 33, (3)）

　　　b.　?悲しいから泣かなかった。

野田は、(5a) は述語以外の部分である「悲しいから」を焦点にするためには、「の」を用いて名詞化し、名詞化された「悲しいから泣いた」という部分が否定のスコープに入ることになり、その中の「悲しいから」という部分が否定のフォーカス（焦点）になるとしている。また、「のだ」を用いないと (5b) のように不自然な文になると言う。このような、「の」の前にある命題を名詞化するために必要な「のだ」を、スコープの「のだ」と呼んでいる。

上記の (4Bb) と (5) は、命題（前提と焦点を含む部分）の「終戦の年に生まれた」「悲しいから泣いた」という部分が「の」によって名詞化され、否定のスコープに入ることになり、命題の中の「終戦の年に」「悲しいから」という部分が否定の焦点になるのである。(4Bb) と (5a) は、次のように表示できる。なお、本章での前提（presupposition）とは、話し手も聞き手も了解している内容であり、命題の中の焦点を除いた部分である。

(4')　　前提　：　僕は X年に 生まれた

　　　　主張　：　X年 ≠ 終戦の年

(5')　　前提　：　X理由で 泣いた

　　　　主張　：　X理由 ≠ 悲しい

このように日本語では、述語以外の要素を否定などのスコープに入れる

ためには「のだ」が必要である。では、韓国語の否定はどうであろうか。
韓国語の否定も日本語と同様であり、述語以外の要素を否定するために
は「것geos」によって命題全体が名詞化されなければならない。さらに「것
geos」によって括られた部分に、指定詞「이다 ida」の否定辞「아니다 anida」
が用いられる。次の (6)(7) と (8) を比べてみると、否定される部分が異なっ
ているのがわかる。

(6)　너희 둘 문제로 연락 안 했다.

neohui dul munje-lo yeonlag an hae-ss-da.
君達　二人　問題 - で　連絡　NEG する -PST-DEC
君たち二人の問題で連絡しなかった。

(7)　너희 둘 문제로 연락하지 않았다.

neohui dul munje-lo yeonlagha-ji anh-ass-da.
君達　二人　問題 - で　連絡する -NOM NEG-PST-DEC
君たち二人の問題で連絡しなかった。

(8)　너희 둘 문제로 연락한 거 아니다. (Vol. 6)

neohui dul munje-lo yeonlagha-n geo ani-da.
君達　二人　問題 - で　連絡する -ADN geos NEG-DEC
君たち二人の問題で連絡したのではない。

　(6) と (7) は「나는 연락했다（na-neun yeonlaghae-ss-da/ 私は連絡した）」と
いう行為そのものの成立を否定している文である。一方、(8) は「私は連絡
した」という行為そのものは成立し、連絡した理由は「너희 둘 문제로（neohui
dul munje-lo/ 君たち二人の問題で）」ではないことが示されている。つまり、
「君たち二人の問題で」を否定の焦点にするためには「것이다 geos-ida」が
必要であり、「것geos」によってその前の命題全体を名詞化し、名詞化され
た部分が否定のスコープに入り、その中の「君たち二人の問題で」が否定
の焦点になる。

　次の (9) も同様に、「너는 여기 왔다（neo-neun yeogi wa-ss-da/ 君はここに来
た）」という行為そのものは成立し、ここに来た理由は「일하러（ilha-leo/ 働
きに）」ではないことが示され、「働きに」が否定の焦点になっているので
ある。

(9)　　　너는 …… 여기 일하러 온 게 아니다 . (Vol. 5)

　　　　neo-neun yeogi ilha-leo　o-n　　　 ge　ani-da.
　　　　君 -TOP　　ここに 働き - に　来る -ADN　geos-NM NEG-DEC
　　　　君は……ここに働きに来たのではない。

　このような違いは上で述べたように、日本語の否定辞と同様に韓国語の
否定辞「아니다 anida/ 안 an/- 지 않다 ji anhda」が、その直前（若しくはその
直後）の述語しか否定できないからである。述語以外、すなわち述語に
よって示された事態の成立以外の要素を否定するためには、「것geos」を用
いなければならず、「것geos」によって命題全体を名詞化し、否定のスコー
プ内に引き入れなければならない。上記の (8)(9) は、「것geos」を用いるこ
とで以下のようになる。

(8')　　　[너희 둘 문제로 연락한] 거 아니다 .

　　　　[neohui dul　munje-lo　yeonlagha-n]　geo　ani-da.
　　　　君達　　 二人　問題 - で　連絡する -ADN　geos　NEG-DEC
　　　　[君たち二人の問題で連絡した] の ではない。
　　　　前提 ：　나는 X 이유로 연락했다　（私は X 理由で連絡した）
　　　　主張 ：　X 이유 ≠ 너희 둘 문제 (X 理由 ≠ 君たち二人の問題)

(9')　　　[너는 여기 일하러 온] 게 아니다 .

　　　　[neo-neun yeogi ilha-leo　　o-n]　　 ge　　 ani-da.
　　　　君 -TOP　　ここに 働き - に　来る -ADN　geos-NM　NEG-DEC
　　　　[君はここに働きに来た] の ではない。
　　　　前提 ：　너는 여기 X 이유로 왔다　（君は ここに X 理由で 来た）
　　　　主張 ：　X 이유 ≠ 일하다　　 （X 理由 ≠ 働く）

　以上のように、「것이다 geos-ida」にも日本語の「のだ」と同様にスコープ
機能があることがわかる。つまり、「것이다 geos-ida」は否定などのスコープ
外にある要素をスコープ内に引き入れる機能を持ち、そのスコープ内の一
部分を焦点にすることができるのである。これは繰り返しになるが、否定
辞「아니다 anida / 안 an/- 지 않다 ji anhda」のスコープは、その直前（若し
くはその直後）の述語に限られるため、その述語以外の要素を否定するため

には、「것geos」によって命題全体が名詞化されなければならないので、「것이다 geos-ida」が必要となるのである。このような「것geos」による名詞化とスコープ機能とはどのようなものかを次に見てみる。

4.4　先行研究の概観

4.4.1　名詞化機能に関する研究

「것이다 geos-ida」に名詞化機能があることは一部の先行研究でも指摘されている。まず、宋承姫（2000: 99）では、「것이다 geos-ida」を、「単純に「것/geos」に「이다 /ida」が結合した「것 (이다)/geos(ida) Ⅰ」と、再分析され固定化した「것 (이다)/geos(ida) Ⅱ」」に分類している。次の (10) は、「것 (이다)/geos(ida) Ⅱ」の例であるが、(10) を否定文にした場合には、(11) のように、「아니다 anida」否定辞が用いられるとし、「나는 이 책을 읽다 （na-neun i caeg-eul ilgda/ この本を読む)」という文全体を否定する形になる」という。「これは、「것 /geos」の名詞化機能によるものであるが、特に、「이 책을 （i caeg-eul/ この本を)」の部分に焦点を置くためには「것 /geos」の使用が必要である」(p. 103) としている。

(10)　나는 이 책을 읽 {은 / 는 / 을} 것이다 .

　　　na-neun i　　chaeg-eul ilg {eun /neun /eul} geos-i-da.
　　　私 -TOP この 本 -ACC　　読む　ADN　　　　geos-COP-DEC
　　　私はこの本を読 {んだ / んでいる / む }のだ。

(11)　나는 이 책을 읽 {은 / 는 / 을} 것이 아니다 .

　　　na-neun i　　chaeg-eul ilg {eun /neun /eul} geos-i　ani-da.
　　　私 -TOP この 本 -ACC　　読む　ADN　　　　geos-NM NEG-DEC
　　　私はこの本を読 {んだ / んでいる / む }のではない。

（宋承姫 2000: 103, (10)(10'）)

　宋は、上記の (11) について、「文全体を否定する形になる」としている。しかし、これは文全体が否定されているのではなく、その前提である「나는 X 를 읽었다 （na-neun X-leul ilg-eoss-da/ 私は X を読んだ)」という事態は成

立し、「이 책을(i chaeg-eul/ この本を)」が否定されているのである。すなわち、命題全体である「나는 이 책을 읽었다(na-neun i caeg-eul ilg-eoss-da/ 私はこの本を読んだ)」が、「것geos」によって名詞化されることにより否定のスコープ内に入り、そのスコープ内に入った命題の中にある「이 책을（この本を）」が否定の焦点となる。(11) は次のように分析表示できる。

(11') 前提 ： 나는 X를 읽었다.　　（私は Xを 読んだ）
　　　 主張 ： X ≠ 이 책　　　（X ≠ この本）

また、崔眞姫（2005）では、日本語の「のだ」と韓国語の「것이다 geos-ida」との対照研究の中で、韓国語の「것이다 geos-ida」にもスコープ機能があることを指摘している。しかし、崔はスコープ機能を名詞化機能と呼んでいる。

(12)　　…그, 그건 일부러 말한 게 아니었어요.
　　　　…geu geugeo-n ilbuleo malha-n　ge　ani-eoss-eoyo.
　　　　　そ それ-TOP わざと 話す-ADN　geos-NM NEG-PST-POL2
　　　　…そ、それは わざと話したんじゃありません。

(12')　…그, 그건 일부러 말 안 했어요.
　　　　…geu geugeo-n ilbuleo mal an　hae-ss-eoyo.
　　　　　そ それ-TOP わざと 話す NEG する-PST-POL2
　　　　…そ、それはわざと話しませんでした。（崔眞姫 2005: 121,(53)(54)）

(12) は、「나는 말했다（na-neun malhae-ss-da/ 私は話した）」という行為そのものは成立し、「일부러（ilbuleo/ わざと）」ではないことが示されている。「것이다 geos-ida」を用いないと(12')のように「話した」という行為そのものの成立が否定される。崔は、(12) の「話した」ことは既定の事実であり、「わざと」ではないことを表現するためには、「것이다 geos-ida」が必須であるとしている。

　しかし、宋や崔などの「名詞化」という用語だけでは正確な説明はできないと思われる。名詞化には、①主語や目的語とするために単に文などを名詞化するものと、ここで論じているような、②否定など焦点を与えることを目的として否定辞のスコープ内に命題を取り入れるために名詞化する

ものがある。

　また、徐正洙（2006）では、次の (13a) のように「아니다 anida」否定辞が用いられた例を挙げて、否定要素が文全体を統御（command）する場合は、否定のスコープがその下位文全体に及ぶとし、このような文を「文否定」と呼んでいる。

(13) a.　이 학생이 그 책을 읽은 것은 <u>아니다</u> . (徐正洙 2006: 964, (6a. b. c))

　　　i　　　hagsaeng-i geu chaeg-eul ilg-eun　　geos-eun <u>ani-da.</u>
　　　この 学生 -NM　その 本 -ACC　読む -ADN geos-TOP　NEG-DEC
　　　この学生がその本を読んだ<u>のではない</u>。

　　b.　이 학생이 그 책을 안 읽었다 . 그것이 사실이다 .

　　　i hagsaeng-i　geu　chaeg-eul an　ilg-eoss-da.　geugeos-i sasil-i-da.
　　　この 学生 -NM　その　本 -ACC　NEG 読む -PST-DEC それ -NM　事実 -COP-DEC
　　　この学生がその本を読まなかった。それが事実だ。

　　c.　저 여학생이 읽었지 .

　　　jeo　　yeo-hagsaeng-i　ilg-eoss-ji.
　　　あの　女子 - 学生 -NM　読む -PST-FIN-INT
　　　あの女子学生が読んだのだ。

　(13a) のような文で上位文にある否定辞「아니다 anida」は、その下位文全体を統御するので、その否定の作用は否定辞が現れる文だけではなく、統御する下位文全体にまで及ぶことになる。つまり、徐は、(13a) のような文の否定辞は、その下位文全体にまでその否定のスコープが拡大されるとするが、それは、「것 geos」によって下位文全体が名詞化され、それによって下位文全体が上位文にある否定辞のスコープ内に入るためである。そのため上位文の否定辞が下位文にまで影響を及ぼすことが可能になるのである。徐は、否定のスコープの拡大に関して明示的には述べていないが、「것 geos」によって否定のスコープが拡大されているのである。しかし、ではなぜ「것 geos」が用いられると否定のスコープが拡大するのか、すなわち「것 geos」がどのような機能を果たしているかについての説明はなされていない。また (13a) は、徐が指摘するように、事実としては (13b) のように解釈でき、(13c) のような前提となる事態があるとも言えるだろう。この (13a) と (13b)

の内容は似ているが、(13b) では「この学生がその本を読まなかった。」という事実のみを述べている。一方、(13a) で否定されているのは「이 학생이 (i hagsaeng-i/ この学生が)」であって、その前提となる「X가 ユ 책을 읽었다 (X-ga geu chaeg-eul ilg-eoss-da/X が.その本を読んだ)」すなわち (13c) のような事実が前提となっている。すなわち、(13a) の文は以下のように表示できる。

(13') ［이 학생이 그 책을 읽은］ 것은 아니다.
　　　　［i hagsaeng-i geu chaeg-eul ilg-eun］ geos-eun ani-da.
　　　　この 学生-NM その 本-ACC 読む-ADN geos-TOP NEG-DEC
　　　　［この学生がその本を読んだ］ の ではない。
　　　　前提 ： X가 그 책을 읽었다. 　　（X が その本を 読んだ）
　　　　主張 ： X ≠ 이 학생 　　　　（X ≠ この学生）

　従って、(13a) で否定のスコープに入るのは「것geos」によって名詞化された命題全体であり、前提となる「X가 그 책을 읽었다（X がその本を読んだ）」自体は否定されておらず、前提との対比性を持つ命題の中の「이 학생이（この学生が）」が否定の焦点となるのである。

4.4.2　否定文に関する研究

　4.4.1 では、スコープ機能を理解するために否定のスコープに関わる問題を論じた。ここでは先行研究において、韓国語の否定文[54]に関してどのような議論がなされてきたのかを、簡単に見てみたい。
　韓国語の否定文に関して、韓国語には否定辞「안 an」と「- 지 않다 jianhda」の二種の否定辞があることから、様々な観点から研究がなされてきた。特に否定文の意味を中心とした研究では、否定辞「안 an」と「- 지 않다 ji anhda」の二種の否定文を同義と見て単一の基底構造を設定する立場と、二

54　韓国語の否定文は、肯定文の述語に否定辞「아니 ani（안 an）」や「못 mos」を付けたり、助動詞「말다 malda」を本動詞の後ろに付けることによって作る。これらは文の種類によってその分布が異なる。平叙文と疑問文には「아니 ani（안 an）」と「못 mos」が用いられ、勧誘文と命令文には「말다 malda」が用いられる。また、「아니 ani（안 an）」と「못 mos」の否定辞には短形と長形がある。用言の前には短形である「안 an」「못 mos」が、用言の後ろには「- 지 않다 ji anhda」「- 지 못하다 ji moshada」が用いられる。なお、述語が名詞の場合は「아니다 anida」が用いられ、「名詞＋이 아니다 i anida」の構成をなす（李翊燮他 2004: 211-212）。

つの否定文の同義説を否定し互いに異なる基底構造を設定する立場とが対立し、未だ明確な結論が出ていないのが現状である[55]。ここでは、その中で否定文の意味に関する異なる立場からの代表的な論点を三つに分けて述べる。

一つ目は、否定辞「안 an」と「- 지 않다 ji anhda」とでは、その表す意味が異なるとし、一つの文の中に量化表現や副詞など作用域を持つ表現がある場合、「- 지 않다 ji anhda」は多義的（ambiguous）な解釈ができるとする見解である（任洪彬 1973, 1978, 宋錫重 1977 など）[56]。例えば、次の (14)(15)の例文を見られたい。

(14) a. 손님이 <u>안</u> 왔다 .

    sonnim-i <u>an</u> wa-ss-da.

    お客 -NM　NEG　来る -PST-DEC

    お客が<u>来なかった</u>。

55　韓国語の否定文についての研究では意味について論じたものが多い。任洪彬（1973, 1978, 1987a）, 宋錫重（1977, 1981）, 李基用（1979）, 서상규（1984）, 高永根（1990）などの研究を参照されたい。

56　박종갑（2001a）は、「- 지 않다 ji anhda」の多義性に関して、副詞が用いられた場合に二つの解釈が可能であると言う。

  (a)　철수가 확실히 [죽이지 않았다] .

    Cheolsu-ga hwagsilhi [jugi-ji anh-ass-da].

    チョルス -NM 確かに　殺す -NOM NEG-PST-DEC

  (b)　철수가 [확실히 죽이지] 않았다 .

    Cheolsu-ga [hwagsilhi jugi-ji] anh-ass-da.

    チョルス -NM 確実に　殺す -NOM NEG-PST-DEC

まず、「チョルスが殺さなかったことは確かだ」という (a) の解釈の他に、(b) のように「チョルスが殺そうとしたが、正確には殺せなかった」という解釈も可能であるという。すなわち「확실히 (hwagsilhi/ 確かに)」が否定のスコープ外にある場合は (a)のように文副詞として解釈され、否定のスコープ内にある場合は (b) のように動詞句副詞として解釈されるとしている。

また、서상규（1984）では、副詞の種類によって否定文の多義性が異なるとし、次のようにまとめている。①副詞を持った否定文の多義的な解釈はすべての場合に現われるのではなく、副詞の種類によって変わる。②文副詞は文全体を修飾するので否定のスコープに入らない。③動詞副詞は動詞を修飾するので、常に否定のスコープ内にある。④時間副詞と場所副詞は述語を修飾する統語位置にある場合は否定のスコープに入るので否定の対象になるが、文全体を修飾する統語位置に来る場合は、否定のスコープ内に入らない。従って、副詞を含んだ否定文が多義的な解釈が可能であるのは、副詞の統語機能が二重的なところから生じたものであるとしている。

b. 손님이 오지 않았다.

　sonnim-i　o-ji　　　　anh-ass-da.
　お客 -NM　来る -NOM NEG-PST-DEC
　お客が来なかった。

(15) a. 손님이 모두 안 왔다.

　sonnim-i　modu　an　wa-ss-da.
　お客 -NM　すべて　NEG　来る -PST-DEC
　お客がすべて（全員）来なかった。

b. 손님이 모두 오지 않았다.

　sonnim-i　modu　o-ji　　　anh-ass-da.
　お客 -NM　すべて　来る -NOM NEG-PST-DEC
　お客がすべて（全員）来なかった。

　二つの否定辞の意味が異なるとする立場では、上記の (14a) と (14b) の意味は同じであるが、量化表現がある (15a) と (15b) とでは、その表す意味が異なると言う。すなわち、(15a) は、①「すべて（全員）のお客が来なかった」というように解釈される。一方、(15b) は、①の解釈の他に、②「すべて（全員）のお客が来たわけではない、来なかったお客が一部いる」のように部分否定の解釈が可能であるということである[57]。しかし、筆者には (15b) を部分否定として解釈するためには、(15'b) のように対比性を持つ「- 는 neun」の挿入が必要であると思われる。

(15') b. 손님이 모두 오지 는 않았다.

　sonnim-i　modu　o-ji- neun 　anh-ass-da.
　お客 -NM　すべて　来る -NOM-TOP NEG-PST-DEC
　お客がすべて（全員）来 は しなかった。

　但し、「- 는 neun」を用いた (15'b) でも否定のスコープには曖昧さが残る。しかし、(16) のようにスコープの「것이다 geos-ida」を用いると、「것 geos」によってその前の命題全体が名詞化されて、スコープ内に入ることになり、そのスコープ内にある「모두（modu/ 全員）」が否定の焦点となり、部分否定の解釈が明確にできるのである。

57　박종갑 (2001a) では、「안 an」も「- 지 않다 ji anhda」と同様に部分否定の解釈が可能であるとしている。

(16)　　손님이 <u>모두</u> 온 것이 아니다.

　　　sonnim-i　<u>modu</u>　o-n　　　　geos-i　ani-da.
　　　お客 -NM　すべて　来る -ADN　geos-NM　NEG-DEC
　　　お客がすべて（<u>全員</u>）来た<u>のではない</u>。

　二つ目は、否定辞「- 지 않다 ji anhda」は、文を構成する成分の数だけ多義的な解釈が可能であるとする見解である（李基用 1979, 염선모 1987 など）。次の (17) の「- 지 않다 ji anhda」否定辞は、(17') のように文を構成する成分の数だけその解釈が可能であるが、述語を否定する場合、すなわち「안 an」否定辞が用いられた (18) と同じ解釈ができるのは、(17'd) しかないと言う。

(17) a. <u>나는</u>　　　　b. <u>그를</u>　　　c. <u>권총으로</u>　　　　d. <u>쏘</u>지 않았다.

　　　a. <u>na-neun</u>　　b. <u>geu-leul</u>　c. <u>gwonchong-eulo</u> d. <u>sso</u>-ji　anh-ass-da.
　　　私 -TOP　　　　彼 -ACC　　　拳銃 - で　　　　　撃つ -NOM NEG-PST-DEC
　　　私は 彼を拳銃で撃たなかった。

(17') a. 그를 권총으로 쏜 것은 내가 아니다.

　　　geu-leul gwonchong-eulo sso-n　　　geos-eun　nae-ga　ani-da.
　　　彼 -ACC　拳銃 - で　　　　　撃つ -ADN geos-TOP　　私 -NM　　NEG-DEC
　　　彼を拳銃で撃ったのは私ではない。

　　b. 내가 권총으로 쏜 것은 그가 아니다.

　　　nae-ga　gwonchong-eulo sso-n　　　geos-eun geu-ga ani-da.
　　　私 -NM　拳銃 - で　　　　　撃つ -ADN geos-TOP 彼 -NM NEG-DEC
　　　私が拳銃で撃ったのは彼ではない。

　　c. 내가 그를 쏜 것은 권총으로가 아니다.

　　　nae-ga　geu-leul sso-n　　　geos-eun　gwonchong-eulo-ga ani-da.
　　　私 -NM　彼 -ACC 撃つ -ADN geos-TOP　拳銃 - で -NM　　　　　NEG-DEC
　　　私が彼を撃ったのは拳銃ではない。

　　d. 내가 그에게 권총으로 한 것은 쏘는 것이 아니었다.

　　　nae-ga　　geu-ege gwonchong-eulo ha-n　　　geos-eun sso-neun
　　　私 -NM　　彼 - に　拳銃 - で　　　　　する -ADN　geos-TOP 撃つ -ADN
　　　ge-i　　　ani-eoss-da.
　　　geos-NM　NEG-PST-DEC
　　　私が彼に拳銃でしたのは撃つ (という) ことではなかった。

(18) a. <u>나는</u>　　　b. <u>그를</u>　　　c. <u>권총으로</u>　　　d. <u>안</u> <u>쏘았다</u>.

　　a. na-neun　　b. geu-leul　　c. gwonchong-eulo　　d. an sso-ass-da.
　　　私 -TOP　　　　彼 -ACC　　　拳銃 - で　　　　　　　　NEG 撃つ -PST-DEC
　　私は彼を拳銃で撃たなかった。

　この見解によると、(17) のように「- 지 않다 ji anhda」を用いた否定文は
プロミネンス（prominence）を置くことによって、(17') のように成分のい
ずれもが否定の焦点になり得るという結論になる。一方、一部の研究では、
(18) のように「안 an」を用いた否定文であってもプロミネンスを置くこと
によって、(17') のような 4 つの解釈が可能であるとしている [58]。プロミネン
スの他に対比性を持つ「- 는 neun」などを、否定したい部分に付けることに
よってでも否定の焦点を示すことができる。しかし、これらの議論は、対
比性を持つ「- 는 neun」、限定を表す「- 만 man」などや特定の文脈がない限
り、実際の言語的事実として確認するのは難しい。

　三つ目は、否定辞「안 an」と「- 지 않다 ji anhda」とでは前提が異なっており、
「안 an」は否定の前提のみが可能であり、「- 지 않다 ji anhda」は否定の前提と
肯定の前提が可能であるとする見解である。例えば、구종남（1992: 75-76）
では、否定辞「- 지 않다 ji anhda」は、ポーズ（pause）を述語の前に置く場合
は否定の前提を、述語の後ろに置く場合は肯定の前提を持つという（ポー
ズが置かれるところを仮に「＃」と表記する）。

(19) a.　철수가 영이를 권총으로 ＃쏘지 않았다 .

　　　Cheolsu-ga　Yeongi-leul　gwonchong-eulo　＃ sso-ji　anh-ass-da.
　　　チョルス -NM　ヨンイ -ACC　拳銃 - で　　　　撃つ -NOM　NEG-PST-DEC
　　　チョルスがヨンイを拳銃で＃撃たなかった。

　　　（否定の前提）누군가가 영이를 권총으로 쏘지 않았다 .

　　　nugunga-ga　Yeongi-leul　gwonchong-eulo　sso-ji　anh-ass-da.
　　　誰か -NM　　ヨンイ -ACC　拳銃 - で　　　　撃つ -NOM　NEG-PST-DEC
　　　誰かがヨンイを拳銃で撃たなかった。

58　この指摘については、박종갑（2001a, b）の研究を参照されたい。

b. 철수가 영이를 권총으로 쏘지 ♯ 않았다 .

Cheolsu-ga   Yeongi-leul   gwonchong-eulo   sso-ji ♯   anh-ass-da.

チョルス -NM   ヨンイ -ACC   拳銃 - で   撃つ -NOM   NEG-PST-DEC

チョルスがヨンイを拳銃で撃た♯なかった。

（肯定の前提）누군가가 영이를 권총으로 쏘았다 .

nugunga-ga Yeongi-leul gwonchong-eulo   sso-ass-da.

誰か -NM   ヨンイ -ACC 拳銃 - で   撃つ -PST-DEC

誰かがヨンイを拳銃で撃った。

　(19) は구が指摘するようにポーズを置くことによって、(19a) は否定の前提を、(19b) は肯定の前提を持つという解釈が可能である。しかし、ポーズが何らかのスコープ性を発揮すること自体は認めるとしても、それが統語的に明確なスコープを持つわけではない。それゆえ (19b) の場合は、「♯」のところに「- 는 neun」を付けないと肯定の前提としては解釈できない。つまり、「X 가 영이를 권총으로 쏘았다（X-ga Yeongi-leul gwonchong-eulo sso-ass-da/X がヨンイを拳銃で撃った）」という前提が成り立つためには、「- 는 neun」を用いるか、スコープの「것이다 geos-ida」を用いなければならない。このように、(19b) を分析するにあたっても、対比性を持つ「- 는 neun」や特定の文脈がない限り、実際の言語的事実として確認するのは難しいと言える。さらに、否定文においては上で挙げた議論の他に、「안 an/- 지 않다 ji anhda」と「못 mos/- 지 못하다 ji moshada」の相違についてなどの研究も多くあるが、本稿の議論には直接関わらないので、これ以上立ち入らないことにする [59]。

　以上、否定文に関する先行研究を簡単に見てきたが、「것이다 geos-ida」が用いられない場合に、述語以外の要素を否定の焦点とすることが可能かどうかなど、研究者間で見解が一致していない。しかし、すでに 4.3 で指摘したように、否定辞によって否定されるのは、基本的には否定辞の直前（若しくは直後）の要素である述語しか否定できないという本稿の立場から見れば、述語以外の部分を否定などの焦点にするためには、実際の言語的事実として、対比性を持つ「- 는 neun」や限定を表す「- 만 man」などを用い

59　「안 an/- 지 않다 ji anhda」と「못 mos/- 지 못하다 ji moshada」の相違についての研究は、成光洙（1971）, 김동식（1980）, 任洪彬（1987a）などを参照されたい。

るか、あるいは「것이다 geos-ida」を用いなければならないということは明らかである。

4.5 「것이다 geos-ida」文の焦点の位置と対比性

4.5.1　焦点の位置について

ここまでスコープの「것이다 geos-ida」文における否定のスコープを見てきたが、スコープの「것이다 geos-ida」文において、焦点の位置がどのように決定されるかを考察する。

(20) a.　순이가 연락한 것이 아니다.

　　　　Suni-ga　yeonlagha-n　geos-i　ani-da.
　　　　スニ-NM　連絡する-ADN　geos-NM　NEG-DEC
　　　　スニが連絡したのではない。

　　b.　순이한테 연락한 것이 아니다.

　　　　Suni-hante　yeonlagha-n　geos-i　ani-da.
　　　　スニ-に　連絡する-ADN　geos-NM　NEG-DEC
　　　　スニに連絡したのではない。

　　c.　어제 연락한 것이 아니다.

　　　　eoje　yeonlagha-n　geos-i　ani-da.
　　　　昨日　連絡する-ADN　geos-NM　NEG-DEC
　　　　昨日連絡したのではない。

　　d.　너희 둘 문제로 연락한 거 아니다.

　　　　neohui dul munje-lo　yeonlagha-n　geo ani-da.
　　　　君達　二人　問題-で　連絡する-ADN　geos NEG-DEC
　　　　君たち二人の問題で連絡したのではない。

　　e.　연락한 것이 아니다.

　　　　yeonlagha-n　geos-i　ani-da.
　　　　連絡する-ADN　eos-NM　NEG-DEC
　　　　連絡したのではない。

　　(20a-e) は、通常、それぞれ波線の部分が焦点になると言えるだろう。すなわち、(20a-d) では、述語（動詞）以外の成分があり、述語（動詞）以外の成分が否定の焦点になっている。ところが、(20e) では動詞だけで成立している文である。この場合は動詞の語幹が否定の焦点になっており、何らかの行為が行われたということは否定されておらず、「연락하 - (yeonlagha-/ 連絡す -)」という動詞の語幹部分が否定の焦点になるのである。野田（1997: 55）によれば、ある部分を否定などの焦点にする場合は、他の成分はなるべく付加しないのが自然であるとしている。言い換えれば、動詞の語幹を焦点にする場合は、格成分や修飾成分を付加しない (20e) のような文が相応しいと言える。動詞の語幹以外の部分を焦点にする場合は、文として成立させるために述語を加えて、(20a-d) のような文をとるのが普通である。また、スコープの「것이다 geos-ida」文の中に、(20c-d) のように、述語にとって必須でない成分が存在する場合は、必須でない成分が焦点になりやすい。ただ、動詞だけで成立している文に限らず、動詞以外の成分が存在する場合にも、スコープの「것이다 geos-ida」が用いられることで次の (21) のように動詞の語幹部分が否定される。

(21)　나는 순이에게 그 책을 <u>준 것이 아니다</u> . (빌려 준 것뿐이다)

　　na-neun Suni-ege geu chaeg-eul ju-n 　　　 geos-i ani-da.
　　私 -TOP　スニ - に　その　本 -ACC　あげる -ADN geos-NM NEG-DEC

　　(billy-eo ju-n 　　　 geos-ppun-i-da)
　　貸す - あげる -ADN　geos - だけ -COP-DEC

　　私はスニにその本を<u>あげたのではない</u>。（貸してあげただけだ）

　　では、スコープの「것이다 geos-ida」文 (21) と、動詞が否定辞「안 an」と「- 지 않다 ji anhda」によって直接否定されている (22)(23) を比べてみる。

(22)　나는 순이에게 그 책을 안 주었다 .

　　na-neun　Suni-ege　geu　chaeg-eul　an　ju-eoss-da.
　　私 -TOP　　スニ - に　その　本 -ACC　　NEG　あげる -PST-DEC
　　私はスニにその本をあげなかった。

(23)　나는 순이에게 그 책을 주지 않았다 .

　　na-neun　Suni-ege　geu　chaeg-eul　ju-ji　　　　anh-ass-da.
　　私 -TOP　　スニ - に　その　本 -ACC　あげる - NOM　NEG-PST-DEC
　　私はスニにその本をあげなかった。

(22)(23) のように、動詞が否定辞によって直接否定されている場合は、動詞「주었다（ju-eoss-da/ あげた）」によって示されている行為そのものの成立が否定されている。一方、(21) の場合は、何らかの行為が行われたこと自体、すなわち「「주었다（あげた）」以外の行為があった」のは前提の一部であり、その行為が「あげた」ではないことが示されている。すなわち、(21) は「주었다（あげた）」ではなく、例えば「빌려 주었다（bily-eo ju-eoss-da/ 貸してあげた）」などであれば適切な文になるのである。

次に、スコープの「것이다 geos-ida」文の中に副詞や量化表現が用いられた場合に、焦点がどのように決定されるのかを考察する。

(24) a. <u>나는 천천히</u> 달린 <u>것이 아니다</u>.

    na-neun cheoncheonhi dalli-n   geos-i ani-da.
    私 -TOP   ゆっくり   走る -ADN geos-NM NEG-DEC
    <u>私はゆっくり走った</u>のではない。

  b. <u>나는 일부러</u> 달린 <u>것이 아니다</u>.

    na-neun ilbuleo dalli-n   geos-i ani-da.
    私 -TOP わざと   走る -ADN geos-NM NEG-DEC
    <u>私はわざと走った</u>のではない。

  c. <u>전원이</u> 달린 <u>것이 아니다</u>.

    jeonwon-i dalli-n   geos-i ani-da.
    全員 -NM   走る -ADN geos-NM NEG-DEC
    <u>全員が走った</u>のではない。

(24a-c) は、それぞれ様態副詞「천천히（cheoncheonhi/ ゆっくり）」、意図副詞「일부러（ilbuleo/ わざと）」、量化表現「전원（jeonwon/ 全員）」が用いられている。これらの文では、いずれも「달렸다（dalli-eoss-da/ 走った）」という行為は成立している。(24a) は「走ったことは走ったが、ゆっくり走ったわけではない」ということが示され、(24b) は「走ったことは走ったが、わざと走ったわけではない」ということが示されている。(24c) は「全員が走ったわけではない、走らなかった人も一部いる」のように部分否定の解釈となる。このように副詞や量化表現が用いられた場合は、副詞や量化表現が否定の焦点となっていることがわかる。

　では、これら副詞や量化表現を複数含んだ文の焦点は、どのように決定されるのだろうか。

(25) a.　나는 일부러 천천히 달린 것이 아니다.

　　　　na-neun　ilbuleo　cheoncheonhi　dalli-n　　geos-i　ani-da.
　　　　私-TOP　わざと　ゆっくり　　　　走る-ADN　geos-NM　NEG-DEC
　　　　私はわざとゆっくり走ったのではない。

　　 b.　전원이 천천히 달린 것이 아니다.

　　　　jeonwon-i　cheoncheonhi　dalli-n　　geos-i　ani-da.
　　　　全員-NM　　ゆっくり　　　　走る-ADN　geos-NM　NEG-DEC
　　　　全員がゆっくり走ったのではない。

　　 c.　전원이 일부러 달린 것이 아니다.

　　　　jeonwon-i　ilbuleo　dalli-n　　geos-i　ani-da.
　　　　全員-NM　　わざと　走る-ADN　geos-NM　NEG-DEC
　　　　全員がわざと走ったのではない。

　　 d.　전원이 일부러 천천히 달린 것이 아니다.

　　　　jeonwon-i　ilbuleo　cheoncheonhi　dalli-n　　geos-i　ani-da.
　　　　全員-NM　　わざと　ゆっくり　　　　走る-ADN　geos-NM　NEG-DEC
　　　　全員がわざとゆっくり走ったのではない。

　(25a) は意図副詞と様態副詞とを含んだ文である。この場合は、「ゆっくり走ったことは走ったが、わざとゆっくり走ったわけではない」ということが示されており、意図副詞である「일부러（ilbuleo/ わざと）」に焦点が置かれているのがわかる。また、(25b) は量化表現と様態副詞とを含んだ文である。この場合は「全員がゆっくり走ったわけではない。速く走った人も一部いる」ということが示され、部分否定の解釈ができる。(25c) は量化表現と意図副詞とを含んだ文である。この場合は「全員がわざと走ったわけではない。思わず走った人も一部いる」ということが示され、部分否定の解釈ができる。(25d) は意図副詞と様態の副詞、さらに量化表現を含んだ文であるが、この場合は「全員がわざとゆっくり走ったわけではない、わざとではなくゆっくり走った人が一部いる」ということが示され、部分否定の解釈ができる。これら (25b-d) のように、量化表現と副詞とを含んだ文の

場合は、量化表現が否定の焦点になりやすく、同じ副詞であっても様態副詞より意図副詞が焦点になりやすいことがわかる。

　以上の考察の結果から、スコープの「것이다 geos-ida」文において、次の(26)のような順序で焦点となる傾向がある。

(26)　量化表現＞意図副詞＞様態副詞＞必須でない成分＞必須成分＞述語

　スコープの「것이다 geos-ida」文では、(26)のように「量化表現＞意図副詞＞様態副詞」という焦点になりやすい順序は変わらないが、「必須でない成分（量化表現や意図副詞と様態副詞を除く）」「必須成分」「述語」に関しては文脈や場面によってその順序は変わってくる[60]。

　スコープの「것이다 geos-ida」は、述語以外の要素を否定する場合に必要となり、その前の命題全体を名詞化し、否定などのスコープ外にある要素をスコープ内に引き入れ、そのスコープ内の一部分を焦点にする。このスコープの「것이다 geos-ida」文は、文の一部分を焦点とする点において、分裂文（強調構文）と同様の機能を有していると言える。分裂文は、文のある特定の要素に相手の注意を向けるために、一つの文が二つ以上の節に分かれ、前節の「〜것은（geos-eun/ のは）」において述べられる内容が、情報伝達の前提となり、後節の部分に焦点が当てられる。すでに用いた例文(8)(11)を分裂文にすると(27b)(28b)になるが、この二つの文を比べてみると文の一部分を焦点とする点において共通していることがわかる。

(27) a. 너희 둘 문제로 연락한 <u>거</u> 아니다. ((8) 再掲)

　　　 neohui dul munje-lo yeonlagha-n   geo ani-da.
　　　 君達　 二人 問題 - で　 連絡する -ADN geos NEG-DEC
　　　 君たち二人の問題で連絡した<u>の</u>ではない。

60　量化表現が主語ではなく目的語にかかる場合は、副詞が焦点となるので、(26) での
　　順序は主語位置に用いられた場合のみに限る。
　　例）일부러 전원을 달리게 한 <u>것이 아니다</u>.
　　　　ilbuleo jeonwon-eul dalli-ge   ha-n   geos-i ani-da.
　　　　わざと 全員 -ACC　 走る - ようにする -ADN geos-NM NEG-DEC
　　　　わざと全員を走らせた<u>の</u>ではない。

b. 연락한 것은 너희 둘 문제로가 아니다．

yeonlagha-n　 geos-eun　neohui dul　munje-lo-ga　 ani-da.
連絡する -ADN　geos-TOP　君達　二人　問題 - で -NM　NEG-DEC
連絡したのは君たち二人の問題でではない。

(28) a. 나는 이 책을 읽은 것이 아니다．((11) 再掲)

na-neun　i chaeg-eul　ilg-eun　 geos-i　　ani-da.
私 -TOP　この 本 -ACC　読む -ADN　geos-NM　NEG -DEC
私はこの本を読んだのではない。

b. 내가 읽은 것은 이 책이 아니다．

nae-ga ilg-eun　 geos-eun　i　 chaeg-i ani-da.
私 -NM　読む -ADN　geos-TOP　この　本 -NM NEG-DEC
私が読んだのはこの本ではない。

　上記の例のように、スコープの「것이다 geos-ida」文の焦点の部分が、分裂文では後節に現われ、「너희 둘 문제로（neohui dul munje-lo / 君たち二人の問題で)」「이 책을（i chaeg-eul/ この本を)」が焦点になり、スコープの「것이다 geos-ida」文の前提の部分が分裂文では前節の「～것은 (geos-eun/ のは)」によって示されている。このように、スコープの「것이다 geos-ida」文の焦点の部分と分裂文の後節の部分が強調されているのがわかる。これら二つの文はいずれも、「것geos」によって「것geos」の前の命題の部分が名詞化されており、スコープの「것이다 geos-ida」文は名詞化された命題の一部分が焦点となる。一方、分裂文の場合には、一つの文が二つの部分に分かれ、その分割された命題の部分と部分の対立によって強調を表すのである。そのためには命題の一部を名詞化する必要があり、「것geos」が用いられている。

4.5.2　対比性について

　スコープの「것이다 geos-ida」文が名詞化された命題の一部分を焦点とし、その焦点になる部分が対比性を持つという点と、名詞否定文において否定される部分が対比性を持つという点で共通する。まず、否定の「것이다 geos-ida」文と名詞否定文を比べてみよう[61]。

61　スコープの「것이다 geos-ida」の「것geos」は、その前の命題を名詞化する機能を持っており、「것이다 geos-ida」文は名詞文の述語の部分と同様の形をとる。

(29)　순이는 중학생이 아니다 .

Suni-neun　　junghagsaeng-i　ani-da.

スニ -TOP　　　中学生 -NM　　　NEG-DEC

スニは中学生ではない。

(30)　너희 둘 문제로 연락한 것이 아니다 .

neohui dul munje-lo　yeonlagha-n　　geos-i　ani-da.

君達　　二人　問題 - で　　連絡する -ADN　geos-NM　NEG-DEC

君たち二人の問題で連絡したのではない。

(31)　순이가 간 것이 아니다 .

Suni-ga　　ga-n　　　geos-i　ani-da.

スニ -NM　行く -ADN　geos-NM　NEG-DEC

スニが行ったのではない。

　名詞文「A 는 B 이다（A-neun B-ida/A は B だ）」は「A」と「B」が同一の関係、あるいは「B」が「A」の属性の関係であることを表す。(29) は、「A 는 B 가 아니다（A-neun B-ga anida/A は B ではない）」という名詞否定文であるが、この場合は、「A」の属性として「B」が不適切であることを表し、「B」と対立する「B'」「고등학생（godeung　hagsaeng/ 高校生）」などであれば適切な文として解される。一方、「것이다 geos-ida」が用いられた (30) では、「연락했다(yeonlaghae-ss-da/ 連絡した)」という行為そのものは成立し、理由が「너희 둘 문제로(neohui dul munje-lo/君たち二人の問題で)」ではなく、対立する「회사 일로（hoesa il-lo/ 会社のことで）」など、他の理由であることが示されている。また、(31) では、動作主が「순이가（Suni-ga/ スニが）」であることが否定され、対立する「철수가（Cheolsu-ga/ チョルスが）」など、他の動作主であることが示されている。

　このように、スコープの「것이다 geos-ida」を用いた否定文は名詞否定文と同様に対比性を持ち、「것geos」によって名詞化され、「P 것이 아니다（P geos-i anida/P のではない）」という形によって「P」が否定され、「P」以外

肯定文	否定文
것geos ＋ 이다 ida（の＋だ）	것geos ＋ 이 i 아니다 anida（の＋ではない）
名詞 ＋ 이다 ida（名詞＋だ）	名詞 ＋ 이 i 아니다 anida（名詞＋ではない）

すなわち「P'」であることが示されている。

　このような対比性は、文字どおり二つの事態が対比され、その一方が否定されるような文において最も明確に現れる。次の (32)(33) は「것이 아니라 ～것이다（geos-i ani-la ～ geos-ida/ のではなく～のだ）」を伴う例であるが、(32) は前節、すなわち等位接続文の一部分を否定し、対比される事態が前節と後節に表れる。また (33) は前節の一部分、すなわち名詞節を否定し、否定された名詞節に対比される事態は後節の名詞節に表れている。なお、これら (32)(33) は、二つの文からなる (32')(33') のような文とほぼ同様の内容を表していると考えられる。

(32)　이건 , 수평에서 일어나는 것이 아니라 수직적으로 일어나는 거야 .

igeo-n　supyeong-eseo ileona-neun geos-i ani-la　sujigjeog-eulo ileona-neun
これ -TOP　水平 - で　　起きる -ADN　goes-NM NEG- て　垂直的 - に　起きる -ADN
geo-ya.
geos-COP-INT
これは、水平で起きる<u>の</u>ではなく垂直的に起きる<u>のだ</u>。（『長い』p. 125）

(33)　요즘 기업들은 기업이 알리고 보이고 싶은 것을 전하는 것이 아니라 소비자가 보고 싶고 알고 싶은 것을 전하는 것이다 . [62]

yojeum gieob-deul-eun gieob-i　alli-go　boi-go sip-eun　　geos-eul
近　　企業 - 等 -TOP　企業 -NM 知らせる - てみせる - たい -ADN geos-ACC

jeonha- neun　geos-i ani-la　　sobija-ga　　bo-go sip-go　al-go sip-eun
最伝える -ADN　geos-NM NEG- て　消費者 -NM　見る - たい - て　知る - たい -ADN
geos-eul jeonha-neun　geos-i-da.
geos-ACC　伝える -ADN　　geos-COP-DEC
最近の各企業は、企業が知らせたい見せたいことを伝える<u>のではなく</u>、消費者が見たいことや知りたいことを伝える<u>のだ</u>。

(32')　이건 , 수평에서 일어나는 것이 아니야 . 수직적으로 일어나는 거야 .

igeo-n　　supyeong-eseo ileona-neun geos-i　ani-ya.　sujigjeog-eulo
これ -TOP　水平 - で　　起きる -ADN　geos-NM　NEG-INT 垂直的 - に
ileona-neun　geo-ya.
起きる -ADN　geos-COP-INT
これは、水平で起きる<u>のではない</u>。垂直的に起きるのだ。

62 　『朝鮮日報』2005.11.15「社説」http://www.chosun.com/

(33') 요즘 기업들은 기업이 알리고 보이고 싶은 것을 전하는 <u>것이 아니다</u>. 소비
자가 보고 싶고 알고 싶은 것을 전하는 것이다 .

yojeum gieob-deul-eun gieob-i   alli-go boi-go sip-eun   geos-eul jeonha-
最近   企業 - 等 -TOP 企業 -NM 知らせる -て 見せる -たい ADN geos-ACC 伝える -

neun <u>geos-i   ani-da</u>. sobija-ga   bo-go sip-go   al-go sip-eun geos-eul
ADN   geos- NM NEG-DEC 消費者 -NM 見る -たい -て 知る -たい -ADN geos-ACC

jeonha-neun geos-i-da.
伝える -ADN   geos-COP-DEC

最近の各企業は、企業が知らせたい見せたいことを伝える<u>のではな
い</u>。消費者が見たいことや知りたいことを伝えるのだ。

(32)(33) の「것이 아니라 (geos-i ani-la/ のではなく)」も、(32')(33') の「것
이 아니다 (geos-i anida/ のではない)」も、「수평에서 (supyeong-eseo/ 水平で)」
及び「기업이 알리고 보이고 싶은 것을 (gieob-i alli-go boi-go sip-eun geos-eul/ 企
業が知らせたい見せたいことを)」を、否定の焦点にする働きを持っている。
また、このことから文末に用いられている肯定の「것이다 geos-ida」は、前
節の否定のスコープの焦点になっている事態と対立する事態が、後節の肯
定のスコープの焦点になっていることを示している（肯定のスコープにつ
いては続く 4.6 で論じる）。

このように、「것이 아니라 ～것이다 (geos-i ani-la ～ geos-ida/ のではなく
～のだ)」文は、前節の事態と対立する事態を後節に示し肯定するものであ
り、前節の事態と後節の事態は相互排他的になる。すなわち、(32) の場合
は前節の「水平で起きる」の事態と後節の「垂直的に起きる」の事態とは
相互排他的であり、(33) は前節の「企業が知らせたい見せたいことを伝える」
の事態と、後節の「消費者が見たいことや知りたいことを伝える」の事態
とは相互排他的である。つまり話し手の観点から言えば、前節の内容と後
節の内容とは同時には成り立たないのである。

野田（1997: 153-154）は、ティノコ, アントニオ・ルイズ（1988）の「で
はなく」[63] の考察を参考に、「のではなく～のだ」文は従属節に関しては事態

---

63 日本語の「～ではなく」に相当する韓国語の「- 이 i 아니라 ani-la」は、白峰子 (2004)
によると、「- 가 ga(이 i) 아니라 ani-la」は、「前の節と後ろの節の内容が互いに対称的
なものになる。」(p. 406)、また「- 라 la'は前の節が後の節と関連があることを暗示
する。」(p. 407) としている。

の成立以外の部分を焦点とした否定を表すとしている。そして、その否定の焦点になった部分で従属節の事態と対立する事態を主節に示し肯定するものであり、従属節の事態と主節の事態は相互除外的になりやすいとまとめている[64]。上記の (32)(33) で見たように、韓国語の「것이 아니라〜것이다（のではなく〜のだ）」文も日本語の「のではなく〜のだ」文と同様であると言える。また、文末に「것이다 geosida」を伴わない (34)(35) のような例においても、「것이 아니라（geos-i ani-la/のではなく）」の機能は同様であると考えられる[65]。

(34)   됐어요! 내가 여기 온 건 사과 받으려고 온 게 아니라 정유진 씨한테 못박아 둘 게 있어서예요 . (Vol. 6)

　　　dwae-ss-eoyo! nae-ga　yeogi o-n　　geo-n sagwa bad-eulyego o-n
　　　いい-PST-POL2　私-NM　ここに 来る-ADN geos-TOP 誤ってもらう-ようと 来る-ADN
　　　ge　　ani-la　　JeongYujin-ssi-hante mos-bag-a du-l ge　iss-eoseo-ye-yo.
　　　geos-NM　NEG-て チョンユジン-氏-に　釘-さす-おく-ADN geos-NM ある-か ら-COP-POL2
　　　いいんです！私がここに来たのは謝ってもらおうと来たのではなく、チョンユジンさんに釘をさしておくことがあるからです。

(35)   정부는 안교수의 지적을 "천박하다" 라는 감정적 언사로 되받을 것이 아니라 국민들이 기도에 매달리지 않고서도 이 나라가 무사히 운행할 수 있을 것이라고 믿게 할 구체적 실천을 보여줘야 한다 .[66]

　　　jeongbu-neun An-gyosu-ui jijeog-eul "cheonbaghada" la-neun gamjeongjeog

---

例）여기는 도서관이 아니라 식당이에요 .
yeogi-neun doseogwan-i ani-la sigdang-i-eyo.
ここ-TOP　図書館-NM　NEG-て 食堂-COP-POL2
ここは図書館ではなく、食堂です。

64 野田（1997）では、日本語の「のではなくて〜のだ」文において前節の部分を「従属節」、後節の部分を「主節」としている。また野田は「相互除外的」としているが、これは本稿での用語「相互排他的」と同様であると考える。

65 국립국어원（2005b）の『외국인을 위한 한국어 문법 2』では、「- 을 것이 아니라（eul geos-i ani-la）」の表現は、（動詞に付いて）前の行動を選択しないことを表し、前の内容を否定し、対照的に後ろの内容を強調するとしている。(pp. 775-776)
例）밥을 먹을 것이 아니라 술을 마시면서 이야기합시다 .
bab-eul meog-eul geos-i ani-la sul-eul masi-myeonseo iyagiha-bsi-da.
ご飯-ACC 食べる-ADN geos-NM NEG-て お酒-ACC 飲む-ながら　話す-PR-POL1
ご飯を食べるのではなく、お酒を飲みながら話しましょう。

66 『朝鮮日報』2005.11.06「社説」 http://www.chosun.com/

政府 -TOP　　　アン - 教授 - の　指摘 -ACC　浅はか　　　と -ADN　感情的
eonsa-lo doebad-eul　<u>geos-i ani-la</u>　　gugmin-deul-i gido-e maedalli-ji
言葉 - で　切り返す -ADN　geos-NM NEG- て　国民 - 達 -NM　祈り - に　頼る -NOM
anh-goseo-do i　　nala-ga　musahi unhaengha-l su iss-eul　geos-i-lago
NEG- て - も　　この　国 -NM　無事　運行する -ADN　できる -ADN　geos-COP- と
mid-ge ha-l　　　guchejeog silcheon-eul boyeojwo-ya ha-n-da.
信じる - させる -ADN　具体的　　実践 -ACC　　　見せてあげる - なければならない
-PRE-DEC
政府は安教授の指摘を"浅はか"という感情的な言葉で切り返す<u>のでは
なく</u>、国民が祈るしかない状況に追い込まれなくてもこの国が無事に
歩んでいくだろうという確信が与えられるような、具体的な行動を見
せなければならない。

　以上、4.5.2 ではスコープの「것이다 geos-ida」文の対比性について考察し
た。スコープの「것이다 geos-ida」を用いた否定文は名詞否定文と同様に対
比性を持ち、「것geos」によって名詞化され、「P 것이 아니다（P geos-i anida/P
のではない）」という形によって「P」が否定され、「P」以外すなわち対立
する「P'」であることが示されている。また、「것이 아니라 ～것이다（geos-i
ani-la ～ geos-ida/ のではなく～のだ）」文は、前節に関して事態の成立以外
の部分を焦点にしている。そしてその否定の焦点になった部分に対して、
前節の事態と対立する事態を後節に示し肯定していることを示している。

4.6　肯定・疑問のスコープ

　以上述べてきた「것이다 geos-ida」のスコープ機能は、否定文に限らず、
肯定文、疑問文においても発揮される。まず、肯定文の場合から見る。4.5.2
で触れたように肯定文の「것이다 geos-ida」も否定の「것이다 geos-ida」と同
様の機能を果たしていることがわかる。4.5.2 で用いた例 (32) を再度取り上
げる。

(36)　이건 , 수평에서 일어나는 것이 아니라 <u>수직적으로</u> 일어나는 <u>거야</u> .

igeo-n　　supyeong-eseo ileona-neun　geos-i　ani-la　sujigjeog-eulo
これ -TOP 水平 - で　　　　起きる -ADN　geos-NM NEG- て 垂直的 - に

ileona-neun　geo-ya.
起きる -ADN　geos-COP-INT

これは、水平で起きるのではなく垂直的に起きる<u>のだ</u>。((32) 再掲)

　(36) の文末に用いられている「것이다 geos-ida」は、前節の否定のスコープの焦点になっている要素と対立する要素が、肯定の焦点になっていることがわかる。このような肯定の「것이다 geos-ida」も否定の「것이다 geos-ida」と同様に「것geos」によって名詞化された部分「P」が適切であり、対立する「P'」が不適切であることを示す。すなわち、「수직적으로（sujigjeog-eulo/ 垂直的に）」が適切であり、対立する「수평에서（supyeong-eseo/ 水平で）」が不適切であることを示しているのである。

　次の (37) は、宋承姫（2000: 103）がモダリティの「것이다 geos-ida」として挙げた例であるが、この例はスコープの「것이다 geos-ida」としても解釈できる。すなわち、「나는 뭔가를 읽었다（na-neun mwonga-leul ilg-eoss-da/ 私は何かを読んだ）」という行為は成立し、その何かが「이 책을（i chaeg-eul/ この本を）」であると解釈した場合はスコープの「것이다 geos-ida」として機能しているのである。このように (37) の「이 책을（i chaeg-eul/ この本を）」を肯定の焦点にするためには「것geos」を用いて命題全体を名詞化し、肯定のスコープに入れなければならない。ただ,(37) のような肯定文では「것이다 geos-ida」がスコープ機能として働いているのか、モダリティ機能として働いているのかという判断は難しく、文脈や場面などにより左右される。

(37)　나는 <u>이 책을</u> 읽은 <u>것이다</u> .

na-neun　i　chaeg-eul　ilg-eun　　geos-i-da.
私 -TOP この 本 -ACC　　読む -ADN　geos-COP-DEC

私はこの本を読んだ<u>のだ</u>。

　次の (38a) は「연락했다（yeonlaghae-ss-da/ 連絡した）」という行為そのものは成立し、連絡した理由は、他でもない「너희 둘 문제로（neohui dul munje-lo/ 君たち二人の問題で）」であることに焦点が当てられ示されている。

この「連絡した」理由として、幾つかある理由の中から、ある理由を排他的に述べるためには、「것이다 geos-ida」が必要となる。「것이다 geos-ida」を用いない (38b) では、単に「君たち二人の問題で連絡した」ことだけを述べており、排他性はない。(39) は、野田（1997: 36）が挙げた例であるが、韓国語に訳した場合も「것이다 geos-ida」を用いた (39a) が自然であり、「것이다 geos-ida」を用いないと (39b) のように不自然な文になる。このことは、「것이다 geos-ida」によって「너한테（neo-hante/ お前に）」を肯定の焦点にするからであり、日本語と同様に肯定文の場合も述語以外の要素に焦点を当てるためには「것이다 geos-ida」が必要である。また、(39) は（ ）の中に示されたように質問をしているのにも関わらず、相手が知らん顔しているときに、他の誰でもなく「お前に」ということから排他性を持つのである。そして、他の誰でもなく「お前に」という点で他の人と比べることになるので間接的に対比性を持つのである。

(38) a. 너희 둘 문제로 연락한 것이다.

　　　neohui dul munje-lo yeonlagha-n geos-i-da.
　　　君達　　二人 問題 - で　連絡する -ADN geos-COP-DEC
　　　君たち二人の問題で連絡したのだ。

　　 b. 너희 둘 문제로 연락했다.

　　　neohui dul munje-lo yeonlaghae-ss-da.
　　　君達　　二人　問題 - で　連絡する -PST-DEC
　　　君たち二人の問題で連絡した。

(39)　　（質問しているのに、相手が知らん顔をしているときに）

　　 a. お前に聞いてるんだ。

　　　너한테 묻고 있는 거야.

　　　neo-hante mud-go iss-neun geo-ya.
　　　お前 - に 聞く - いる -ADN geos-COP-INT

　　 b. ??お前に聞いてる。

　　　??너한테 묻고 있어.

　　　??neo-hante mug-go iss-eo.
　　　　お前 - に　聞く - いる -INT

　次に、疑問文の場合を見る。すでに述べてきたように、疑問文の場合も否定文と同様に疑問のスコープに入るのはその直前の要素、すなわち述語だけになるので、その述語以外を疑問の焦点にするためには「것geos」を用いて、命題全体を名詞化しなければならない。

(40)　너…혹시 준상이 때문에 유진이랑 헤어진 거냐…? (Vol. 6)

neo...hogsi　　Junsangi　ttaemun-e Yujin-ilang　heeoji-n　geo-nya..?
お前 もしかして ジュンサン せい - で　ユジン - と　別れる -ADN geos-COP-INT-Q
お前 … もしかしてジュンサンのことでユジンと別れたの …。

(41)　엄마 아부지 죽어서 식모 가는 거야? (Vol. 5)

eomma abuji jug-eoso　sigmo ga-neun　geo-ya?
ママ　父　死ぬ - から 奉公　行く -ADN　geos-COP-INT-Q
ママ、お父さんが死んだから奉公に行くの。

(42) a.　자네가 앨 데려온 거야? (Vol. 5)

jane-ga　ae-l　　　delyoo-n　　　geo-ya?
君 -NM　この子 -ACC 連れて来る -ADN geos-COP-INT-Q
君がこの子を連れて来たのか。

　　b.？자네가 앨 데려왔어？

？ jane-ga ae-l　　　delyowa-ss-eo?
君 -NM　この子 -ACC 連れて来る -PST-INT-Q
君がこの子を連れて来たか。

　上記の (40) と (41) は「너는 유진이랑 헤어졌다（neo-neun Yujin-ilang heeojyeo-ss-da/ お前はユジンと別れた）」ということ、「엄마는 식모 간다（eomma-neun sigmo ga-n-da/ 母は奉公に行く）」ということはすでに成立した事実であり、それぞれ、「준상이 때문에（ジュンサンのことで）」「아부지 죽어서（abuji jug-eoso/ 父さんが死んだから）」が疑問の焦点になっている。また (42a) は誰が連れてきたかということを疑問にし、「자네가（jane-ga/ 君が）」が焦点になっているのである。しかし、「것이다 geos-ida」を用いないと (42b) のように連れて来た「動作主」を聞いているのか、「連れて来た」ことを聞いているのか、疑問となっているのが何であるかが曖昧な文になる。このように、述語以外の要素に疑問の焦点を置くためには「것이다 geos-ida」を用いて、

その命題全体を名詞化しなければならない。

　通常、疑問文は述語が疑問の焦点になるが、話し手が述語以外の要素に不明な点があり、その不明な点を相手に問うためには「것이다 geos-ida」が必要となる。このように否定文をはじめ、肯定文、疑問文においても，述語以外の要素に焦点を置くためにはスコープの「것이다 geos-ida」が必要であり、それぞれの文の焦点になる部分に対比性を与えている。但し、対比性に関しては、これら三つの文のそれぞれの文の特性により強弱に差がある。否定文の場合は、常に対比性が強く現れるが、肯定文と疑問文の場合は、前後の文脈や場面によって対比性が強く現れる場合と弱い場合とがある。

4.7 「것이다 geos-ida」文の構造

　「것이다 geos-ida」文の構造に関しては、先行研究では「것geos」＋「이다ida」という分析的な構造を持つという指摘があるものの、詳しい考察はなされていない。そこで、名詞文「이다 ida」及びモダリティの「것이다 geos-ida」文との比較を通じて、スコープの「것이다 geos-ida」文がどのような構造を持っているのかを考察してみる[67]。

　4.2で述べたように名詞文「이다ida」の典型的な類型は、「A는B이다（A-neun B-ida/A は B だ）」である。統語的には「B」と結合して「A」に対する叙述内容を表し、意味的には「A」と「B」が同一の関係、あるいは属性の関係を表す[68]。このような「이다 ida」構文は、「A」と「B」が同一の意味関係であれば「B는A이다（B-neun A-ida/B は A だ）」とすることができ、また、「B인A(B-in A/B の A)」のような連体修飾節になり得る[69]。このような関係が「것

67　モダリティの「것이다 geos-ida」文の意味・機能は続く第 5 章で扱うが、ここではスコープの「것이다 geos-ida」文の構造を確認するため、モダリティの「것이다 geos-ida」文の構造と合わせて考察する。

68　신선경（1993）では、「이다 ida」構文の NP1 と NP2 が具体的なものを指し示す名詞の場合は選択制限があり、「NP1 ＝ NP2」であるか、「NP1 ∈ NP2」でなければならないとしている。

69　南基心（2001）では、「NP1 은 NP2 이다（NP1-eun NP2-ida/NP1 は NP2 だ）」構文が「NP1 ∈ NP2」の関係であれば「NP1 은 NP2 이다（NP1-eun NP2-ida/NP1 は NP2 だ）」を「NP2 은 NP1 이다（NP2-eun NP2-ida/NP2 は NP1 だ）」にした場合は非文となり、また連体修飾節も作れないとしている。

이다 geos-ida」文にどのように現れるのか、次の例文を用いて検討する。

(43) 이 책은 순이가 읽은 것이다.

 i   chaeg-eun Suni-ga   ilg-eun   geos-i-da.
この 本 -TOP   スニ -NM   読む -ADN geos-COP-DEC
この本はスニが読んだものだ。

(44) 순이는 이 책을 읽은 것이다.

 Suni-neun i   chaeg-eul ilg-eun   geos-i-da.
スニ -TOP この 本 -ACC   読む -ADN geos-COP-DEC
スニはこの本を読んだのだ。

(45) 오늘은 학교에 자전거로 간 것이다.

 oneul-eun haggyo-e jajeongeo-lo ga-n   geos-i-da.
今日 -TOP 学校 - に 自転車 - で   行く -ADN geos-COP-DEC
今日は学校に自転車で行ったのだ。

　(43) は「이 책（i chaeg/ この本）」と「순이가 읽은 것（Suni-ga ilg-eun geos/ スニが読んだもの）」は同一関係であり、「것geos」は具体的な意味を持つ「이 책（i chaeg/ この本）」を指し示しており、指示機能を持っている。この (43) は「A 는 B 이다（A-neun B-ida/A は B だ）」という「이다 ida」構文であることがわかる。しかし、(44) は形の上では「이다 ida」構文であるにも関わらず、「이 책을 읽은 것（i chaeg-eul ilg-eun geos/ この本を読んだの）」の「것geos」は「순이（Suni/ スニ）」を指し示さない。(45) も同様に「학교에 자전거로 간 것（haggyo-e jajeongeo-lo ga-n geos/ 学校に自転車で行ったの）」の「것geos」は「오늘（oneul/ 今日）」を指し示すことができない。南基心（1991: 84）によれば、形式名詞「것geos」自体は語彙的な意味を持ってはいないが、具体的なもの（物）から抽象的なもの（事）まで文脈によって解釈され得る事柄を指し示す指示機能を持っていると述べている。また、基本的に「것geos」は人物や場所は指し示さないとも言っている。この (44)(45) の「것geos」は、「순이는 이 책을 읽었다（Suni-neun i chaeg-eul ilg-eoss-da/ スニはこの本を読んだ）」という命題全体を、「오늘은 학교에 자전거로 갔다（oneul-eun haggyo-e jajeongeo-lo ga-ss-da/ 今日は学校に自転車で行った）」という命題全体を、名詞化する機能を担っていると言える。

また、「A」と「B」が同一の意味関係を表す、すなわち指示機能を持つ「것이다 geos-ida」は、「B 인 A（B-in A/B の A）」のように連体修飾節を作ることができる。しかし、「A」と「B」が同一の意味関係を表さない「것이다 geos-ida」は連体修飾節を作ることができない。

(46) a. 순이는 중학생이다.

Suni-neun junghagsaeng-i-da.
スニ -TOP 中学生 -COP-DEC
スニは中学生だ。

b. 중학생인 순이.

junghagsaeng-i-n Suni.
中学性 -COP-ADN スニ
中学生であるスニ。

(47) a. 이 책은 순이가 읽은 것이다.

i chaeg-eun Suni-ga ilg-eun geos-id-a.
この 本 -TOP スニ -NM 読む -ADN geos-COP-DEC
この本はスニが読んだものだ。

b. 순이가 읽은 것인 이 책.

Suni-ga ilg-eun geos-i-n i chaeg.
スニ -NM 読む -ADN geos-COP-ADN この 本
スニが読んだものであるこの本

(48) a. 순이는 이 책을 읽은 것이다.

Suni-neun i chaeg-eul ilg-eun geos-i-da.
スニ -TOP この 本 -ACC 読む -ADN geos-COP-DEC
スニはこの本を読んだのだ。

b. * 이 책을 읽은 것인 순이.

* i chaeg-eul ilg-eun geos-i-n Suni.
この 本 -ACC 読む -ADN geos-COP-ADN スニ
この本を読んだののスニ

(49) a. 오늘은 학교에 자전거로 간 것이다 .

    oneul-eun haggyo-e jajeongeo-lo ga-n   geos-i-da.

    今日 -TOP   学校 - に   自転車 - で   行く -ADN geos-COP-DEC

    今日は学校に自転車で来たのだ。

b. * 학교에 자전거로 간 <u>것인</u> 오늘 .

    * haggyo-e jajeongeo-lo ga-n   <u>geos-i-n</u>   oneul.

    学校 - に 自転車 - で   行く -ADN geos-COP-ADN 今日

    学校に自転車で来た<u>のの</u>今日。

名詞文 (46) と指示機能を持つ (47) は、連体修飾節を作ることができるのに対し、指示機能を持たない (48)(49) は、連体修飾節が作れない。このように、スコープの「것이다 geos-ida」は指示機能を持つ「것geos」とは異なり、スコープの「것이다 geos-ida」が「것geos」によってその前の命題を名詞化するといっても、連体修飾節が作れないことから名詞文「이다 ida」とは異なることがわかる。

このように、スコープの「것이다 geos-ida」は連体修飾節を作ることができない点では、次の (50)(51) のようなモダリティ表現と共通している。しかし、(50)(51) のモダリティの「것이다 geos-ida」や「모양이다 (moyang-ida/ようだ、そうだ、らしい)」などは、連体修飾節を作ることができないだけでなく、名詞文「이다 ida」の否定辞「아니다 anida」を用いることもできない。

(50) a. 아마도 비가 올 것이다 .

    amado bi-ga   o-l   geos-i-da.

    たぶん 雨 -NM 来る - ADN geos-COP-DEC

    たぶん雨が降るだろう。

b. * 아마도 올 <u>것인</u> 비 .

    * amado o-l   <u>geos-i-n</u>   bi.

    たぶん 来る -ADN geos-COP-ADN 雨

    たぶん降るだろう<u>の</u>雨

c. * 아마도 비가 올 것이 <u>아니다</u> .

    * amado bi-ga   o-l   geos-i <u>ani-da.</u>

    たぶん 雨 -NM 来る -ADN geos-NM NEG-DEC

    たぶん雨が降るだろう<u>ではない</u>。

(51) a. 순이가 간 모양이다 .

   Suni-ga　ga-n　　　moyang-i-da.

   スニ -NM　行く -ADN　模様 -COP-DEC

   スニが行ったらしい。

   b. * 간 모양인 순이 .

   * ga-n　　　moyang-i-n　　Suni.

   行く -ADN　模様 -COP-ADN　スニ

   行ったらしいのスニ。

   c. * 순이가 간 모양이 아니다 .

   * Suni-ga　ga-n　　　moyang-i　ani-da.

   スニ -NM　行く -ADN　模様 -NM　　NEG-DEC

   スニが行ったらしいではない。

　また、スコープの「것이다 geos-ida」文は、複数を表す「- 들 deul」や主体尊敬の先語末語尾「- 시 -si」[70] とは共起しない [71]。複数を表す「- 들 deul」は、その前に現れている名詞以外にもその名詞と同じ類のものがあることを表す。次の (52) のように指示機能を持つ文は「- 들 deul」の挿入が可能であるが、(53) のようにスコープの「것이다 geos-ida」文は「- 들 deul」を挿入すると非文になる。

(52) a. 이 책은 순이가 읽은 것이다 .

   i chaeg-eun　Suni-ga　ilg-eun　　geos-i-da.

   この 本 -TOP　スニ -NM　読む -ADN geos-COP-DEC

   この本はスニが読んだものだ。

70　主体尊敬の先語末語尾「- 시 -si」は、文の主語（主体）の行為や状態に対する敬意を表したり、主体の所有物や身体の一部が文の主語である場合、間接的に主体である人物に対する敬意を表す。

71　김상기 (1994), 宋承姫（2000）, 강소영 （2004）, 남길임 （2004）などの先行研究では、指示機能を持つ「것이다 geos-ida」とモダリティの「것이다 geos-ida」を区別するために、「아니다 anida」否定辞，連体修飾節，複数を表す「- 들 deul」の挿入，尊敬を表す先語末語尾「- 시 -si」の挿入などの統語テストを行っている。その結果、モダリティの「것이다 geos-ida」が名詞文「이다 ida」と異なる点をもって、モダリティの「것이다 geos-ida」を一語として扱っている。

b. 이 책들은 순이가 읽은 것들이다.

i chaeg-deul-eun　Suni-ga ilg-eun　geos-deul-i-da.
この 本 - 等 -TOP　スニ -NM　読む -ADN　geos- 等 -ADN-DEC
これらの本はスニが読んだものらだ。

(53) a. 순이는 이 책을 읽은 것이다.

Suni-neun i　chaeg-eul ilg-eun　geos-i-da.
スニ -TOP この 本 -ACC　読む -ADN　geos-COP-DEC
スニはこの本を読んだのだ。

b. * 순이는 이 책들을 읽은 것들이다.

* Suni-neun　i　chaeg-deul-eul ilg-eun　geos-deul-id-a.
スニ -TOP　この　本 - 等 -ACC　読む -ADN　geos- 等 -COP-DEC
スニはこれらの本を読んだのらだ。

　次に、(54) の名詞文「이다 ida」は、主体尊敬を表す「- 시 -si」が「이다 ida」に後接するが、(55) のスコープの「것이다 geos-ida」文や、(56) のモダリティ表現は「- 시 -si」が「이다 ida」に先行する。このことが意味するのは、スコープの「것이다 geos-ida」文は形の上では「A は B 이다（A-neun B-ida/ A は B だ）」構文であるにも関わらず、「- 시 -si」が「이다 ida」に後接せず、動詞「읽었다（ilg-eoss-da/ 読んだ）」に後接することから、主節の述語は「이다 ida」ではなく、「읽었다（読んだ）」であることを示している。このように、スコープの「것이다 geos-ida」文の「이다 ida」は、述語として独立して機能しておらず、(56) のモダリティ表現と同様に、「것geos」と「이다 ida」が固定化していることがわかる。

(54) a. 순이는 중학생이다.

Suni-neun　junghagsaeng-i-da.
スニ -TOP　中学生 -COP-DEC
スニは中学生だ。

b. 아버지는 의사이시다.

abeoji-neun　uisa-i-si-da.
お父さん -TOP　医者 -COP-SH-DEC
お父さんはお医者さんだ。

(55) a. 순이는 이 책을 읽은 것이다.

    Suni-neun i   chaeg-eul ilg-eun   geos-i-da.

    スニ -TOP この 本 -ACC   読む -ADN geos-COP-DEC

    スニはこの本を読んだのだ。

   b. * 아버지는 이 책을 읽은 것이<u>시</u>다.

    * abeoji-neun i   chaeg-eul   ilg-eun   geos-i-<u>si</u>-da.

     父 -TOP   この 本 -ACC   読む -ADN geos-COP-SH-DEC

     お父さんはこの本を読んだの＋<u>시</u>

   c. 아버지는 이 책을 읽<u>으신</u> 것이다.

    abeoji-neun i   chaeg-eul ilg-<u>eusi</u>-n   geos-i-da.

    父 -TOP   この 本 -ACC   読む -SH-ADN geos-COP-DEC

    お父さんはこの本をお読みになったのだ。

(56) a. 순이가 간 모양이다.

    Suni-ga   ga-n   moyang-i-da.

    スニ -NM 行く -ADN 模様 -COP-DEC

    スニが行ったらしい。

   b. * 아버지가 간 모양이<u>시</u>다.

    * abeoji-ga ga-n   moyang-i-<u>si</u>-da.

     父 -NM   行く -ADN 模様 -COP-SH-DEC

     お父さんが行ったらしい＋<u>시</u>

   c. 아버지가 가<u>신</u> 모양이다.

    abeoji-ga ga-<u>si</u>-n   moyang-i-da.

    父 -NM   行く -SH-ADN 模様 -COP-DEC

    お父さんが行かれたらしい。

　以上の名詞文、スコープの「것이다 geos-ida」文、モダリティの「것이だ geos-ida」文の統語テストの結果を表に示すと、次の〈表 4-1〉のようになる。

表4-1　統語テストの結果

	否定辞 「anida」	連体 修飾節	複数 「-deul」	尊敬 「-si-」
名詞文「ida」	可	可	可	後接
スコープの「geos-ida」	可	否	否	先行
モダリティの「geos-ida」	否	否	否	先行

　スコープの「것이다 geos-ida」は〈表 4-1〉の統語テストの結果から、モ
ダリティの「것이다 geos-ida」と同様に固定化して機能していると考えられる。
しかし、スコープの「것이다 geos-ida」は「것geos」によってその前の命題
全体を名詞化し、スコープ外にある要素をスコープ内に引き入れ、そのス
コープ内の一部分を焦点にすることができる。また、否定文の場合は名詞
文の否定辞「아니다 anida」が用いられることから、固定化はしているものの、
＜名詞化の機能を持つ「것geos」＋「이다 ida」＞という分析的な構造に近
いと考えられる。

4.8　4章のまとめ

　本章では、文末表現としての「것이다 geos-ida」の、あまり検討がなされ
ていないスコープ機能に焦点を当てて考察を行った。「것이다 geos-ida」には
モダリティ機能の他に日本語の「のだ」と同様のスコープ機能があり、否
定文をはじめ、肯定文、疑問文において機能する。「것이다 geos-ida」が用
いられていない文では、基本的に述語によって示された事態の成立が焦点
になる。述語によって示された事態の成立以外の要素を焦点にするために
は、スコープの「것이다 geos-ida」を用いなければならない。

　このスコープの「것이다 geos-ida」は「것geos」によってその前の命題全
体を名詞化し、否定などのスコープ外にある要素をスコープ内に引き入れ、
そのスコープ内の一部分を焦点にする。また、「것이다 geos-ida」文において、
「量化表現＞意図副詞＞様態副詞＞必須でない成分＞必須成分＞述語」のよ
うな順序で焦点となる傾向がある。その中で「量化表現＞意図副詞＞様態
副詞」の順序は変わらないが、「必須でない成分（量化表現や意図副詞と様

態副詞を除く）」「必須成分」「述語」に関しては、文脈や場面によって焦点の順序は変わってくる。

　スコープの「것이다 geos-ida」文は、命題の一部分を焦点とする点において分裂文（強調文）と同様の機能を有し、その焦点となる部分は対比性を持つ。また、「것이 아니라 ～것이다 (geos-i ani-la ～ geos-ida/のではなく～のだ)」文は、前節の事態と対立する事態を後節に示し肯定するものであり、前節の事態と後節の事態は相互排他的になる。

　スコープの「것이다 geos-ida」は、「것 geos」によってその前の命題全体を名詞化し、否定文の場合は名詞文の否定辞「아니다 anida」が用いられる。このようなスコープ機能を持つ「것이다 geos-ida」文は、固定化はしているものの構成要素それぞれの機能は残っていることから、完全に一語化して機能するモダリティの「것이다 geos-ida」より、元来の構造である＜名詞化機能を持つ「것 geos」＋「이다 ida」＞という分析的な構造に近いと言える。

第5章

モダリティ機能の「것이다 geos-ida」

5.1　はじめに

　第4章では、名詞化機能を担う「것geos」が指定詞「이다 ida」と共に文末に現れる場合について考察した。この「것이다 geos-ida」は、「것geos」と「이다 ida」が固定化はしているものの分析的な構造を維持し、スコープ機能を担っていることを論じた。

　本章では、同様に文末に現れる「것이다 geos-ida」が固定化され完全に一語化してモダリティ機能を担うものを扱い、その意味・機能を考察する。このモダリティ表現「것이다 geos-ida」は、先行する連体形語尾の形式によって「-ㄴ 것이다 n geos-ida」と「-ㄹ 것이다 l geos-ida」とに分けられ、この「것이다 geos-ida」も連体修飾節の場合と同様に、先行する連体形語尾の形式がその意味・機能に関わるのではないかと考えられる。先行研究においても「-ㄴ 것이다 n geos-ida」と「-ㄹ 것이다 l geos-ida」とでは、その意味・用法が異なることが指摘されている。本章では、固定化されモダリティ表現として機能する「것이다 geos-ida」と連体形語尾の形式がどのように関わるのか、また、第3章で論じた「現実」「非現実」とどのような関係にあるのかを考察する。

5.2　先行研究の概観

　文末に現れモダリティ表現として機能する「것이다 geos-ida」は、多くの研究者によって、意味分析や品詞制約、主語の人称制限、モダリティ機能、文法化などの記述がなされている。このモダリティ表現「것이다 geos-ida」は、

現実の意味を表す連体形語尾 - ㄴ n を用いた「- ㄴ 것이다 n geos-ida」と、非現実の意味を表す - ㄹ l を用いた「- ㄹ 것이다 l geos-ida」とに分けられる。

　韓国語のみを対象とする研究では、「- ㄹ 것이다 l geos-ida」について論じた研究が多く、同様の意味を表すとされる先語末語尾「- 겠 -gess」との比較に考察の焦点が置かれている。一方、「- ㄴ 것이다 n geos-ida」について論じた研究は、「- ㄹ 것이다 l geos-ida」に関する研究ほど多くはない。しかし近年、日本語の「のだ」と「- ㄴ 것이다 n geos-ida」との対照研究が盛んに行われ一定の成果を上げている（宋承姫 2000，李南姫 2001，印省熙 2003，金廷珉 2008 など）。これらの対照研究の多くは、日本語の「のだ」で指摘されている意味・用法に対応する「- ㄴ 것이다 n geos-ida」の意味・用法を挙げるという形の考察や、両形式の文法化の程度についての考察である。

　まず、「- ㄴ 것이다 n geos-ida」に関する先行研究には、安明哲（1983），南基心・高永根（1985），신선경（1993），안주호（1997），배선경（1998），박주영（2000a, b）などがある。「것이다 geos-ida」の品詞上の位置づけに関して、신선경（1993: 120）では、〈「것geos」＋「이다 ida」〉という構造で分析される場合もあれば、一つの単位として再構造化され補助用言化している場合もあると指摘している。次に、「- ㄴ 것이다 n geos-ida」の意味に関して、安明哲（1983），南基心・高永根（1985）では「強調」の意味を、신선경（1993）では「断定」「強調」の意味を表すとし、안주호（1997）では発話内容が客観的な事実以上の現象として話し手に認識され、「問題認識の提起」を通じて「強調」「換言」「断定」という主観的判断が介入すると述べている。また、배선경（1998），박주영（2000a, b）も「強調」「確認」「当為」といった意味を表すと言う。以下に、先行研究で指摘された意味・用法の用例を挙げる。

■ 強調・断定・換言

(1)　사람들은 무언지 모르는 행복을 끈임없이 추구하고 있는 것이다.

salam-deul-eun　mueon-ji moleu-neun　　haengbog-eul kkeunimeobsi
人 - 等 -TOP　　何 - か　分からない -ADN　幸福 -ACC　　絶えず

chuguha-go　iss-neun　geos-i-da.
追求する - いる -ADN　　geos-COP-DEC

人々は何かわからない幸福を絶えず追求しているのだ。

（南基心・高永根 1985: 76,（4））

(2)　　우리 나라는 오늘로서 자주국가가 <u>된 것이다</u>.（신선경 1993: 119, (2a)）

uli　　nala-neun　oneul-loseo　jajugugga-ga　doe-n　　geos-i-da.

我々　国 -TOP　今日 - で　　自主国家 -NM　なる -ADN　geos-COP-DEC

我が国は今日を以って自主国家になった<u>のだ</u>。

(3)　　10 번 도전 만에 드디어 성공<u>한 것이다</u>.（안주호 1997: 127, (47)）

10-beon　dojeon　man-e　deudieo　seonggongha-n　geosi-COP-DEC

10- 回　　挑戦　末 - に　ついに　成功する -ADN　　geosi-COP-DEC

10 回挑戦の末についに成功した<u>のだ</u>。

■当為

(4)　　어른을 보면 반드시 자리를 양보해야 <u>하는 것이다</u>.

eoleun-eul　bo-myeon　　bandeusi　jali-luel　yangbohae-ya　ha-<u>neun</u>

年配 -ACC　見る - たら　　必ず　　　席 -ACC　譲る - なければならない -ADN

<u>geos-i-da.</u>

geos-COP-DEC

年配の方に会ったら必ず席を譲る<u>ものだ</u>。　（배선경 1998: 40, (58 ㄱ)）

　一方、「- ㄹ 것이다 l geos-ida」に関する研究は、洪起文（1947: 147）によって、初めて「未然あるいは推測を表す」という「未来」の意味が指摘された。その後、「- ㄹ 것이다 l geos-ida」に関する研究は散発的に行われ、1970 年代に入ってからは「- ㄹ 것이다 l geos-ida」の意味に関する本格的な研究が行われている（李基用 1978，徐正洙 1978，任洪彬 1980，張京姫 1985 など）。この「- ㄹ 것이다 l geos-ida」は、以下の (5)(6) のように、主体の人称の違いによって、「推量（推測）」または「意志（意図）」などを表す形式とされ、同様の意味を表すとされる先語末語尾「- 겠 -gess」との比較に研究の焦点が置かれている。これまでに議論された「- ㄹ 것이다 l geos-ida」と「- 겠 -gess」の意味的対比を〈表 5-1〉に示す。

表5-1　「-ㄹ 것이다 geos-ida」と「-겠-gess」の意味的対比

	「-ㄹ 것이다 geos-ida」	「-겠-gess」
李廷玟(1975a)	遠い未来	近い未来
成耆徹(1976)	過去の経験	現在の経験
李基用(1978)	弱い推量(客観的な根拠の不必要)	強い推量(客観的な根拠の必要)
徐正洙(1978)	客観性(客観的な根拠の必要)	主観性(客観的な根拠の不必要)
任洪彬(1980)	無対象性	対象性
김차균(1981)	発話以前の状況の判断	発話時の状況判断
張京姫(1985)	不確実性	結果の推量
野間 (1988, 1990)	非現場性(蓋然推量)	現場性(将然判断)

　徐正洙（1978）では、「-ㄹ 것 l geos」は「未然の事物[72]」「推定」「意図」「指令[73]」「主概念の意味解釈機能（풀이 기능 puli gineung）」という 5 つの意味用法があると指摘している。その中で「未然の事物」が「-ㄹ 것 l geos」の基本的意味（primary meaning）であると捉え、その他の四つは派生的意味としている。また、野間（1990）では「할 것이다 ha-l geos-ida」をモダリティの観点から＜対事態モダリティ＞と＜対聞き手モダリティ＞の両側面から考

72　徐正洙（1978）が言う「未然の事物」というのは、「これから行われる行動あるいは状態の変化の対象になる事物」であり、-ㄹ l の未然性の意味が「것geos」を修飾することによって表れる意味であると述べている。ここで言う事物とは、「出来事」と「物」のことを指していると考えられる。

73　徐正洙（1978）では、「-ㄹ 것 l geos」の意味用法として「指令」を取り上げているが、現代韓国語では「-ㄹ 것이다 l geos-ida」が「指令（命令）」の意味で用いられることは少なく、使用される場も限られる。説明書やメモなどの指示文に指定詞「이다 ida」が省略された形式で用いられ、その場合は指令の意味が強く表れる。

(a) 이 약은 자기 전에 먹을 것이다.

i　yag-eun ja-gi　jeon-e　meog-eul　geos-i-da.
この 薬 -TOP 寝る -NOM 前 - に　食べる -ADN geos-COP-DEC
この薬は寝る前に飲むことだ。

(b) 이 약은 자기 전에 먹을 것.

i　yag-eun ja-gi　jeon-e　meog-eul　geos.
この 薬 -TOP 寝る -NOM 前 - に　食べる -ADN geos-DEC
この薬は寝る前に飲むこと。

察を行っている。＜対事態モダリティ＞は「推量」の意味を、＜対聞き手モダリティ＞は「意志」の意味を表すとしている。

▮推量（推測）

(5) 그 사람이 내일 떠날 것이다．（徐正洙 1978: 90）
   geu   salam-i naeil tteona-l   geos-i-da.
   あの   人 -NM   明日   去る -ADN   geos-COP-DEC
   あの人が明日去る<u>だろう</u>。

▮意志（意図）

(6) 나는 기어이 거기에 갈 것이다．（徐正洙 1978: 90）
   na-neun gieoi   geogi-e ga-l   geos-i-da.
   私 -TOP   必ず   そこ -に   行く -ADN   geos-COP-DEC
   私は必ずそこに行く<u>つもりだ</u>。

以上、「- ㄴ 것이다 n geos-ida」と「- ㄹ 것이다 l geos-ida」に関する先行研究をごく簡単に紹介したが、すでに述べたように「- ㄹ 것이다 l geos-ida」に比べ「- ㄴ 것이다 n geos-ida」の研究は少なく、扱われている用例も研究者の内省や作例によるものが多く、実例に基づいた実証的研究は十分に行われていない。さらに「것이다 geos-ida」形式に先行する連体形語尾との関係についての言及がない。また対照研究においても、日本語の「のだ」が表す意味・用法に対応する「것이다 geos-ida」形式、すなわち「- ㄴ 것이다 n geos-ida」に限定した意味上の対照研究であり、- ㄴ n，- ㄹ l 両形式を含めた考察ではないという点で狭いと言え、統語的構造からの考察が十分になされていない。

5.3 考察の観点と考察対象

5.3.1 考察の観点

本章では、第 3 章で述べたように、連体形語尾 - ㄴ n は「現実」を、- ㄹ l は「非現実」を表すものとした上で、この連体形語尾と形式名詞「것 geos」と指定詞「이다 ida」という三つの要素が固定化され、モダリティ表現として機能

する「것이다 geos-ida」について考察を行う。

　なお、このモダリティ表現「-ㄴ 것이다 n geos-ida」「-ㄹ 것이다 l geos-ida」の意味・機能を考察するにあたっては、「-ㄴ 것이다 n geos-ida」「-ㄹ 것이다 l geos-ida」で示される事態と、その事態に話し手によって主観的に関係づけられる事態に注目し考察を行う。話し手によって主観的に関係づけられる事態には、先行する文脈または従属節で明示的に示される事態と、明示されない事態とがある。まず、事態が明示されるものと関係づけて推論するものを「明示された事態との関係づけ」とし、明示されないものと関係づけて推論するものを「明示されない事態との関係づけ」として、この二つの類型から考察を進めて行く。

5.3.2　考察の対象と言語資料

　本章の考察対象である「것이다 geos-ida」形式には、〈表 5-2〉のように 8つの形式があるが、これらの形式を「것이다 geos-ida」で代表する。

表5-2　「것이다geos-ida」形式のバリアント[74]

敬語体系[75]	(a)文語体	(b)口語体
格式体丁寧形	것입니다 geos-i-bnida	겁니다 geo-bnida
非格式体丁寧形	것이에요 geos-i-eyo	거예요 geo-yeyo
中立的丁寧形[76]	것이다 geos-ida	거다 geo-da
非格式体非丁寧形	것이야 geos-i-ya	거야 geo-ya

　なお、「것이다 geos-ida」形式の特徴を考察するために、デジタル化されたテキスト用例を用いた。考察に用いた言語資料は、CD-ROM『21 세기 세

74　「것이다 geos-ida」形式には、(a)(b) の他に、「게다 ge-da」（겁니다 ge-bnida ／게다 ge-da／게요 ge-yo ／게야 ge-ya）形式があるが、本稿の考察では対象外とする。「게다 ge-da」形式は、(b) と同様に (a) の縮約形ではあるが、(a)(b) と「게다 ge-da」とでは意味・機能が異なり、統語的にもその振る舞いが異なる。詳しくは、丁（2008a）を参照されたい。

75　敬語体系については、梅田 (1977)，국립국어원（2005a: 222-224），野間 (2012) などを参考されたい。

76　中立的丁寧形は、新聞や雑誌、小説など印刷物でよく用いられるが、ある特定の個人を対象に述べるものではないため、丁寧さは表さず、中立である。

종계획 최종 성과물 （21世紀世宗計画最終成果物)』（2007）である[77]。この
コーパス資料から「것geos」「겁 geob」「거 geo」「꺼 kkeo」でマッチする用
例を Em Editor を用い、検索した後に一文ずつチェックし、今回の考察対象
となる用例に絞り込んだ[78]。このような手順で抽出した結果、文語体は347
例，口語体は254例で、合わせて601例が得られた[79]。

　以下、連体形語尾の形式と「것이다 geos-ida」類型との共起による用例数
と、「것이다 geos-ida」と共起する用言の種類別頻度を、それぞれ〈表5-3〉〈表
5-4〉に示す。

表5-3　連体形語尾と「것이다geos-ida」類型との共起による用例数[80]

形式	(a)文語体	(b)口語体	合計
―(었)던eoss-deon	54	6	60
―던deon	0	0	0
―ㄴn	58	41	99
―는neun	56(14)	87(16)	143(30)*
―ㄹl	179(56)	120(23)	299(79)**
合計	347(70)	254(39)	601(109)

表5-4　「것이다geos-ida」と共起する用言の種類別頻度

用言	動詞	形容詞	指定詞	存在詞	計
数	485	54	49	13	601
(%)	(80.7)	(9)	(8.1)	(2.2)	(100)

77　考察に用いたコーパス資料は、CD-ROM『21 세기 세종계획 최종 성과물』（2007）に収
　められている［文語コーパス］のうち、（BREO0292 ～ BREO 0295）の四つのデータ
　（1.50MB）である。言語資料の詳細は巻末に記す（＜資料Ⅱ＞を参照）。

78　「것geos」の検索においては、一般的に文語体の場合は「것geos」で、口語体では「겁
　geob」「거 geo」で表記するされること、また、「거 geo」は「꺼 kkeo」で発音されること、
　さらに、書籍などでは発音通りに書く場合もあるため、「것geos」「겁 geob」「거 geo」「꺼
　kkeo」の４つの形式について検索を行った（〈表 5-2〉を参照）。

79　〈資料Ⅱ〉を参照。

80　（　）内の用例数は、＊は引用の - 다는 da-neun（～という）形式の用例数であり、＊＊は
　過去を表すテンス「- 었 -eoss」が付いた -(었)을 eoss-eul 形式である。

　今回のコーパスデータでは、〈表5-3〉のように過去（回想）を表すとされる-턴deon形式は1例も見られなかった。また、〈表5-4〉からもわかるように述語には動詞が最も多く用いられている。
　なお、一語化して機能するモダリティ表現「것이다geos-ida」の考察に用いたコーパス用例601例の他に、分析的な構造を持ち機能する用例（67例）も見られた。本章では、分析的な構造を持ち機能する用例は考察対象から外した。以下、外した用例の代表的なものを挙げる。

(7) a. 드디어 그는 그 이상한 전화의 정체를 알게 되었다. 그건 진짜 경지에게 온 전화였다. 그것도 가족이 아닌, 그가 모르는 남자에게서 온 것이었다.

deudieo geu-neun geu isangha-n   jeonhwa-ui jeongche-leul al-ge
ついに　彼-TOP　その　異常-ADN　電話-の　　正体-ACC　　知る-こと
doe-eoss-da.   geugeo-n jinjja Gyeongji-ege o-n   jeonhwa-y-eoss-da.
になる-PST-DEC それ-TOP 本当 キョンジ-から 来る-ADN 電話-COP-PST-DEC
geugeos-do gajog-i   ani-n,   geu-ga moleu-neun   namja-egeseo
それ-も　　　家族-NM　NEG-ADN　彼-NM　知らない-ADN　男-から
o-n   geos-i-eoss-da.
来る-ADN　geos-COP-PST-DEC
ついに彼はその異常な電話の正体を知ることになった。それは本当にキョンジに来た電話であった。それも家族でない、彼が知らない男から来たものだった。（BREO0292）

b. 그러나 그것보다 내게 가장 큰 문제는 이혼 후 그런 집을 얻을 만한 형편이 되지 않는 것이었다.（BREO0294）

geuleona geugeos-boda nae-ge gajang keu-n munje-neun ihon
しかし　　それ-より　　私-に　最も　大きい-ADN 問題-TOP 離婚
hu geuleo-n jib-eul eod-eul manha-n hyeongpyeon-i doe-ji
後　その-ような家-ACC　借りる-ADNほど-ADN 状況-NM　　なる-NOM
anh-neun geos-i-eoss-da.
NEG-ADN geos-COP-PST-DEC
しかしそれより私にとって最も大きい問題は、離婚後そのような家を借りるほどの状況にならないことだった。

c. 이 세상에서 가장 짜증나는 건 한참 달게 자고 있는데 깨우는 것이다.

i sesang-eseo gajang jjajeungna-neun geo-n hancham dal-ge ja-go
この世 - で 最も 苛立つ -ADN こと -TOP しばらくの間 ぐっすり 寝る -
iss-neunde kkaeu-neun geos-i-da.
いる - のに 起こす -ADN geos-COP-DEC
この世で最も苛立つことはしばらくの間ぐっすり寝ていたのに起こさ
れることだ。 (BRE00295)

(8) a. 광고의 글자 크기가 큼지막한 기사일수록 한번 읽고 나면 다시 펼쳐 보지
않을 것들이었다. (BRE00293)

gwanggo-ui geulja keugi-ga keumjimagha-n gisa-i-l-sulog han-beon
広告 - の 文字 大きさ -NM 大きい -ADN 記事 -COP- ほど 一 - 度
ilg-go na-myeon dasi pyeolchyeobo-ji anh-eul geos-deul-i-eoss-da.
読む - 後 - なら 再び 開いて見る -NOM NEG-ADN geos- たち -COP-PST-DEC
広告の文字のサイズが大きい記事ほど、一度読んだら再び開いて見な
いものたちだった。

b. 그가 할 수 있는 일은 그런 뻔한 말을 해주는 것뿐이었다. (BRE00294)

gu-ga ha-l su iss-neun il-eun gueleo-n ppeonha-n mal-eul
彼 -NM する -ADN できる -ADN こと -TOP その - ような 明らか -ADN
話 -ACC hae-ju-neun geos-ppun-i-eoss-da.
する - あげる -ADN geos- だけ -COP-PST-DEC
彼ができることはそのような決まり文句を言ってあげることだけだった。

　(7a)(8a) の「것geos」は先行する「電話」「記事」を指し示しており、(7b. c)
(8b) の「것geos」は名詞化の働きをしている。(7b) では「私にとって最も大
きい問題」＝「離婚後そのような家を借りるほどの状況にならない」のよ
うな関係が成立し、二つの事態が同等の関係であることを表している。ま
た、(7c) では二つの事態を名詞化することによって同等の関係を表してい
る。すなわち「この世で最も苛立つ」という事態と「しばらくの間ぐっす
り寝ていたのに起こされる」という事態が同じものであることを指定詞「이
다 ida」で表している。
　このように分析的な構造を持ち機能する「것이다 geos-ida」文では、「것이
다 geos-ida」を構成する構成要素それぞれの機能が残っており、(8) のよう
に複数を表す「- 들 deul」（2 例）や限定を表す助詞「- 뿐 ppun」（4 例）とも

共起が可能である。今回考察から外した 67 例の中には、(7a. b)(8) のように、過去を表すテンス「- 었 -eoss」が「것이다 geos-ida」に後接した「것이었다 geos-i-eoss-da」形式が 61 例（91%）あった。これら「- 었 -eoss」が後接する用例は、文全体が過去の事態であり、発話時点における話し手の心的態度を表していない[81]。すなわち、「NP1 = NP2」という事態の関係が過去の事態であることを示した文である。

5.4 「-ㄴ 것이다 n geos-ida」の意味・機能

　ここでは、「-ㄴ 것이다 n geos-ida」形式の意味・機能を考察する。モダリティ機能を担う「-ㄴ 것이다 n geos-ida」は、5.2 で取り上げたように「強調，断定，換言，当為」などの意味・用法を表すとされ、今回のコーパスデータでは「-ㄴ 것이다 n geos-ida」の用例は 302 例ある。

　考察にあたっては 5.3.1 で述べたように、「것이다 geos-ida」で示された事態と、話し手の主観的な関係づけによって表される事態との観点から考察を行う。まず、①「明示された事態 1 と「-ㄴ 것이다 n geos-ida」で示された事態 2 とを関係づけて推論するもの」と、②「事態 1 は明示されていないが、「-ㄴ 것이다 n geos-ida」で示された事態 2 とを関係づけて推論するもの」とに分けて分析する。

5.4.1　明示された事態との関係づけ

　まず、先行する文脈または従属節で明示的に示されている事態 1 と「-ㄴ 것이다 n geos-ida」で示された事態 2 とを関係づけて推論するものの場合は、事態 1 が「-ㄴ 것이다 n geos-ida」で示されている事態 2 の理由や結果となる場合がある。

81　「モダリティ」については、中右（1994）の「発話時点における話し手の心的態度」とし、「発話時点における話し手の心的態度」が示された文のみを扱う。なお、モダリティそのものの議論には立ち入らない。

(9)　방바닥이 차다. 그래서 아이는 오래 앉아 있질 못하고 그렇게 통통 뛰어 오르는 것이다. （BREO0295）

bang-badag-i cha-da.　　　geulaeseo ai-neun olae anj-a iss-ji-l
部屋 床 NM 冷たい -DEC それで　　子供 -TOP 長く 座る -いる -NOM-ACC
mosha-go geuleoh-ge tongtong twi-eo oleu-neun geos-i-da.
NEG- て　その -ように どんどん　跳ねる - 上がる -ADN geos-COP-DEC
部屋の床が冷たい。それで子供は長く座っていられなくて、そのようにどんどんと跳ね上がるのだ（わけだ）。

(10)　오빠가 오면 또 방안에서 나는 냄새 때문에 아이를 구박할 것이 틀림없기 때문에, 오빠가 오기 전에 그렇게 환기를 좀 해두는 것이다. （BREO0295）

oppa-ga o-myeon tto bang-an-eseo na-neun naemsae ttaemun-e
兄さん -NM 来る - たら　また 部屋 - 中 - から 出る -ADN 匂い　せい - で
ai-leul gubagha-l geos-i teullimeobs-gi ttaemun-e, oppa-ga o-gi
子供 -ACC 苛める -ADN こと -NM 違いない -NOM から　　兄さん -NM 来る -NOM
jeon-e geuleoh-ge hwangi-leul jom hae-du-neun geos-i-da.
前 - に その -ように 喚起 -ACC 少し する - おく -ADN geos-COP-DEC
兄さんが来たら、また部屋の中から出る匂いのせいで子供を苛めるのに違いないから、兄さんが来る前にそのように少し換気をしておくのだ。

　(9)(10) は、「事態 1 を事態 2 の理由とし事態 2 はその結果として推論」という構造を持っている。(9) は、「部屋の床が冷たい」という事態は事実であり、その事実を理由として「子供が跳ね上がる」という結果を関係づけ、話し手の主観的な推論を提示している。(10) も同様に話し手が理由とする事態 1 とその結果であるとする事態 2 の関係についての話し手の主観的な推論を示している。

　「- ㄴ 것이다 n geos-ida」で示された事態 2 を結果であるとする話し手の推論を示す場合は、(9) のように事態 1 と事態 2 の因果関係を明確に示す「그래서（geulaeseo/ それで）」などの接続詞、または (10) のように従属節で示された事態を理由とする場合、理由を表す「- 기 때문에 gi ttaemun-e」（から・ので）などの接続助詞と共起する場合が多い。

(11)　그러나 우리는 30분도 안되어 경복궁을 나와야 했다. 문을 닫을 시간이었던 것이다. (『リンゴ』p. 195)

geuleona　uli-neun　30-bun-do　an-doe-eo　Gyeongboggung-eul　nawa-ya
しかし　私達-TOP　30-分-も　NEG-経つ-て　景福宮-ACC　　　　　出る-なければ
hae-ss-da.　　　mun-eul　　dad-eul　　sigan-i-eoss-deon　geos-i-da.
ならない-PST-DEC　門-ACC　　閉める-ADN 時間-COP-PST-ADN geos-COP-DEC
しかし私たちは30分も経たないうちに景福宮を出なければならなかった。門を閉める時間だったのだ。

(12)　바이욘에서 투우 경기가 끝나고 일박을 하려던 계획이 어그러져버렸다. 그날이 바스끄 지방의 축제일이란 걸 우리가 몰랐던 것이다. 호텔마다 방이 없다는 것이다. 　（BREO0294）

Bauyon-eseo　tuu　gyonggi-ga　kkeutna-go il-bag-eul　　ha-leyo-deon
バイヨン-で　闘牛　競技-NM　　終わる-て　一-泊-ACC　する-よう-ADN
gyehoeg-i　eogeuleojyeo-beoly-eoss-da. geunal-i　　Baseukkeu　jibang-ui
計画-NM　頓挫して-しまう-PST-DEC　その日-NM バスク　　　　地方-の
chugjeil-i-la-n　　geo-l　　uli-ga　　molla-ss-deon　　geos-i-da.
祝祭日-COP-DEC-ADN こと-ACC 私達-NM 知らない-PST-ADN geos-COP-DEC
hotel-mada　bang-i　　eobs-da-neun　　geos-i-da.
ホテル-ごと　部屋-NM　NEG-DEC-ADN　　geos-COP-DEC
バイヨンで闘牛競技が終わってから一泊をしようとしていた計画が、頓挫してしまった。その日がバスク地方の祝祭日ということを私たちは知らなかったのだ。各ホテルに部屋がないというのだ。

　(11)(12) は、「-ㄴ 것이다 n geos-ida」で示された事態2が、先行して示されている事態1の理由であるとする用例である。この場合は、「事態1の成立は事態2によるものである」という構造を持ち、二つの事態に因果関係があるとする点で話し手の主観が加わっている。(11) は、先行する事態、「私たちは30分も経たないうちに景福宮を出なければならなかった」のは、話し手の主観的な関係づけによって、「-ㄴ 것이다 n geos-ida」で示された事態「門を閉める時間だった」からであるとし、(12) では、「-ㄴ 것이다 n geos-ida」で示された二つの事態が頓挫した理由であるとしている。

　この「明示された事態との関係づけ」の場合は、明示された二つの事態は現実の事態であり、「-ㄴ 것이다 n geos-ida」がなくてもその命題（事態）

だけでも談話の中で不適切ではない。しかし、「- ㄴ 것이다 n geos-ida」が用いられることで、客観的事実としての二つの事態が、話し手の主観的な判断により関係づけられていることが示される。

5.4.2 明示されない事態との関係づけ

「- ㄴ 것이다 n geos-ida」文には、「明示された事態との関係づけ」の他に、「明示されない事態との関係づけ」がある。この明示されない事態と関係づける場合は、事態１が明示的に示されておらず、話し手が認識した事態が何かは明確ではない。ただ何かと関係づけた推論であり、話し手の主観によって関係づけられた事態２のみが「- ㄴ 것이다 n geos-ida」文で示される。

(13) 우린 지금도 온갖 고뇌 속에서 헤매고 있습니다 . 온갖 번뇌 , 망상 속에서 헤매고 있는 것입니다 . (『我ら』p. 140)

uli-n　　　jigeum-do　ongaj　　gonoe　sog-eseo　haemae-go iss-seubnida.
我ら -TOP　今 - も　　あらゆる 苦悩　　中 - で　　さ迷う - いる -POL1

ongaj　　beonnoe, mangsang　sog-eseo　hemae-go iss-neun　geos-i-bnida.
あらゆる 煩悩　　妄想　　　中 - で　　さ迷う - いる -ADN　geos-COP-POL1

我らは今もあらゆる苦悩の中で、さ迷っています。あらゆる煩悩、妄想の中で、さ迷っているのです。

(14) 어렸을 때 , 우리 동네 입구에 공터가 있었어 . 이불 홑청 세 개를 펼친 크기만할까 ? 그 공터 끄트머리에서 길이 세 갈래로 뻗쳐 . 그 길과 길 사이엔 집들이 들어서 있고 . 학교에서 돌아오면 각자 자기 집에 책가방을 던져놓고 다시 공터로 모이는 거야 . (BREO0293)

eoly-eoss-eul　ttae, uli　dongne ibgu-e gongteo-ga iss-eoss-eo. ibul hotcheong
幼い -PST-ADN　時　うち 町内　入口 - に 空地 -NM　ある -PST-INT 布団 カバー

se gae-leul　pyeolchi-n　keugi-manha-l-kka?　　geu gongteo kkeuteumeoli-ese
三　枚 -ACC　広げる -ADN 広さ - ほど -ADN- だろう -Q その　空地 最終の端 - で

gil-i se gallae-lo ppeotchyeo. geu gil-gwa gil sai-e-n　jib-deul-i　deuleoseo-
道 -NM 三 つ - に　分かれて　その 道 - と　道　間 - に -TOP 家 - 等 -NM 並ぶ -

iss-go. haggyo-ese dola o-myeon gagja jagi　jib-e　chaeg-gabang-eul deonjy-eo
いる - て 学校 - から　帰ってくる - たら 各自 自分 家 - に 本 - カバン -ACC 投げる -

noh-go　dasi　gongteo-lo moi-neun　　geo-ya.
置く - て 再び　空地 - に　　集まる -ADN geos-COP-INT

幼かった時、うちの町内の入口に空地があったんだ。布団三枚を広
げた広さに相当するだろうか。その空地の最後の端で道が三つに分か
れて。その道と道の間には家々が並んでいて。学校から帰ってきたら
各自自分の家にカバンを投げ入れて再び空地に集まる<u>んだ</u>。

(15) A: 그건 어디 옷이냐？보기 좋구나 . (BREO0293)

geugeo-n eodi os-i-nya? bo-gi joh-guna.

それ -TOP　どこ　服 -COP-INT-Q　見る -NOM　良い -FIN-INT

それはどこの服なの。見栄えが良いね。

B: 이거？세일 때 <u>산 거야</u> .

igeo? seil ttae sa-n geo-ya.

これ -Q　セール　時　買う -ADN geos-COP-INT

これ、セールの時買った<u>んだ</u>。

(13)(14)(15) は、話し手の何らかの主観的関係づけをもとに、話し手が経
験した状況や事情、考えなどの事態のみを「- ㄴ 것이다 n geos-ida」で提示し
ている。これらの用例は、「- ㄴ 것이다 n geos-ida」がなくても、「あらゆる煩悩、
妄想の中で、さ迷っている」「学校から帰ってきたら各自自分の家にカバン
を投げ入れて再び空地に集まる」「セールの時に買った」という命題が表す
認知的意味は変わらない。しかし、事態 1 が明示された「明示された事態
との関係づけ」と同様に、事態 1 が明示されなくても主観的関係づけが示
されるが、事態 1 が明示されないことでその関係づけは、より話し手の主
観的な推論であると解釈されやすい。

　また、この明示されない事態との関係づけには、「教え諭し」として用い
られるものがある。「- ㄴ 것이다 n geos-ida」を「教え諭し」の意味・用法と
して用いる場合は、当該動作が義務的・当為的である場合が多いが、一般
的な事象や常識、慣習などを説明する教え諭しとしても用いられる。

(16) 어른을 보면 반드시 자리를 양보해야 <u>하는 것이다</u> .

eoleun-eul bo-myeon bandeusi jali-luel yangbohae-ya ha-neun

年配 -ACC　見る -たら　必ず　席 -ACC　譲る - なければならない -ADN

geos-i-da.

geos-COP-DEC

年配の方に会ったら必ず席を譲る<u>ものだ</u>。　（배선경 1998: 40, (58 ㄱ)）

(17)　태어난 이상 누구나 죽는 거야. (『デパート』p. 34)

taeeona-n　isang　nugu-na　jug-neun　geo-ya.
生まれる-ADN　以上　誰-もが　死ぬ-ADN　geos-COP-INT
生まれた以上誰もが死ぬ<u>もんだよ</u>。

(18)　술이란 게 말이야, 기분 좋을 때 마시면 몸에도 아주 좋은 거야.

sul-ila-n　　ge　mal-i-ya,　gibun joh-eul　ttae masi-myeon
酒-COP-DEC-ADN　の-NM　こと-COP-INT　気持ち 良い-ADN 時　飲む-ば
mom-e-do aju　joh-eun　geo-ya.
体-に-も とても 良い-ADN　geos-COP-INT
お酒というのはね、気持ちが良い時に飲めば体にもとても良い<u>もん
だよ</u>。（BREO0295）

　(16)(17)の「-ㄴ 것이다 n geos-ida」は当為の意味を表す「법이다（beob-ida/
ものだ）」に置き換えても意味的には変わらない[82]。

5.4.3　まとめ

　以上、「-ㄴ 것이다 n geos-ida」の意味・機能を、先行する文脈または従属
節で示された事態と、「-ㄴ 것이다 n geos-ida」で示された事態との関係から
分析を行った。「-ㄴ 것이다 n geos-ida」文は、事態1と事態2との関係づけ
をして提示するが、その関係づけは話し手の主観的な推論によるものであ
り、この関係づけの根拠は話し手の経験や考えに基づくものである。
　「-ㄴ 것이다 n geos-ida」の意味・機能では、二つの事態が明示され理由と
結果の関係にあるとするものと、「-ㄴ 것이다 n geos-ida」で示される事態2
のみのものとがある。この「-ㄴ 것이다 n geos-ida」で示される事態2のみ
が示されるものは、その事態2は話し手が経験した状況、事情や考えであり、
より主観的な関係づけであることを示し、教え諭しの意味・用法を担うも
のもある。
　「-ㄴ 것이다 n geos-ida」で示された事態と先行する明示された事態は、す
でに実現した事実，今現在の事態，一般的な真理として誰もが知っている
ことなどであり、本稿でいうところの「現実」である。また、明示されて
いない事態であってもそれらは話し手の経験や知識などを表し、現実と言

82　南基心（1991:87）では、(16)(17)のような例は「定義的な意味」を表すとする。

える。従って、連体形語尾 - ㄴ n が連体修飾節と同様に事態が現実であ
ることを示す機能を担っていると言える。しかし、このモダリティ表現の
「- ㄴ 것이다 n geos-ida」は、単に「現実」だけでなく、その「現実」である
事態 2 と関係づけられた「現実」の事態 1 とに対する話し手の主観的な推
論によって関係づけられる点で、連体修飾節での連体形語尾 - ㄴ n と異な
る。すなわち、文末に用いるモダリティ表現「- ㄴ 것이다 n geos-ida」は、「現
実」である複数の事態の関係を - ㄴ n によって示し、その複数の事態を話し
手が主観的に関係づけて、その関係づけられた文全体の内容を「確実な情報」
として示すのである。

5.5　「-ㄹ 것이다 l geos-ida」の意味・機能

　モダリティ表現として機能する「- ㄹ 것이다 l geos-ida」は、5.2 で紹介し
たように「推量（推測）」「意志（意図）」の意味・用法を表すとされる。今
回のコーパスデータでは「- ㄹ 것이다 l geos-ida」の用例は 299 例あり、その
うち推量を表す用例は 273 例、意志を表す用例は 20 例あった。「- ㄹ 것이
다 l geos-ida」の場合も、「- ㄴ 것이다 n geos-ida」と同様に、先行する文脈ま
たは従属節で示された事態と「- ㄹ 것이다 l geos-ida」で示された事態との関
係から分析を行う。
　「推量」を行うためには、何らかの根拠が必要である。その根拠というの
は、「明示された事態と関係づけてその明示された事態をもとに推論するも
の」と、「明示されない事態と「- ㄹ 것이다 l geos-ida」で示された事態とを
関係づけて推論するもの」とがあり、この二つの類型から分析を行う。

5.5.1　明示された事態との関係づけの推量表明

　まず、明示された事態、すなわち先行する文脈または従属節に示された
事態 1 をもとに「- ㄹ 것이다 l geos-ida」で示された事態 2 の成立を推論する
場合を考察する。

(19)　　아줌마, 염려 마세요. 누가 재명이 괴롭히면 친구들이 혼내줄 거예요.

　　　　ajumma, yeomleyo ma-se-yo. nu-ga Jaemyeongi goelobhi-myeon chingu-deul-i

　　　　おばさん　心配 - やめる -IM-POL2　誰か -NM ジェミョン　苛める - ば　　友人 - 達 -NM

honnae-ju-l　　　　　　　ge-ye-yo.
こらしめる - くれる -ADN geos-COP-POL2

おばさん、心配しないでください。誰かがジェミョンを苛めれば友人達がこらしめてくれるでしょう。　（BREO0293）

(20)　아파트광장에 그가 홀로 서 있다 . 담배를 피워물고 엉거주춤 서 있는 실루엣이 남편이다 . 안 붙잡고 그대로 두면 그는 틀림없이 집에 들어오지 않을 것이다 .　（BREO0295）

apateu-gwangjang-e　geu-ga　hol-lo　seo-iss-da.　　dambae-leul　piwomul-go
アパート - 広場 - に　彼 -NM　一人 - で　立つ - いる -DEC　タバコ -ACC　咥える - て

eonggeojuchum　seo-iss-neun　sillues-i　　　nampyeon-i-da.　an　butjab-go
中腰で　　　　立つ - いる -ADN　シルエット -NM　夫 -COP-DEC　NEG 捕まえる - て

geudaelo　du-myeon　geu-neun　teullimeobsi　jib-e　deu-leo o-ji　angh-eul
そのまま　おく - たら　彼 -TOP　間違いなく　家 - に　入る - くる -NOM　NEG-ADN

geos-i-da.
geos-COP-DEC

アパートの広場に彼が一人で立っている。タバコを咥えて中腰で立っているシルエットが夫だ。捕まえずにそのまま放っておいたら彼は間違いなく家に入って来ないだろう。

(21)　이제 얼마 안 있어 오빠가 돈을 마련해 오면 물은 금방 들어올 것이다 .

ije eolma an iss-eo　oppa-ga　don-eul　malyeonhae-o-myeon mul-eun
もういくら NEG 経つ - うち 兄さん -NM　金 -ACC　用意する - くる - ば　水 -TOP

geumbang　deuleo-o-l　　geos-i-da.
すぐ　　　入る - くる -ADN geos-COP-DEC

もうすぐ兄さんがお金を用意して持ってくれば水はすぐ開通するだろう。

（BREO0295）

　(19)(20)(21) は、明示された事態である「誰かがジェミョンを苛める」「捕まえずにそのまま放っておく」「兄さんがお金を用意して持ってくる」という事態 1 を基に、「友達がこらしめてくれる」「家に入って来ない」「水はすぐ開通する」という事態 2 の成立を推論している。すなわち、従属節で示されている事態 1 が成立することで事態 2 も成立すると推論している。この (19)(20)(21) の事態 1 と事態 2 は現実にはまだ起きていない事態であり、この関係づけは話し手の主観的な判断によるものであり、結果推量を

表している。このように、明示された事態と関係づけて推論する場合、「-ㄹ 것이다 l geos-ida」と条件表現「- 면（myeon/ たら・ば）」や接続詞「그러니까（geuleonikka/ だから）」などと共起しやすく、特に、条件を表す「- 면 myeon」との共起が多い。今回のコーパスデータからも「- 면 myeon」と共起する用例が 273 例のうち 86 例あった[83]。

(22)　어쩌면 미담의 주인공은 이미 자살을 꿈꾸며 강변에 갔었는지도 모른다. <u>그러니까</u> 그렇게 쉽게 목숨을 내던질 수 있었을 것이다. （BREO0293）

eojjeo-myoon midam-ui juingong-eun imi jasal-eul kkumkku-myeo
もしかしたら　美談 -の　　主人公 -TOP　既に　自殺 -ACC　夢見る - ながら
gangbyeon-e　ga-ss-eoss-neun-ji-do　　moleu-n-dda.　<u>geuleonikka</u>
川辺 - に　　　行く -PST-PST-ADN-NOM - も 知らない -PRE-DEC　だから
geuleoh-ge　swib-ge mogsum-eul naedeonji-l su iss-eoss-eul　geos-i-da.
その - ように 簡単 - に　命 -ACC　　投げる -ADN できる -PST-ADN　geos-COP-DEC
もしかしたら美談の主人公は、すでに自殺を夢見て川辺に行ったかもしれない。だからそのように簡単に命を投げうつことができたのだろう。

(23)　반론을 제기하고, 싸우고, 그런 건 너무 힘든 일이다. 대체로 재이와 金도, 그런 이유로 입대를 결심했을 것이다. （『ビーチ』p. 101）

banlon-eil　jegiha-go,　ssau-go,　geule-on　geo-n　neomu
反論 -ACC　　提起する - て　戦う - て　その - ような　こと -TOP　あまり
himdeu-n　il-i-da.　　　　daechelo Jaei-wa　Kim-do geuleon iyu-lo
辛い -ADN　こと -COP-DEC　おおかた　ジェイ - と　金 - も　そんな　理由 - で
ibdae-leul　gyeolsimhae- ss-eul　geos-i-da.
入隊 -ACC　決心する -　PST-ADN geos-COP-DEC
反論を提起して、戦って、そんなことはあまりにも荷が重いことだ。おおかたジェイと金も、そんな理由で入隊を決心したのだろう。

(22)(23) は、連体形語尾 - ㄹ１に過去を表すテンス「- 었 -eoss」が先行している[84]。この場合、過去を表すテンス「- 었 -eoss」と連体形語尾 - ㄹ１が共起して

83　条件表現「- 면 myeon」と共起する 86 例のうち、過去を表すテンス「- 었 -eoss」が連体形語尾 - ㄹ１に先行する用例が 25 例あった。
84　連体形語尾 - ㄹ１に過去を表すテンス「- 었 -eoss」が先行する用例は 299 例のうち 79 例あった。

いるが、意味的には過去を表している[85]。(22)(23) では、「命を投げうつ」「入隊を決心する」という事態2はすでに成立した既定事実である。その既定事実の事態2に対する話し手の推論によって理由（背景事情）であるとする事態1（点線部分）が示されており、話し手が既定事実の事態2が成立した理由が事態1であると判断している。結果としての事態2と理由となる事態1の関係づけは、話し手の主観的な判断によるものである。上記の (22)(23) のような「- ㄹ 것이다 l geos-ida」で示された事態2は既定事実、すなわち現実であり、その理由とする事態1は非現実の事態である。そのため、非現実を含む二つの事態で構成される「- ㄹ 것이다 l geos-ida」文全体としては不確実な情報となる。

(24) 말이 나왔으니 말이지 , 네가 진짜 내 동생이면 정신차리라고 벌써 냉수 한 잔 먹였을 거야 . （BREO0292）

mal-i　nawa-ss-euni mal-i-ji,　　ne-ga　jinjja　nae dongsaeng-i-myeon
話 -NM 出る -PST- から こと -COP-FIN-INT あなた -NM 本当に 私 -(の) 妹 -COP- ば

jeongsin chali-la-go　　　beolsseo naengsu han jan meogy-eoss-eul geo-ya.
気を引き締める -IM- と 　とっくに 冷水 　一杯 食べさせる -PST-ADN geos-COP-INT

話が出たからなんだけど、君が本当に私の妹なら気を引き締めろととっくに冷水一杯飲ませただろう。

(25) 큰언니가 올 줄 알았더라면 좀 더 날렵해 보이는 옷을 입고 있었을 것이다 .

keun-eonni-ga o-l　　　ju-l　　al-ass-deo-la-myeon　jom deo
一番上 - 姉 -NM 来る -ADN NOM-ADN 知る -PST-REM-DEC- ば 少し もう

nallyeobha-e　boi-neun　os-eul　ib-go iss-eoss-eul　　geos-i-da.
すらっとする - 見える -ADN 服 -ACC 着る - いる -PST-ADN geos-COP-DEC

一番上の姉が来ることがわかっていたならば、もう少しすらっとして見える服を着ていただろう。（BREO0293）

(26) 햄버거 그림만 아니었다면 그 정체불명의 전단을 주저 없이 쓰레기통에 버렸을 것이다 . (『マック』p. 74)

haembeogeo geulim-man ani-eoss-da-myeon geu jeongchebulmyeong-ui
ハンバーガー 絵 - さえ 　　NEG-PST-DEC- たら その 正体不明 - の

---

85 第 3 章でも述べたように、先行研究によっては連体形語尾がテンスの意味を表すとするものもあるが、(22)(23) のように連体形語尾 - ㄹ 1 に過去を表すテンス「- 었 -eoss」が先行することから連体形語尾 - ㄹ 1 はテンス形式とは言えない。

jeondan-eul　jujeo eobsi sseulegi-tong-e　beoly-eoss-eul　　geos-i-da.
チラシ -ACC　　ためらわず　ゴミ - 箱 - に　　捨てる -PST-ADN　geos-COP-DEC
ハンバーガーの絵さえなかったら、その正体不明のチラシをためらわ
ずにゴミ箱に捨てただろう。

　(24)(25)(26) では、過去を表すテンス「- 었 -eoss」が「- ㄹ 것이다 1 geos-
ida」に先行し、条件を表す「- 면 myeon」と共起しているが、これらの用例
は現実では起こらなかった事態が示された条件節と関係づけて推論してお
り、反実仮想を表す。

5. 5. 2　明示されない事態との関係づけの推量表明

　次に、明示されない事態との関係づけを見る。この明示されない事態と関
係づけて推論する場合には、「明示された事態との関係づけ」のように、事態
1 が明示的に示されていないが、自分の経験や状況、他人から聞いた情報など、
明確ではないが何らかの根拠となる事態を基に推論するものである。

(27)　　　저만큼에서 , 시내버스가 길가에 정차한 차량 사이로 헤쳐나오고 있었다 .
　　　　여산행이었다 . 아마도 막차일 것이다 .　（BREO0293）

jeomankeum-eseo, sinae-beosu-ga gilga-e　　jeongchaha-n chalyang sai-lo
彼方 - から　　　　　市内 - バス -NM　道端 - に　停車する -ADN　車両　　　間 - から
hechy-eo nao-go iss-eoss-da.　Yeosan-haeng-i-eoss-da. amado　magcha-i-l
通りぬく - 来る - いる -PST-DEC　ヨサン - 行 -COP-PST-DEC　恐らく　終車 -COP-ADN
geos-i-da.
geos-COP-DEC
彼方から、市内バスが道端に停車した車両の間を通り抜けて来つつ
あった。ヨサン行きだった。恐らく最終便であろう。

(28)　　　이런 비싼 방을 예약한 사람은 분명 규혁의 큰누나 진영미일 것이다 .

ileo-n　　　　bissa-n　　bang-eul yeyagha-n　　salam-eun bunmyeong
この - ような　高い -ADN　部屋 -ACC　予約する -ADN　人 -TOP　　　明らかに
Gyuhyeog-ui keun-nuna　Jin-Yeongmi-i-l　　　geos-i-da.
キュヒョク - の　一番上の - 姉　ジンヨンミ -COP-ADN　geos-COP-DEC
こんな高い部屋を予約した人は、明らかにキュヒョクの一番上の姉ジ
ンヨンミであろう。　（BREO0292）

(29)　경지가 잠을 잔 시간은 아마 네 시간 정도 밖에 안 될 것이다.

Gyeongji-ga jam-eul ja-n　　sigan-eun ama ne sigan jeongdo bagge
キョンジ -NM 眠り -ACC 寝る -ADN 時間 -TOP 多分 四 時間 程度　　しか

an　doe-l　　geos-i-da.
NEG なる -ADN geos-COP-DEC
キョンジが寝た時間は多分四時間程度にしかならないだろう。

　　　　　　　　　　　　　　　　　　　　　　　　　　(BRE00292)

(30)　보나마나 그 목사는, 바야흐로 중년에 진입한 여신도들의 가슴을 설레게
　　할 만한 매력을 지녔을 것이다. (BRE00293)

bonamana geu mogsa-neun, bayaheulo jungnyeon-e jinibha-n　yeosindo-
見るまでもなくその 牧師 -TOP 今や　　中年 - に　　突入する -ADN 女性信徒 -

deul-ui gasuem-eul seolle-ge ha-l-manha-n　　　　　maelyeog-eul
達 - の　胸 -ACC　　ときめかす - ようにする -ADN- ほど -ADN　魅力 -ACC

jiny-eoss-eul　geos-i-da.
持つ -PST-ADN geos-COP-DEC
見るまでもなくその牧師は、今や中年に突入した女性信徒らの胸をと
きめかせるほどの魅力を持っていたのだろう。

(31)　그리고 보니 내가 당신 앞에서 사랑이라는 말을 꺼낸 건 내 평생 그게 처음
　　이었을 거야. (BRE00293)

geuleogo boni nae-ga dangsin ap-eseo salang-i-la-neun mal-eul kkeonae-n
そう言えば 私 -NM あなた　前 - で 愛 -COP-DEC-ADN 言葉 -ACC 言い出す -ADN

geo-n nae　　pyeongsaeng geu-ge　cheoeum-i-eoss-eul　geo-ya.
の -TOP 私 -(の) 生涯　　　それ -NM 初めて -COP-PST-ADN geos-COP-INT
そう言えば私があなたの前で愛という言葉を言い出したのは、私の
生涯でそれが初めてだったと思う。

　(27) 〜 (31) は、明示されない事態と関係づけて推論した事態 2 を述べて
いる例である。「- ㄹ 것이다 1 geos-ida」で示された事態 2 は、まだ実現して
いない未実現の事態，確認していない事態，確認できない事態であり、本
稿でいうところの「非現実」であり、非現実の事態を表す連体形語尾 - ㄹ1
によって表されている。
　これら推量を表明する意味・用法の場合は、主語には人称制限はなくす
べての人称において用いることができる。(30)(31) では、連体形語尾 - ㄹ1

の前に過去を表すテンス「- 었 -eoss」が先行している。これらの用例は、発話時は今・現在であるが、命題内容は過去の事態であり、意味的には過去を表している。

　　また、(27) 〜 (30) のように確かさの度合い・程度を示す副詞との共起も見られる。推量を表す「- ㄹ 것이다 l geos-ida」と確かさの度合い・程度を示す副詞との共起を見ると、不確実性を持つ副詞「아마（ama/ たぶん）」や確実性を持つ副詞「분명 (bunmyeong/ 確かに)」、「틀림없이 (tteullimeobsi/ 間違いなく・確かに)」などと共起している用例が見られる（273 例のうち 25 例が共起している）。

5.5.3　意志表明

　　ここでは、明示された事態と明示されない事態との関係づけの一つである「- ㄹ 것이다 l geos-ida」文の「意志（意図）」とされる例を見る。この用法では「- ㄹ 것이다 l geos-ida」で示される事態が、話し手の未来の事態に向けての行為（姿勢）を表すものに限定される点で特殊である。また、この意志の表明は、聞き手のあるなしに関係なく、単に話し手自身の強い意志を述べるものである。

(32)　더 늙어서 내 땅에 대한 애증도 이 포도주처럼 잘 발효되면 그 땅으로 돌아갈 거야.（BREO0294）

deo　neulg-eoseo nae　　ttang-e daeha-n　　aejeung-do i podoju-cheoleom
もっと 老いる - から 私 (の) 土地 - に 対する -ADN 愛憎 - も このワイン - ように に
jal　balhyodwae-myeon geu ttang-eulo dolaga-l　geo-ya.
よく 醗酵される - ば　　その　土地 - に　　帰る -ADN geos-COP-INT
もっと歳を取って私の土地に対する愛憎もこのワインのようによく醗酵されれば、その土地に帰るつもりなんだ。

(33)　그이가 캐나다에 유학을 가게 됐어. 그래서 나도 같이 캐나다에 갈 거야.
geui-ga Kaenada-e　yuhah-eul ga-ge dwae-ss-eo.　geulaeseo na-do gati
彼 -NM　　カナダ - へ　留学 -ACC　行く - ことになる -PST-INT それで　私 - も 一緒に
Kaenada-e　ga-l　　　geo-ya.
カナダ - へ　　行く -ADN geos-COP-INT
彼がカナダへ留学することになったの。それで私も一緒にカナダへ行くつもりなんだ。

(34)　무슨 일이 있어도 내가 먼저 이 쇼를 그만 하자고 말할 거야.

museun il-i　　　iss-eodo　　nae-ga meonjeo i syo-leul　geuman ha-ja-go
どんな こと -NM　ある -ても　私 -NM 先に　この ショー -ACC やめる -PR- て

malha-l　geo-ya
話す -ADN geos-COP-INT

どんなことがあっても私が先にこのショーをやめようと話す<u>つもり
だ</u>。（BREO0295）

(35)　난 이제 더이상 물에 집착하지 않을 거야.（BREO0294）

na-n　　ije deo-issang mul-e　jibchagha-ji　anh-eul　geo-ya.
私 -TOP もう これ - 以上　水 - に　執着する -NOM　NEG-ADN geos-COP-DEC

私はもうこれ以上水に執着しない<u>つもりだ</u>。

(36)　나는 다시는 안 돌아 올 거야.（Vol. 6）

na-neun　　dasi-neun an　dola o-l　　　　　geo-ya.
私 -TOP　　二度と -TOP NEG 帰って来る -ADN geos-COP-INT

私は二度と帰って来ない<u>つもりだ</u>。

　(32)(33) は、事態 1「もっと歳を取って私の土地に対する愛憎もこのワイ
ンのようによく<u>醗酵される</u>」「恋人がカナダへ留学することになった」が明
示され、その事態 1 と関係づけて「- ㄹ 것이다 l geos-ida」で示された事態 2
を行うという意志表明の例である。(34)(35)(36) は、明示されていない事態、
例えば、「ショーを続けることがいやになった」「以前は水に執着した」「い
やな出来事があった」などの事態が想定される。その想定される事態を基
に関係づけられた「- ㄹ 것이다 l geos-ida」で示される事態 2 を行うという意
志表明がなされている。
　意志を表明する意味・用法では、(23) 〜 (36) のように、主語は 1 人称、
つまり話し手自身でなければならず、述語にも動詞（存在詞「있다（iss-da/
いる）」も含む）、すなわち意志性動詞しか用いられない。また、この意味・
用法では話し手の未来の事態に向けての行為（姿勢）を表すため、過去を
表す先語末語尾「- 었 -eoss」や主体尊敬の先語末語尾「- 시 -si」の共起にお
いても当然制限される（「#」は意味が変わることを表す）。

(36') a. # 나는 다시는 안 돌아 <u>왔을 거야</u>.

    # na-neun　dasi-neun　an　dola　wa-ss-l　　geo-ya.

    私-TOP　　二度と-TOP　NEG　帰って来る-PST-ADN　geos-COP-INT

    私は二度と帰って来なかった<u>だろう</u>。

  b. * 나는 다시는 안 돌아 <u>오실 거야</u>.

    * na-neun　dasi-neun　an　dola　o-si-l　　geo-ya.

    私-TOP　　二度と-TOP　NEG　帰って来る-SH-ADN　geos-COP-INT

    私は二度と<u>お帰りにならないつもりだ</u>。

　一方、今回主たる考察対象からは外したが、疑問文の場合は(37)(38)のように、聞き手の意志を問いかけるため、主語は2人称となる。この場合は(38)のように主体尊敬の先語末語尾「-시 -si」とも共起する。今回のコーパスデータでは107例が見られた。

(37)　그런데 인터뷰에 두 사람 이야기도 쓸 거<u>예요</u>? （BREO0292）

    geuleonde inteobyu-e　　　du salam iyagi-do sseu-l　　geo-ye-yo?

    ところで　インタビュー-に　二　人　　話-も　　書く-ADN　geos-COP-POL2-Q

    ところでインタビューに二人の話も書く<u>つもりですか</u>。

(38)　다섯십니다. 그런데 꼭 가실 겁<u>니까</u>? （BREO0294）

    daseos-si-bnida.　　geuleonde kkog ga-si-l　　geo-bnikka?

    五-時-(COP)-POL1　ところで　必ず　行く-SH-ADN　geos-(COP)-POL1-Q

    五時です。ところで必ず<u>いらっしゃるつもりですか</u>。

5.5.4　まとめ

　以上「-ㄹ 것이다 l geos-ida」の意味・用法を、先行する文脈または従属節で示された事態と「-ㄹ 것이다 l geos-ida」で示された事態との関係から分析を行った。この「-ㄹ 것이다 l geos-ida」には「-ㄴ 것이다 n geos-ida」と同様に、明示された二つの事態の関係づけをするものと、事態が明示されないものとの二種類がある。「-ㄹ 것이다 l geos-ida」形式は、推量と意志の意味・用法を担っており、推量には、①明示された事態1と「-ㄹ 것이다 l geos-ida」で示された事態2を関係づけるもの、②「-ㄹ 것이다 l geos-ida」で示される事態2のみが明示され、明示されていない事態1と関係づけて推論するものがある。

　明示された事態1と関係づける場合、「- ㄹ 것이다 l geos-ida」で示される事態2には、まだ実現していない未実現の事態、確認していない事態、確認できない事態に加え、すでに成立した既定事実の事態があり、先行する文脈や従属節で示される事態1とを話し手の主観的な推論によって関係づけている。すでに成立した既定事実の事態2との関係づけでは、先行する事態1は確認していない事態である。従ってこの二つの事態のうち、少なくとも1つは未実現あるいは未確認の事態である（二つの事態とも未実現・未確認となることも可）。この二つの事態のうちどちらか既定事実すなわち現実の事態であったとしても、話し手の主観的な推論によって関係づけられた文全体は「不確実な情報」であり、それを「- ㄹ 것이다 l geos-ida」が表している。

　明示されていない事態と関係づける場合は、自分の経験や状況、他人から聞いた情報など、明確ではないが何らかの根拠となる事態を基に推論するものである。

　また、事態が明示されているか否かに関わらず「- ㄹ 것이다 l geos-ida」で示された事態2が話し手の未来の事態に向けての行為（姿勢）である場合、意志表明と解される。そのため、事態2の主語は話し手に限られ、述語は意志性動詞に限定される。この意志表明の場合の「- ㄹ 것이다 l geos-ida」で示された事態は、まだ実現していない事態であり、「不確実な情報」となる。

　以上のようにモダリティ表現の「- ㄹ 것이다 l geos-ida」は、「- ㄹ 것이다 l geos-ida」で示された命題内容は「非現実」だけでなく「現実」の事態の場合もあるが、話し手の主観的な関係づけによる事態1は非現実の事態である。この点で、連体修飾節で「非現実」の事態であることを表す - ㄹ l とは異なり、文を構成する複数の事態の中に非現実の事態が含まれ、文全体として「不確実な情報」であることを表す。

5.6　5章のまとめ

　本章では、文末に現れ一語化して機能するモダリティ表現「것이다 geos-ida」について、コーパス資料を用いて考察を行った。この「것이다 geos-ida」は先行する連体形語尾の形式によって「- ㄴ 것이다 n geos-ida」と「- ㄹ 것이다 l geos-ida」とに分けられる。この二つの形式は、それぞれ①「明示され

た事態との関係づけ」（明示された事態1と「것이다 geos-ida」で示される事態2の二つの事態が明示されるもの）と、②「明示されない事態との関係づけ」（「것이다 geos-ida」で示される事態2のみが明示されるもの）とに分けられ、その関係づけは話し手の主観的な判断によるものである。この明示されるか否かに関わらず、二つの事態の関係づけとそれぞれの事態が現実か非現実かによって、様々な意味・用法に解されることを示した。

　連体修飾節で「現実」「非現実」の事態を表すとした‐ㄴ n, ‐ㄹ lの意味機能が、この文末でのモダリティ表現「‐ㄴ 것이다 n geos-ida」「‐ㄹ 것이다 l geos-ida」として機能する場合には、「現実」または「非現実」からなる複数の事態との主観的な関係づけによって示された文全体について、「‐ㄴ 것이다 n geos-ida」は「確実な情報」を表し、「‐ㄹ 것이다 l geos-ida」は「不確実な情報」を表す形式であると論じた。

　このように連体修飾節または文末で、その連体形語尾の持つ意味機能が異なる。連体修飾節では節の事態だけで決定され、文末の場合は文全体を構成する事態によって決定される。文末の場合は、その文を構成する事態が現実の事態のみで構成されるか、非現実の事態が含まれるかで分かれる。

　以上、本章で検証してきたモダリティ表現「것이다 geos-ida」は完全に一語化することで、新たな意味・機能を担う形式へと変化していることを示した。

第6章

終結語尾の「- ㄴ걸 n-geol」 「- ㄹ걸 l-geol」「- ㄹ게 l-ge」

6.1 はじめに

　韓国語の終結語尾[86]は、文の種類（平叙文、疑問文など）を区別する役割を担う。一方で、同時に対者待遇を表示する機能およびモダリティ機能を担っている。本章の考察対象である形式名詞「것geos」に由来する終結語尾「- ㄴ걸 n-geol」「- ㄹ걸 l-geol」「- ㄹ게 l-ge」は、話し手が発話時において発話状況をどのように認識し、聞き手にどのように伝達し示そうとするかというモダリティ機能を担っており、日本語の終助詞と同様の機能を持つものである。しかし、対者待遇の表示、及び連体形語尾の形式によってその意味・機能が異なる点で、日本語の終助詞とは異なる。

　終結語尾「- ㄴ걸 n-geol」「- ㄹ걸 l-geol」「- ㄹ게 l-ge」形式の対者待遇形式には、非格式体しか存在せず、ある程度親しい間柄で用いられる。「- ㄴ걸 n-geol」「- ㄹ걸 l-geol」形式は、〈連体形語尾＋形式名詞「것geos」＋目的格「을 eul」〉のような統語的構造を、「- ㄹ게 l-ge」形式は、〈連体形語尾＋形式名詞「것 geos」＋指定詞「이다 ida」〉のような統語的構造を持ったものが、形態的構造に変化し、さらに音韻的な縮約が起きて、固定化したものである。これら「- ㄴ걸 n-geol」「- ㄹ걸 l-geol」「- ㄹ게 l-ge」は、従来の研究では意味・機能及び文法化などの観点から論じられているが、それらの研究は韓国語の終結語尾全般を対象としているため、「- ㄴ걸 n-geol」「- ㄹ걸 l-geol」「- ㄹ게 l-ge」個々についての分析は詳しく行われていない。

　本章では、「- ㄴ걸 n-geol」「- ㄹ걸 l-geol」「- ㄹ게 l-ge」の統語的・音声的・

86　韓国語の終結語尾の体系に関しては、최현배（1965），윤석민（2000），한길（2004），李翊燮他（2004），국립국어원（2005a），徐正洙（2006）などを参照されたい。

意味的特徴を明らかにし、さらに連体形語尾 - ㄴ n, - ㄹ l が表す「現実」「非現実」が、これら三つの形式とどのような関係にあるかを考察する[87]。考察にあたっては、まず連体形語尾 - ㄴ n, - ㄹ l の対立のある「- ㄴ걸 n-geol」「- ㄹ걸 l-geol」形式から考察を行う。

6.2 「- ㄴ걸 n-geol」「- ㄹ걸 l-geol」の意味・機能

本節では連体形語尾 - ㄴ n, - ㄹ l の対立のある「- ㄴ걸 n-geol」「- ㄹ걸 l-geol」形式について考察を行う。連体形語尾の対立があることからすでに論じた連体修飾節や文末表現における分析とどのように関連するかを分析する。

6.2.1 先行研究の概観

終結語尾「- ㄴ걸 n-geol」「- ㄹ걸 l-geol」に関しては、高永根（1974a, 1976）をはじめ、안주호（1997）, 윤석민（2000）, 허웅（2002）, 유경민（2003）, 한길（2004）, 강현화（2008）, 최동주（2009）などの研究者によって意味用法や形態的・音韻的特徴, モダリティ機能, 文法化などに関する記述がなされている。

まず、윤석민（2000）では、「- ㄴ걸 n-geol」「- ㄹ걸 l-geol」を説明法と感嘆法とに分けて考察を行っている。説明法の場合、「- ㄴ걸 n-geol」は伝達する命題内容に対してその情報の真実性を強調するとし、これは「- ㄴ걸 n-geol」に含まれる連体形語尾 - ㄴ n が持つ「＋既定性」という意味特性によって、命題内容に対して話し手がその真実性に強い確信や信頼を持つかららであるとする。一方、「- ㄹ걸 l-geol」は伝達する命題内容に対して話し手が情報の真実性に、相対的に確信を持っていないことを表し、これは - ㄹ l が「＋未定性」の特性を持つことと関わり、事態に対する単純な推量を伝達する表現であるとする。また、感嘆法は「- ㄹ걸 l-geol」のみにあり、文に含まれる命題内容を単純に伝達するというより、伝達する情報に対しての話し手の主観的な判断を述べるとしている。それ故、感嘆法の命題内容

の主語は 1 人称という統語的な制約があるとする。

　その他の研究者による考察を見ると、「- ㄴ걸 n-geol」が表す意味については、「話し手自身の立場や行動を感嘆的に述べる」（高永根 1976，유경민 2003，국립 국어원 2005b など）、「話し手の主張を断定・強調する」（유경민 2003，白峰子 2004，국립국어원 2005b など）、「話し手の考えや気持ちをパンマル（반말 banmal/ 非格式体非丁寧形）で確認叙述する」（안주호 1997，한길 2004）などがある。一方、「- ㄹ걸 l-geol」についての先行研究の分析は、「過去に、実際にはそうできなかったことについての話し手の後悔や未練を表す」、または「確実ではない未来のことを単純に推量（推測）する」のように二つの用法があるという点で一致している。

　また、안주호（1997）と한길（2004, 2006）では、「- ㄴ걸 n-geol」「- ㄹ걸 l-geol」を文法化の観点から考察している。「- ㄴ걸 n-geol」「- ㄹ걸 l-geol」が感嘆法として悔恨の意味・機能を持つ場合は文法化の途中であるとし、終結語尾化への出発点にあるとしている。また、「- ㄴ걸 n-geol」「- ㄹ걸 l-geol」は、〈連体形語尾＋形式名詞「것geos」〉という統語的構造から形態素境界の再分析（reanalysis）により【- ㄴ / ㄹ # 것 > - ㄴ / ㄹ것（n/l # geos > n/l-geos）】という形態的構造に変化し、さらに、音韻的な縮約が起きて【것을>걸（geos-eul > geol）】といった形をとるとする（鄭鎬完 1987a，安明哲 1990，李智涼 1993，鄭在永 1996 など）[88]。안（1997）は、終結語尾「- ㄴ걸 n-geol」「- ㄹ걸 l-geol」の文法化過程を (1) のように示している（「#」は形態素境界を表す）。

(1) a.「- ㄴ걸 ngeol」：［［命題］ㄴ n # 것geos］을 eul > ［［命題］ㄴ n # 것을 geos-eul］> ［［命題］ㄴ걸 n-geo-l］

b.「- ㄹ걸 lgeol」：［［命題］ㄹ l # 것geos］을 eul > ［［命題］ㄹ l # 것을 geos-eul］> ［［命題］ㄹ걸 l-geo-l］

（안주호 1997: 228, (7"))

88　形式名詞「것geos」を含む「- ㄴ걸 n-geol」「- ㄹ걸 l-geol」は、融合による音韻・形態的な縮約現象が見られるが、この現象は文法化の現象の一つの特性である。Hopper & Traugott（1993: 103）によれば、文法化が進むと形態的に「重い（heavier）」単位から「軽い（lighter）」単位へ、そして音韻的に長く明瞭なものから短く不明瞭なものへ変化する傾向がある。

　一方、이희자・이종희（1999）と최동주（2009）では、「推測」を表す「- ㄹ걸 l-geol」は、「- ㄹ 걸세 l geolse」（<「- ㄹ＋것이＋ㄹ세（1 ＋ geos-i ＋ l-se)」）の「세 se」[89] の部分が切断され、新しい終結語尾になったものであると指摘しているが、本章では「- ㄴ걸 n-geol」「- ㄹ걸 l-geol」の成立過程については立ち入らない。

6.2.2　考察の観点と言語資料

6.2.2.1　考察の観点

　形式名詞「것geos」に由来する「- ㄴ걸 n-geol」「- ㄹ걸 l-geol」形式は、先行する連体形語尾と形式名詞「것geos」と目的格「을 eul」という三つの要素が固定化したものとして扱う。用法によっては完全に終結語尾化したと言えるものと完全には終結語尾化していないものがあるが、固定化することが終結語尾化の前提である。

　なお、本章での固定化・終結語尾化に対する区分は、以下の三つの判断基準による。

（ⅰ）「- ㄴ걸 n-geol」「- ㄹ걸 l-geol」文が主節の目的語として機能しているか否か。すなわち、目的格「을 eul」がまだその本来の機能を維持していれば固定化しているとは考えられず、当然終結語尾化もしていないと考える。

（ⅱ）通常の従属節での連体形語尾に現れない過去や未来を表す先語末語尾「- 었 -eoss」「- 겠 -gess」との連続が生じるか否か。連続が生じる場合は、固定化し且つ終結語尾化していると考える。

（ⅲ）「- ㄴ걸 n-geol」「- ㄹ걸 l-geol」が文の最終の要素か否か。上記の（ⅰ）（ⅱ）の基準を満たしていても、文の最終要素でなければ完全に終結語尾化していないと考える。

　以上の三つの基準によって、「- ㄴ걸 n-geol」「- ㄹ걸 l-geol」形式のそれぞれの用法が完全に終結語尾化しているか否かを区別する。それぞれの用法の終結語尾化については本論の各用法の分析の中で述べる。

89　「- ㄹ세 l-se」は、推測や意図を表す終結語尾である。

6.2.2.2 考察に用いる言語資料

「ーㄴ걸 n-geol」「ーㄹ걸 l-geol」形式の特徴について分析・考察を行うために、デジタル化されたテキストの用例を用いた。考察に用いた言語資料は、CD-ROM『21 세기 세종계획 최종 성과물（21 世紀世宗計画最終成果物）』(2007)[90] と KBS ドラマシナリオ（6 本：60 分 /268 回分）である。この二つの資料から、まず「걸 geol」「껄 kkeol」[91] でマッチする用例を Em Editor を用い、検索した後に一文ずつチェックし、今回の考察対象となる用例に絞り込んだ。その際、6.2.2.1 で示した固定化・終結語尾化の基準に基づいて、(2)(3)のように形式名詞「것geos」が代名詞として機能する用例や(4)の名詞化機能として従属節が主節の目的語として機能する用例は、基準（ⅰ）（ⅲ）により終結語尾と認めないものであり、考察対象から外した。

(2)　애들 먹일 걸 왜 손 대！(Vol. 5)

　　　ae-deul　　meogi-l　　　　geo-l　　wae　son dae!
　　　子供 - 達　　食べさせる -ADN geos-ACC 何　　手　付ける -INT
　　　子供たちに食べさせる<u>もの</u>に何で手を付けるの！

(3)　밥은 약간 진 걸 좋아하구．(Vol. 5)

　　　bab-eun　　yaggan　ji-n　　　　　geo-l　　johaha-gu.
　　　ご飯 -TOP　少し　　軟らかい -ADN geos-ACC 好む - て -INT
　　　ご飯は少し軟らかい<u>の</u>が好きで。

(4)　이렇게 떠나게 된 걸 용서하세요．(Vol. 5)

　　　ileoh-ge　　tteona-ge　　doe-n　　geo-l　　yongseoha-se-yo.
　　　この - ように 離れる - ようになる -ADN　geos-ACC 許す -IM-POL2
　　　このように離れるようになった<u>こと</u>を許してください。

---

90 考察に用いたコーパス資料は、CD-ROM『21 세기 세종계획 최종 성과물』に収められている［口語コーパス］200 ファイル全てと、［文語コーパス］2109 ファイルのうち小説やドラマシナリオ・映画シナリオからランダムに選んだ 213 ファイルである。言語資料の詳細は巻末に記す（＜資料Ⅱ＞を参照）。

91 「걸 geol」の検索においては、一般的に「걸 geol」は，子音語尾の後ろに来る場合、「껄 kkeol」に発音されること、また、書籍などでは発音通りに書く場合もあるため、「걸 geol」「껄 kkeol」の二つの形式について検索を行った。

このような手順で抽出した結果、世宗コーパスでは795例、ドラマでは193例で、合わせて988例が得られた。

表6-1 考察に用いる用例数

	世宗 [口語]	世宗 [文語]	ドラマ	合計
「-ㄴ걸n-geol」	28	326	70	424
「-ㄹ걸l-geol」	145	296	123	564
合計	173	622	193	988

6.2.3 「-ㄴ걸 n-geol」 の統語的・音声的・意味的特徴

本節では、話し手が言及しようとする事態に注目し、「-ㄴ걸 n-geol」形式について分析を行う。発話時において「-ㄴ걸 n-geol」が示す事態が「確認済みの既定事態」（I型とする）と「今ここで初めて知覚した事態」（II型とする）とがあり、これを基準に分類し考察する。

まず、「-ㄴ걸 n-geol」の統語的特徴としては、上記のI型・II型とも述語には制限がない。また、I型の「-ㄴ걸 n-geol」は、(5)のように過去を表す先語末語尾「-었 -eoss」と主体尊敬の先語末語尾「-시 -si」との共起に関しても制限がない[92]。

(5) a. 그렇지만 저는 애기 때문에 가장 조용한 곳을 택했는걸요? (2CJ00005)
 geuleohjiman jeo-neun aegi ttaemun-e gajang joyongha-n gos-eul
 でも 私-TOP 子供 ため-に 最も 静か-ADN 所-ACC
 taeghae-ss-neun-geo-l-yo?
 選ぶ-PST-ADN-geos-ACC-POL2
 でも私は子供のために最も静かなところを選んだんです。

b. 그림 그리기 싫으실 땐 늘 그러시는걸요. (BREO0302)
 geulim geuli-gi silh-eusi-l ttae-n neul geuleo-si-neun-geo-l-yo.
 絵 描く-NOM 嫌だ-SH-ADN 時-ADN いつも そう-SH-ADN-geos-ACC-POL2
 絵を描くのが嫌な時はいつもそうされるんですよ。

---

92 I型は，過去を表す「-었 -eoss」は，〈었＋는걸（eoss + neun-geol）〉（動詞25例，形容詞5例，存在詞3例）、〈었＋던걸（eoss + deon-geol）〉（動詞2例，形容詞1例，存在詞1例）の形式で現れ，複合形式 -는 neun と -던 deon と共起している。また、主体尊敬を表す「-시 -si」と共起する例が10例見られた。

　一方、Ⅱ型の「-ㄴ걸 n-geol」は、過去を表す先語末語尾「-었 -eoss」との共起においては制限が見られ、(6a)のような状態性動詞の場合にのみ共起する。また、未来を表す先語末語尾「-겠 -gess」とも共起する[93]。

(6) a. 병원은 좀 어때? 아직도 많이 바쁘지? 얼굴이 좀 상했<u>는걸</u>. (BREO0306)

　　byeongwon-eun jom　　　eottae? ajig-do manhi bappeu-ji? eolgul-i
　　病院-TOP　　　　ちょっと どう-INT-Q 今-も 結構　 忙しい-FIN-Q 顔-NM

　　jom　　sanghae-ss-neun-geo-l.
　　ちょっと やつれる-PST-ADN-geos-ACC-INT

　　病院はどう。今もけっこう忙しいよね。顔がちょっと<u>やつれているな</u>。

　b. 히야, 이쪽이 더 재미있<u>겠는걸</u>？(2CJ00001)

　　hiya,　ijjog-i　　　deo　jaemiiss-gess-neun-geo-l?
　　ヒヤー こっち-NM　　もっと　面白い-そう-ADN-geos-ACC-INT

　　ヒャー、こっちがもっと<u>面白そうだ（な）</u>。

　今回のコーパスデータでは、「-ㄴ걸 n-geol」の全用例424例のうち、Ⅰ型の用例は311例あり、Ⅱ型の用例は113例あった。

表6-2　　「-ㄴ걸n-geol」に前接する用言の種類別用例数

	動詞	形容詞	指定詞	存在詞	引用形式	合計
Ⅰ型	161	55	63	24	8	311
Ⅱ型	65	29	17	2	0	113
合計	226	84	80	26	8	424

　Ⅰ型は、「-ㄴ걸 n-geol」(非格式体非丁寧形)192例と、「-ㄴ걸요 n-geol-yo」(非

93　Ⅱ型では、過去を表す「-었 -eoss」は、〈었＋는걸（eoss + neun-geol）〉の形式で現れ、すべて状態性動詞とのみ共起している（10例）。また、未来を表す「-겠 -gess」は、〈겠＋는걸（gess + neun-geol）〉の形式で現れ、全体の動詞65例のうち、37例で50％を占めている。その他、形容詞7例、指定詞1例で、合計45例が見られた。また、連体形語尾との共起関係をみると、形容詞，指定詞，存在詞の場合は、複合形式-는 neunとのみ共起し、動詞の場合では、-는 neun は17例であり、-ㄴ は1例である。なお、-ㄴ と共起した動詞は状態性動詞である。

格式体丁寧形) 119 例が用いられ、聞き手が誰であるかによって使い分けられる[94]。一方、Ⅱ型は、「- ㄴ걸 n-geol」（非格式体非丁寧形）が 111 例、「- ㄴ걸요 n-geol-yo」（非格式体丁寧形）は 2 例であった。

　このように「- ㄴ걸 n-geol」形式は、その事態が Ⅰ 型「確認済みの既定事態」であるか、Ⅱ型「今ここで初めて知覚した事態」であるかによって、統語的性質も異なることがわかる。この二つの類型では、その用法上での違いによって、先行の発話に対する返答の中で用いられる対話的な性質を持つものと、専ら話し手の主観的な感情を表し、独り言でも用いられるものとに分かれる。

　以上のような統語的な特徴を踏まえた上で、「- ㄴ걸 n-geol」形式の音声的・意味的特徴を Ⅰ 型と Ⅱ 型とに分けて分析する。

6.2.3.1　確認済みの既定事態

　Ⅰ 型の 「- ㄴ걸 n-geol」 が示す事態は、発話時において話し手にとっては直接経験した確認済みの既定事態であり、先行の発話に対する返答の中で用いられ、疑問文のように上昇イントネーションを伴い発話されるという特徴がある[95]。

　次の (7)(8)(9) は、話し手の習慣あるいは繰り返し行われる事態を基に、話し手が別の事態の理由や背景的状況の説明をしている。

(7)　A: <u>맨날 교수가 되가지고 만화책만 보고</u> . (Vol. 2)

　　　<u>maennal</u>　gyosu-ga　doegaji-go　manhwa-chaeg-man　bogo,
　　　いつも　　教授 -NM　なる - て　　マンガ - 本 - ばかり　　見る - て
　　　いつも教授になってもマンガばかり見て。

94　非格式体丁寧形「- ㄴ걸요 n-geol-yo」「- ㄹ걸요 l-geol-yo」は、聞き手が話し手より目上の人、あるいは目下の人であっても親しくない人に使う形式であり、非格式体非丁寧形「- ㄴ걸 n-geol」「- ㄹ걸 l-geol」は、同年代及び目下の人、あるいは目上の人であっても親しい人に使う形式である。

95　一部の用例には疑問符「？」が用いられているが、これは疑問文を表すのではなく、ここでの疑問符は上昇イントネーションを示すものである。「- ㄴ걸 n-geol」「- ㄹ걸 l-geol」文のイントネーション判断には、筆者を含め 13 名の韓国語母語話者に判断を仰いだ。

B: (本ばかり見て) 어쩌냐, 만화책이 재밌는걸.

eojjeonya, manhwa-chaeg-i jaemiss-neun-geo-l.
だって　　マンガ - 本 -NM　面白い -ADN-geos-ACC-INT
だって、マンガ本が面白いんだもの。

(8) A: 너 …… 아저씨 말씀 못 들었니? 힘든 일 하나 두 하지 말구 …… (Vol. 5)

neo　ajeossi malsseum mos deul-eoss-ni? himdeun il　hana-du
あなた おじさん お話　　　NEG 聞く -PST-INT-Q 大変　　仕事　一つ - も
ha-ji　　mal-gu.
する -NOM　NEG- て
あなた …… おじさんのお話、聞かなかったの。大変な仕事は一つもし
ないで ……

B: 힘든 일 아니에요. 늘 하던 일인걸요. 부모님이 늘 바빠서 집안일을 많이
도와드렸어요.

himdeun il　ani-eyo.　neul　ha-deon　il-i-n-geo-l-yo.
大変　　仕事 NEG-POL2 いつも する -ADN 仕事 -COP-ADN-geos-ACC-POL2
bumonim-i neul　bappa-seo jibanil-eul manhi　dowa-deuly-eoss-eoyo.
両親 -NM　いつも 忙しい - て　家事 -ACC　たくさん 手伝う - あげる -PST-POL2
大変な仕事じゃないです。いつもしていた仕事なんですから。両親
がいつも忙しくて家事をたくさん手伝いました。

(9) 　(その科目はほとんど勉強しなかったという B の発言に)

A: 공부를 왜 안 했어? (4CM00011)

gongbu-leul wae an　hae-ss-eo?
勉強 -ACC　何　NEG する -PST-INT-Q
勉強を何でしなかったの。

B: 아니 뭐~ 평소에 수업시간에 하는걸 뭐~.

ani mwo pyeongsoe sueobsigan-e ha-neun-geo-l　mwo.
ま～ 何 普段　　授業時間 - に する -ADN-geos-ACC 何
ま～ね～、普段授業時間にするからね～。

　次の (10) は「今、知り合いである」という現在の事態についての説明、
(11) は相手とは違う理由でこのアパートを選んだことを説明している。(10)
と (11) の例は、どちらも発話時における命題の事態は発話時以前であり現

実である。また、「- ㄴ걸 n-geol」 文に 「- 었는걸 eoss-neun-geol」 が連続していることから、この 「- ㄴ걸 n-geol」 は完全に終結語尾化していることがわかる。また 〈動詞＋ㄴ걸 n-geol〉 形式と 〈動詞＋었는걸 eoss-neun-geol〉 形式との意味を比較すると、〈動詞＋었는걸 eoss-neun-geol〉 の方は過去を表す 「-었 -eoss」 が用いられることにより、判断の基となる事態が過去の事態であることが明示され、話し手の主張がさらに強調されている [96]。

(10) A. 아니 …… 두분 아시는 사이세요 ?　（Vol. 5）

　　　　ani　du-bun　a-si-neun　　sai-se-yo?
　　　　あれ　二人 - 方　知る -SH-ADN　間柄 -SH-POL2-Q
　　　　あれ …… お二人ご存知の間柄なんですか。

　　 B. 알다 뿐인가요 ? 얘 요만 할 때부터 한동네서 <u>산걸요</u> .

　　　　alda　ppun-i-n-ga-yo?　　　　　yae　　yoman　　ha-l　　　ttae-buteo
　　　　知っているのみ -COP-ADN-POL2-Q この子　この - くらい　する -ADN　時 - から
　　　　han-dongne-seo　sa-n-geo-l-yo.
　　　　同じ - 町 - で　　暮らす -ADN-geos-ACC-POL2
　　　　知っているなんてもんじゃないですよ。この子、このくらいの時から同じ町内で暮らして<u>たんですよ</u>。

(11) 　（わざと、この団地の中で一番うるさいところを選んだという、初めて会ったおばさんの話に）

　　　　그렇지만 저는 애기 때문에 가장 조용한 곳을 <u>택했는걸요</u> ?　（(5a) 再掲）

　　　　geuleohjiman　jeo-neun　aegi　ttaemun-e　gajang　joyongha-n　gos-eul
　　　　でも　　　　　私 -TOP　子供　ため - に　最も　静か -ADN　所 -ACC
　　　　taeghae-ss-neun-geo-l-yo?
　　　　選ぶ -PST-ADN-geos-ACC-POL2
　　　　でも私は子供のために最も静かなところを選ん<u>だんです</u>。

---

96 안주호 (1997), 유경민 (2003) では、〈動詞＋ㄴ걸 n-geol〉 形式は全て非文であると記述している。また、허웅 (2002) では、〈動詞＋ㄴ걸 n-geol〉 は 〈動詞＋었는걸 eoss-neun-geol〉 と両立できると言う。최동주 (2009) でも両方の形式を認めている。今回のコーパスデータで、I 型の 「- ㄴ걸 n-geol」 文では、〈動詞＋ㄴ걸 n-geol〉 形式が 36 例、〈動詞＋었는걸 eoss-neun-geol〉 形式が 25 例あった。この 〈動詞＋ㄴ걸 n-geol〉 と 〈動詞＋었는걸 eoss- neun-geol〉 形式の使用について、筆者を含め 13 名の韓国語母語話者の内省の結果、両形式は使用可であるが、〈動詞＋었는걸 eoss-neun-geol〉 の方が話し手の主張がより強く表れ、強調されるという判断の結果が出た。

　また、(12) のように引用文が前接する場合は、引用した内容は話し手が直接聞いた事実の内容、すなわち現実の事態と言え、話し手にとって確認済みの既定の事態である（8 例）。

(12)　　（他の子たちは交通費が支給されるのに、うちの子たちはなぜ支給されないのか、教育庁に問い合わせをしたという B の話に）

　　A: 학교에다 문의 안했어 ？ （BREO0295）

　　　 haggyo-eda　munui　　　an-hae-ss-eo?
　　　 学校 - に　　問い合わせ　NEG- する -PST-INT-Q
　　　 学校に問い合わせしなかったの。

　　B: 왜 안해 . 수차례 전화하고 찾아가도 자기들은 모르는 일이라고 하는걸 .

　　　 wae an-hae.　　　su-chalye jeonhwaha-go chajga-do　jagi-deul-eun
　　　 何　NEG- する -INT　数 - 回　　電話する - て　訪ねる - も　自分 - 達 -TOP
　　　 moleu-neun　il-i-lago　　ha-neun-geo-l.
　　　 知らない -ADN こと -COP- と　する -ADN-geos-ACC-INT
　　　 しないわけないよ。何回も電話し、訪ねて行っても自分たちは分からないということなんだよ。

　次の (13)(14) の例は、- ㄴ n の複合形式 - 던 deon が用いられた「- 던걸 deon-geol」形式である。(13) の「- 던걸 deon-geol」は経験した当時の事実であり、(14) の「- 었던걸 eoss-deon-geol」は経験当時、すなわち昨日の時点ですでにお酒を飲むという動作は完了している。話し手はミニョンの様子（顔・匂い・行動など）から確認した事実を基に、お酒を飲んだという発話時における確認済みの既定事態を、確実な情報として伝えている [97]。

(13)　　（ミンジュンソ君がスオクさんの夫になるという話を聞いて）

　　A: 준서 ...... 가요 ？ （Vol. 5）

　　　 Junseo　　ga-yo?
　　　 ジュンソ -NM-POL2-Q
　　　 ジュンソ ...... がですか。

97　(13)(14) の「- 던걸 deon-geol」には人称制限が見られ、主語が 1 人称の場合は非文となる点で、人称制限がなく直接経験していない出来事を述べることが可能な従属節の - 던 deon とは異なる。この「- 던걸 deon-geol」は回想法の先語末語尾 - 더 deo と同様のも

B: 예 ...... 수옥씨던가 ...... 두 사람 아주 잘 어울리던걸요 .

ye. Suog-ssi-deonga du salam aju jal eoulli-deon-geo-l-yo.
はい スオク - さん - か -INT 二 人 とても 良く 似合う -ADN-geos-ACC-POL2
はい ...... スオクさんだったかな ...... 二人とても良くお似合いでしたよ。

(14) （石膏像が落ちて壊れているのを見て、ミニョンが壊したのではない
かと疑っている場面）

A: 아니다 . 민영이가 그랬을 리가 없어 . （Vol. 1）

ani-da. Minyeongi-ga geulae-ss-eul li-ga eobs-eo.
違う -DEC ミニョン -NM そうする -PST-ADN はず -NM NEG-INT
違う。ミニョンがそうした（壊した）はずがない。

B: 어제 분명히 그쪽에서 오는 걸 봤어요 . 술까지 많이 드셨던걸요 ?

eoje bunmyeonghi geujjog-ese o-neun geo-l bwa-ss-eoyo.
昨日 確かに そっち - から 来る -ADN geos-ACC 見る -PST-POL2
sul-kkaji manhi deusy-eoss-deon-geo-l-yo?
酒 - まで たくさん 召し上がる -PST-ADN-geos-ACC-POL2
昨日確かにそっちから来るのを見ました。お酒までたくさん召し上
がっていたんですよ。

次の (15)(16) は、話し手が聞き手の発話内容に関わる点に特徴がある。
相手の発話内容を否定するような情報を述べるため、語用論的な解釈によ
り異議や反論と捉えやすくなる。

(15) A: 물병에 무엇인가를 털어 넣는 걸 봤어 . （CJ000245）

mulbyeong-e mueos-i-nga-leul teol-eo neoh-neun geo-l bwa-ss-eo.
水差し - に 何 -COP - か -ACC はたく - て 入れる -ADN geos-ACC 見る -PST-INT
水差しに何かをはたいて入れるのを見たよ。

B: 또 헛것을 보셨군요 . 전 물병을 만지지도 않았는걸요 .

tto heosgeos-eul bo-sy-eoss-gun-yo. jeo-n mulbyeong-eul manji-ji-do
また 幻覚 -ACC 見る -SH-PST-FIN-POL2 私 -TOP 水差し -ACC 触る -NOM - も
anh-ass-neun-geo-l-yo.
NEG-PST-ADN-geos-ACC-POL2
また幻覚をご覧になったんですね。私は水差しに触ってもないんです。

のであると言える。本稿では、この「- 던걸 deon-geol」を先語末語尾 - 더 deo に
「- ㄴ걸 n-geol」がついたものと捉える。

(16) A: 저 여편네 어디루 보나 샤리 눈에 차겠어 ? 주제파악 못하구 괜히 몸 함부
로 굴리다 들러붙는 거지 . (Vol. 5)

jeo yeopyeonne eodi-lu bo-na Syali nun-e cha-geoss-eo?
あの 女 どこ - から 見る - ても シャリ 目 - に かなう - だろう -INT-Q

juje-paag mos-ha-gu gwaenhi mom hambulo gulli-da
身の程 - 把握 NEG- する - て 訳もなく 身 むちゃに 持ち崩す - て

deulleobut-neun geo-ji.
しがみつく -ADN geos-(COP)-FIN-INT

あの女どこから見てもシャリのお目にかなわないね。立場をわきま
えず、訳もなく身を持ち崩してしがみつくでしょう。

B: 그런 여자루 안 보이던걸 ?

guleo-n eoja-lu an boi-deon-geo-l?
そういう -ADN 女 - に NEG 見える -ADN-geos-ACC-INT

そんな女に見えなかったんだよ。

また、(17)(18) のように「- ㄴ걸 n-geol」に「어떡하다（eotteogha-da/ どう
いうふうにする）」[98] が後接した用例が 42 例あった。この「어떡하다（どう
いうふうにする）」を「- ㄴ걸 n-geol」に続け相手の発話内容を否定するよう
な情報を述べる場合、聞き手に対する明確な異議や反論として用いられる。

(17) （B は自分が描いた絵をじっと見て、突然ばりばりと破ってしまう）

A: 임마 , 찢어버리면 어떡해 ? (Vol. 1)

imma, jjij-eo beoli-myeon eotteoghae?
お前 破る - しまう - たら どうする -INT

お前、破ってしまったらどうするの。

B: 맘에 안드는걸 어떡해 ? 미안해 . 죄송해요 큰아빠 .

mam-e an-deu-neun-geo-l eotteoghae? mianha-e, joesonghae-yo
気 - に NEG- 入る -ADN-geos-ACC どうする -INT ごめん -INT ごめんなさい -POL2

keun-appa.
伯父さん

気に入らないんだもの、どうしろって言うの。ごめん。ごめんなさい、
伯父さん。

---

98 「어떡하다 (eotteogha-da)」は、「어떠하게 하다 (eotteoha-ge ha-da)」が縮約された形式である。

(18) A: 아직 (반상회) 시작 안했죠？ (Vol. 1)

  ajig sijag an hae- ss-jyo?

  まだ 始まる NEG する -PST-FIN-POL2-Q

  まだ（町会）始まっていないですよね。

 B: 야 , 니네 집은 또 니가 왔냐？

  ya, ni-ne jib-eun tto ni-ga wa-ss-nya?

  やあ お前 - の 家 -TOP また お前 -NM 来る -PST-INT-Q

  やあ、お前の家はまたお前が来たの。

 A: 아무도 안 온다는걸 어떡해요？

  amu-do an o-n-da-neun-geo-l   eotteoghae-yo?

  誰 - も NEG 来る -PRE-DEC-AND-geos-ACC どうする -POL2

  誰も来ないと言うもの（を）どうしろって言うんですか。

　(17)(18) の用例では、「- ㄴ걸 n-geol」が「- 는것을 neun-geos-eul」のように分析され、例えば「그것을 어떡하다（geugeos-eul eotteogha-da/ それをどういうふうにする）」のように、「- 는것을 neun-geos-eul」の「을 eul」は「그것을（geugeos-eul/ それを）」の目的格の「을 eul」と同種のもので、「- ㄴ걸 n-geol」文全体が後件の「어떡하다（どういうふうにする）」の目的語として働いているとも考えられる。しかし、この「어떡하다（どういうふうにする）」がなくても、(17')(18') のように「- ㄴ걸 n-geol」文として成立する。

 (17') B: 맘에 안드는걸？

  mam-e an-deu-neun-geo-l?

  気 - に NEG- 入る -ADN-geos-ACC-INT

  気に入らないんだもの。

 (18') A: 아무도 안 온다는걸요？

  amu-do an o-n-da-neun-geo-l-yo?

  誰 - も NEG 来る -PRE-DEC-ADN-geos-ACC-POL2

  誰も来ないと言うものを。

また、意味的にも話し手の異議や反論を表わすことから、この「어떡하다

（どういうふうにする）」は必須の要素ではないが、話し手が聞き手に対する異議や反論をより際立たせる付加的な要素であるとも考えられる。しかし、「-ㄴ걸 n-geol」に「어떡하다（どういうふうにする）」のような表現が加えられることで、聞き手に問いかけて話し手に選択肢がないことを、聞き手に再確認させることになる。そのため、より強い話し手の反論と捉えられるのである。

　以上のことから「-ㄴ걸 n-geol」に「어떡하다（どういうふうにする）」が続く文は、固定化はしているものの完全には終結語尾化していない用例と考える。

6.2.3.2　今ここで初めて知覚した事態

　Ⅱ型の「-ㄴ걸 n-geol」は、今ここで初めて知覚した事態である。このⅡ型の「-ㄴ걸 n-geol」は、専ら話し手の感情を表し、独り言でも用いられる。今ここで初めて知覚したことをあえて言語化することで、話し手の期待に反する意外性から生じる「驚き，感嘆，気づき」などが表される。そのためⅠ型と同様に、疑問文のような上昇イントネーションで発話される[99]。

　次の用例は、話し手の期待に反する意外性から生じる驚き(19)(20)や、気づき(21)(22)を表す。

(19) A: 규, 규혁 오빠？（BREO0292）

　　　Gyu, Gyuhyeog　oppa?
　　　ギュ　ギュヒョク　兄
　　　ギュ、ギュヒョックお兄さん。

　　B: 이런 데서 만나다니 정말 뜻밖인걸？

　　　ileo-n　　　de-seo manna-dani　jeongmal tteusbakk-i-n-geo-l?
　　　こういう -ADN 所 - で　会う - とは　本当　　意外 -COP-ADN-geos-ACC-INT
　　　こんな所で会うとは本当に意外だね。

(20) A: 어 ...... 우비 아냐！（Vol. 1）

　　　eo　ubi　a-nya!
　　　あれ 合羽　NEG-INT
　　　あれ ...... 合羽じゃない！

99　Ⅰ型の「-ㄴ걸 n-geol」と同様に、一部の用例には疑問符「？」が用いられているが、これは疑問文を表すのではなく、上昇イントネーションを示すものである。

B:　어 ? 어 ...... 피 필요해서 샀어 !

eo?　eo　pi　pilyeohae-seo　sa-ss-eo!
うん　あ　ひ　必要 - から　　買う -PST-INT
うん、あ ...... ひ、必要だから買ったの！

A:　이걸 다 ? 스무 별도 넘<u>는걸</u> ?

igeo-l　　　da?　　seumu　beol-do　neom-<u>neun-geo-l</u>?
これ -ACC　全部　　二十　　着 - も　　超える -ADN-geos-ACC-INT
これを全部？二十着も越えてる<u>よ</u>。

(21)　（最近のコソ泥は宵の口と夜明けに仕事をし、その年齢は 7 歳から
　　　70 歳までという話を聞いて）（CJ000241）
　　　이렇게 광범위한 연령층에 걸쳐 좀도둑이 성행하고 있을 줄은 몰랐<u>는걸</u> .

ileoh-ge　gwangbeomwiha-n　yeonlyeong-cheung-e　geolchyeo　jom-dodug-i
この - ように　広範囲 -ADN　　　年齢 - 層 - に　　　　　わたって　コソ - 泥 -NM
seonghaengha-go iss-eul　jul-eun　　molla-ss-<u>neun-geo-l</u>.
蔓延する - いる -ADN　　　NOM-TOP　知らない -PST-ADN-geos-ACC-INT
こんなに広範囲な年齢層にわたって、コソ泥が蔓延していることは
知らなかった<u>な</u>。

(22)　（友達につづいて切符売り場で切符を買おうとして）
　　　아차 ! 지갑이 없<u>는걸</u> ?（2CJ00052）

acha!　　jigab-i　　eobs-<u>neun-geo-l</u>?
しまった　財布 -NM　NEG-ADN-geos-ACC-INT
しまった。財布がない<u>よ</u>。

　上記のように、Ⅱ型の「- ㄴ걸 n-geol」の事態は、今ここで初めて知覚
したことであり、現実の事態であるため、「現実」の事態を表す - ㄴ n が
用いられている。このようなⅡ型の「- ㄴ걸 n-geol」の事態には、今ここ
で初めて知覚したことと、今ここで初めて知覚してそこから推論したこと
とがある。次の (23)(24)(25) は、今ここで初めて知覚した「重くなったこ
と」「やつれたこと」「板についたこと」に、「- 었는걸 eoss-neun-geol」が
付いている。

(23)　（パパのように背が大きくなるかと聞く息子にパパが）

　　　그럼 ?（번쩍 들어 안고）재동이는 밥도 잘 먹으니까 아빠보다 훨씬 더 클걸 ? 어우 , 벌써 무거워<u>졌는걸</u> ?（Vol. 4）

　　　geuleom? Jaedongi-neun bab-do　jal　meog-eunɪkka appa-boda hwolssin
　　　勿論　　ゼドン-TOP　ご飯-も　よく　食べる-から　パパ-より　ずっと
　　　deo　keu-l-geo-l? eou,　beolsseo mugeowo-jy-eoss-neun-geo-l?
　　　もっと 大きい-ADN-geos-ACC-INT わー もう　重い - なる -PST-ADN-goes-ACC-INT
　　　もちろん。（さっと抱き上げて）ゼドンはご飯もよく食べるからパパ
　　　よりずっと大きくなるだろう。わー、もう重くなった<u>ね</u>。

(24)　병원은 좀 어때 ? 아직도 많이 바쁘지 ? 얼굴이 좀 <u>상했는걸</u> .

　　　byeongwon-eun jom eottae?　ajig-do manhi bappeu-ji?　eolgul-i
　　　病院-TOP　ちょっと どう-INT-Q 今-も　結構　忙しい-FIN-Q 顔-NM
　　　jom　sanghae-ss-neun-geo-l.
　　　ちょっと やつれる-PST-ADN-geos-ACC-INT
　　　病院はどう。今もけっこう忙しいよね。顔がちょっとやつれている<u>な</u>。
　　　　　　　　　　　　　　　　　　　　　　　　　　　　（BREO0306）

(25)　（新入社員の時からＡを見てきた社長が、セールスしているＡを見て）
　　　제법 틀이 <u>잡혔는걸</u> ?（Vol. 4）

　　　jebeob teul-i　jabhy-eoss-neun-geo-l?
　　　結構　型-NM 整う-PST-ADN-geos-ACC-INT
　　　結構板についてきた<u>ね</u>。

　一方、次の (26)(27)(28) の場合は、ゲームの機械を「見て」、幼稚園のことや家のことを「聞いて」、そこから推論したこと（「面白い」「静かになる」「素敵な家だ」）に、「- <u>겠는걸</u> gess-neun-geo」が付いている。

(26)　（隣りのゲーム機械を見て）
　　　히야, 이쪽이 더 <u>재미있겠는걸</u> ?（2CJ00001）

　　　hiya, ijjog-i　deo　jaemiiss-gess-neun-geo-l?
　　　ヒヤー こっち-NM もっと 面白い- そう -ADN-geos-ACC-INT
　　　ヒャー、こっちがもっと面白そうだよ。

(27)　（アパートの上の階に住んでいる子供たちがいるといつもうるさい。
　　　その子供が幼稚園に通っているということを夫から聞いて）

　　　　그럼 큰애가 유치원에 간 동안은 좀 조용하겠는걸？（BREO0296）

geuleom keun-ae-ga　　yuchiwon-e ga-n　　dongan-eun jom
じゃ　　上-ADN-子-NM 幼稚園-に　　行く-ADN 間-TOP　　ちょっと
joyongha-gess-neun-geo-l?
静か-そう-ADN-geos-ACC-INT
じゃ、上の子が幼稚園に行っている間はちょっと静かになる<u>ね</u>。

(28)　　（10億ウォンの家を見てきたという話を聞いて）
　　　　와우～정말 멋진 집이었겠는걸！ [100]

wau　jeongmal meosjin　　jib-i-eoss-gess-neun-geo-l!
ワー　本当　　素敵-ADN　家-COP-PST-そう-ADN-geos-ACC-INT
ワー、ほんとに素敵な家だった<u>んだよね</u>！

　　(26)(27)(28)の「-겠는걸 gess-neun-geol」が示す事態は、今ここで初めて知覚したことから推論したものであり、推論の基となる事態は現実の事態である。そのため、-ㄴ n の複合形式-는 neon が用いられ、「-겠는걸 gess-neun-geol」文全体は「確実な情報」を表す [101]。
　　今ここで初めて知覚したⅡ型の「-ㄴ걸 n-geol」文には、(23)～(28)のように通常の連体形には現れない「-었는걸 eoss-neun-geol」や「-겠는걸 gess-neun-geol」が連続しても非文とはならないことから、Ⅱ型の「-ㄴ걸 n-geol」文は完全に終結語尾化していると言える。

6.2.3.3　まとめ

　　以上、「-ㄴ걸 n-geol」形式の統語的・音声的・意味的特徴を見た。この「-ㄴ걸 n-geol」は、発話時において直接経験した「確認済みの既定事態」（Ⅰ型）と「今ここで初めて知覚した事態」（Ⅱ型）とに分けられる。

100　http://blog.naver.com/esluxmea　（アクセス日 2010.01.28)
101　최동주（2009: 233）では、「-겠는걸 gess-neun-geol」は話し手が推測して述べる際に用いられる形式であるとし、「-ㄹ걸 l-geol」との関係に言及している。前者は話し手が持っている根拠を聞き手も持っていると信じている場合に用いられ、後者は話し手が持っている根拠を聞き手は持っていないと信じている場合に用いられるとする。しかし、用例(26)(27)(28)のように先語末語尾「-겠 -gess」が共起している「-겠는걸 gess-neun-geol」は、話し手が今ここで直接知覚したことから推論し述べるものであり、「-ㄹ걸 l-geol」は、今ここで直接知覚したことから推論することはできない（「-ㄹ걸 l-geol」については6.2.4で詳しく論じる）。

　「−ㄴ걸 n-geol」形式の統語的な特徴としては、Ⅰ型の場合には述語に制限がなく、過去を表す「- 었 -eoss」や主体尊敬の「- 시 -si」とも共起できる。一方、Ⅱ型の場合は述語には制限がないが、「- 었 -eoss」と共起する場合には制限が見られ、状態性動詞とのみ共起する。また未来を表す「 겠 -gess」とも共起する。

　また、Ⅰ型の「−ㄴ걸 n-geol」は、話し手が習慣的あるいは繰り返し行う事態、確認済みの過去の事態、現在の事態であり、全て話し手が直接経験した事態である。Ⅱ型の「−ㄴ걸 n-geol」は、今ここで初めて知覚した事態であり、Ⅰ・Ⅱ型ともに本稿で言うところの「現実」の事態である。そのため、「現実」の事態を表す - ㄴ n が用いられており、「−ㄴ걸 n-geol」文全体で表される内容を、話し手は「確実な情報」として聞き手に伝えるのである。

　Ⅰ型の場合は、先行の発話に対する返答の中で用いられる対話的性質を持つものであり、聞き手が知らないと思われる情報及び、聞き手が誤った認識を持っていると思われる事柄に関するものであれば、理由・状況などを提示することになる。また、聞き手の発話内容を否定するような情報を述べる際には、語用論的な解釈により異議や反論と解されやすくなる。一方、Ⅱ型の場合は、専ら話し手の感情を表し独り言でも用いられるが、今ここで初めて知覚したことをあえて言語化することで、話し手の期待に反する意外性から生じる「驚き，感嘆，気づき」などに解されやすい。そのため、このⅡ型は音声的に上昇イントネーションを伴い発話されるという特徴がある。一方のⅠ型も上昇イントネーションを伴い発話されるが、この場合は聞き手に問いかけ再確認を要求することで、強く主張したり説得したりする効果が生じる。

6.2.4　「−ㄹ걸 l-geol」の統語的・音声的・意味的特徴

　本節では「−ㄴ걸 n-geol」と同様に、話し手が言及しようとする事態に注目し、「−ㄹ걸 l-geol」形式の分析を行う。発話時において「−ㄹ걸 l-geol」が示す事態が「確認していない・できない事態」（Ⅰ型とする）であるか、「反事実が確認済みの事態」（Ⅱ型とする）であるかに分類でき、この二つの類型をもとに考察を行う。

　まず、「−ㄹ걸 l-geol」の統語的特徴としては、Ⅰ型の「−ㄹ걸 l-geol」は述語に制限がなく、(29) のように過去を表す「- 었 -eoss」のみならず、主体尊

敬を表す「- 시 -si」とも共起し、人称制限もない。

(29) a. 언니라고 그런 애 한 명도 없<u>었</u>을걸？（7CM00026）

　　　 eonni-la-go　　　 geuleo-n　　　 ae han myeong-do eobs-<u>eoss</u>-eul-geo-l.
　　　 姉さん -COP- と そういう -ADN　子　一　人 - も　　　 NEG-PST-ADN-geos-ACC-INT
　　　 お姉さんって、そんな子一人もいなかった<u>と思うよ</u>。

　 b. 이해 못 하<u>실</u>걸요．어머닌．（CJ000239）

　　　 ihae mos ha-<u>si</u>-l-geo-l-yo.　　　　　　 eomoni-n.
　　　 理解　NEG　する -SH-ADN-geos-ACC-POL2 お母さん -TOP
　　　 ご理解できない<u>でしょう</u>。お母さんは。

　一方、Ⅱ型の「- ㄹ걸 l-geol」は、その述語に制限が見られ動詞のみが用いられる。また、(30) のように過去を表す「- 있 -eoss」や非格式体丁寧形「- ㄹ걸요 l-geol-yo」とは共起しない（「#」は意味が変ることを表す）。さらに、主体尊敬を表す「- 시 -si」との共起においては、命題の事態の行為者が誰であるかによって制限が見られる。

(30) a. 자전거 타고 <u>올걸</u>．（2CJ00052）

　　　 jajeongeo　ta-go　　　 o-l-geo-l.
　　　 自転車　　　乗る - て　来る -ADN-geos-ACC-INT
　　　 自転車に乗って来ればよかった<u>ものを</u>。

　 b. # 자전거 타고 <u>왔</u>을걸．

　　　 # jajeongeo　ta-go　　　 owa-<u>ss</u>-eul-geo-l.
　　　　自転車　　　　乗る - て　来る -PST-ADN-geos-ACC-INT
　　　　自転車に乗って来た<u>だろう</u>。

　 c. # 자전거 타고 <u>올걸요</u>．

　　　 # jajeongeo　ta-go　　　 o-l-geo-l-yo.
　　　　自転車　　　　乗る - て　来る -ADN-geos-ACC-POL2
　　　　自転車に乗って来る<u>でしょう</u>。

　「- ㄹ걸 l-geol」形式は、このⅠ型・Ⅱ型の区分とは別に慣用的表現（〈述語＋固定表現＋ㄹ걸 l-geol〉）として用いられるものもある。今回のコーパス

データでは、「-ㄹ걸 l-geol」全用例564例のうち、Ⅰ型の用例は387例あり、Ⅱ型の用例は177例あり、固定表現は44例あった。

表6-3 「-ㄹ걸l-geol」に前接する用言の種類別用例数

	動詞	形容詞	指定詞	存在詞	固定表現	그렇다	合計
Ⅰ型	217	44	43	48	11	24	387
Ⅱ型	136	0	0	1	33	7	177
合計	353	44	43	49	44	31	564

　Ⅰ型は、「-ㄹ걸 l-geol」（非格式体非丁寧形）が318例と、「-ㄹ걸요 l-geol-yo」（非格式体丁寧形）が63例用いられ、聞き手が誰であるかによって使い分けられる。一方、Ⅱ型は、137例全てが「-ㄹ걸 l-geol」（非格式体非丁寧形）である（固定表現と「그렇다（geuleog-da/そうだ）」は除く）。その他、文全体を受けた「그렇다（geuleog-da/そうだ）」に「-ㄹ걸 l-geol」が結びついた形式が、31例あった。〈表6-3〉から、Ⅱ型の「-ㄹ걸 l-geol」（〈述語＋ㄹ걸 l-geol〉）文は、全て動詞述語文であることがわかる。

　このように「-ㄹ걸 l-geol」形式は、その事態が、Ⅰ型「確認していない・できない事態」であるか、Ⅱ型「反事実が確認済の事態」であるかによって、統語的性質も異なることがわかる。この二つの類型では、6.2.3で述べた「-ㄴ걸 n-geol」形式と同様に、その用法上での違いによって先行の発話に対する返答の中で用いられる対話的な性質を持つものと、専ら話し手の主観的な感情を表し、独り言でも用いられるものとに分かれる。

　以上のような統語的特徴を踏まえた上で、「-ㄹ걸 l-geol」形式の音声的・意味的特徴を、Ⅰ型「確認していない・できない事態」と、Ⅱ型「反事実が確認済みの事態」とに分けて考察する。なお、慣用的表現として用いられる形式については6.2.4.3で扱う。

6.2.4.1　確認していない・できない事態

　Ⅰ型の「-ㄹ걸 l-geol」で示された事態は、発話時において話し手が「確認していない・できない事態」であり、先行する発話に対する返答の中で用いられ、疑問文のように上昇イントネーションを伴い発話されるという

特徴がある[102]。(31)(32)(33) は確認していない・できない事態であり、(34) はまだ実現していないため、確認できない事態である。

(31)　걱정 마 , 수영은 못 하지만 등산 실력은 <u>아마</u> 너보다 나을걸 .

geogjeong ma, suyeong-eun mos ha-jiman　deungsan sillyeog-eun
心配　　 NEG 水泳 -TOP　　 NEG する - けど　登山　　　実力 -TOP
<u>ama</u>　 neo-boda　　 na-eul-geo-l.
多分　 あなた - より　まし -ADN-geos-ACC-INT
心配しないで、水泳はできないけど山登りの実力はたぶんあなたより
ましだと思うよ。（BREO0299）

(32)　（粉ミルクを入れる方法を教えてくれる姉さんに、弟が）
나두 그랬어 뭐 ...... 근데 이상하게 양이 모자라거나 넘치더란 말야~ 누나두
<u>틀림없이</u> 그럴걸 ?（CJ000281）

na-du　guelae-ss-eo　mwo. geunde isangha-ge yang-i mojala-geona
僕 - も　そう -PST-INT 何　 ところが 変 - に　　 量 -NM　足りない - たり
neomchi-deo-lan mal-ya. nuna-du　<u>teullimeobsi</u> geuleo-l-geo-l?
溢れる -REM- と　 のだ -INT 姉さん - も　きっと　　　そう -ADN-geos-ACC-INT
僕もそうしたよ ...... ところが変に量が足りなかったり、溢れたりする
んだよ。姉貴もきっとそうだと思うよ。

(33)　（陰暦の（今年の）誕生日がいつなのか聞かれて）
내 음력 생일은 <u>아마</u> 십삼 일일걸 ?（4CM00090）

nae　 eumlyeog　saengil-eun　<u>ama</u> sib-sam　il-i-l-geo-l.
私 - の 陰暦　　　 誕生日 -TOP　多分 十 - 三　　 日 -COP-ADN-geos-ACC-INT
私の陰暦の誕生日はたぶん十三日だと思うよ。

(34)　오늘밤 , <u>아마도</u> 재미있는 일이 벌어질걸 ? 기대하시라구 .（BREO0296）

oneul-bam,　<u>ama-do</u>　jaemiiss-neun　il-i　　 beoleoji-l-geo-l?
今日 - 夜　　　 多分　　 面白い -ADN　　事 -NM　起こる -ADN-geos-ACC-INT
gidaeha-si-la-gu.
期待する -SH-IM- て -INT
今夜、<u>たぶん</u>面白い事が起こると思うよ。お楽しみにね。

---

102 「- ㄴ걸 n-geol」形式と同様に一部の用例には疑問符「？」が用いられているが、これ
　は疑問文を表すのではなく、上昇イントネーションを示すものである。

　このⅠ型の「-ㄹ걸 l-geol」は発話時を基準にして、以前・同時・以降に分かれるが、以前の場合には、(35)(36)のように過去を表す「-었 -eoss」と共起する。

(35)　지난달에도 니 덕분에 수 천만 원 벌<u>었</u>을걸. (Vol. 4)

jiinan-dal-e-do ni deogbun-e su cheonman won beol-<u>eoss</u>-eul-geo-l.

先月-に-も お前 お陰-で 数 千-万 ウォン 儲ける-PST-ADN-geos-ACC-INT

先月もお前のお陰で数千万ウォン儲け<u>たと思うよ</u>。

(36)　언니라고 그런 애 한 명도 없<u>었</u>을걸? ((29a)再掲)

eonni-la-go geuleo-n ae han myeong-do eobs-<u>eoss</u>-eul-geo-l.

姉さん-COP-と そういう-ADN 子 一 人-も NEG-PST-ADN-geos-ACC-INT

お姉さんって、そんな子一人もいなかっ<u>たと思うよ</u>。

　これら(31)〜(36)は、先行研究で言う「推量（推測）」の表現となる。このⅠ型の「-ㄹ걸 l-geol」で示される事態は、確認していない事態・確認できない事態であり、本稿でいうところの「非現実」の事態である。そのため、-ㄹ1が用いられている。この「-ㄹ걸 l-geol」文は、話し手は思考や推論の中でその情報が確実だと認識しているが、非現実の事態を基にした発話であるため、「確信している情報」として聞き手に伝えるのである。また、(31)〜(34)のように確かさの度合い・程度を示す副詞「아마(ama/たぶん)」「틀림없이 (teullimeobsi/ 確かに、きっと)」とも共起するが、情報に対する話し手の確信は失われることはない[103]。

　次の(37)(38)は、条件節を含む「-ㄹ걸 l-geol」文であり、「推量（推測）」を表す。(37)は前提となる条件を表す「-면 (myeon/ 〜たら、ば)」と共起し、現実にはまだ起きていない・確認できない事態であるが、この非現実の事態の成立を話し手は確信している。(38)は条件表現と過去を表す「-었 -eoss」が共起し、現実では起こらなかったこと、いわゆる反実仮想の表現として用いられている[104]。これら条件節を含む「-ㄹ걸 l-geol」文は、前

103　今回のコーパスデータでは、確かさの度合い・程度を示す副詞「아마 (ama/ たぶん)」類（71例）、「틀림없이 (teullimeobsi/ 確かに、きっと)」（2例）、「반드시 (bandeusi/ 必ず)」（1例）があった。

104　条件を表す「-면 (myeon/ 〜たら、ば)」と共起した例が35例見られ、条件を表す「-면 (myeon/ 〜たら、ば)」と過去を表わす「-었 -eoss」が共起し、反実仮想を表す

提となる条件が成立した場合、話し手は後件の成立を確信しており、思考や推論の中では確実な情報だと認識している。しかし、実現していない非現実の事態を基にした発話であるため、「確信している情報」として聞き手に伝えるのである。

(37)　좋아하는 남자 친구 생기면 달라질걸. (CJ000256)

johaha-neun namja chingu saenggi-myeon dallaji-l-geo-l.

好き-ADN　男　友達　できる-たら　変わる-ADN-geos-ACC-INT

好きな男の友達ができたら変わると思うよ。

(38)　여기 역에 석탄이 없었다면 우리 동네 사람들 지난 겨울에 모두 얼어죽었을걸.

yeogi yeog-e seogtan-i eobs-eoss-da-myeon uli dongne salam-deul

ここ　駅-に　石炭-NM　NEG-PST-DEC-たら　私達　町内　人々

jinan gyeoul-e modu eol-eojug-eoss-eul-geo-l.

去年　冬-に　皆　凍える-死ぬ-PST-ADN-geos-ACC-INT

ここの駅に石炭がなかったら、私たち町内の人々は去年の冬に皆凍え死んでいたと思うよ。　（BRE00308）

以上Ⅰ型の「-ㄹ걸 l-geol」文は、「-었을걸 eoss-eul-geol」の連続が生じること、また、「-ㄹ걸 l-geol」の後件の省略が感じられない、つまり付加的な要素が後続しないことから、Ⅰ型の「-ㄹ걸 l-geol」文は完全に終結語尾化していると考える。

6.2.4.2　反事実が確認済みの事態

Ⅱ型の「-ㄹ걸 l-geol」で示された事態は、過去に実際に行った行為と異なる行為であり、事実ではないこと、すなわち反事実が確認済みの事態である。この「-ㄹ걸 l-geol」文は、専ら話し手の主観的な感情を表し、独り言でも用いられ、話し手にとって現実の事態が望ましくないという思いが表される。音声的には下降イントネーションを伴うという特徴がある。このⅡ型は177例が見られたが、述語に制限があり、全て動詞のみが用いられている。また命題の事態の行為者が話し手であるか、二・三人称である

表現が9例見られた。

かによって、表わされる意味が異なる。

　以下の (39)(40)(41) の「- ㄹ걸 l-geol」で示された事態は、現実でないこと
が確認済みであり、現実の事態が望ましくなく、実際に行った行為と異な
る行為を想定し、その行為を実行すればよかったという話し手の主観的な
判断によって、話し手の「後悔」の意味が含意される。

(39)　자전거 타고 올걸 . (2CJ00052)

jajeongeo　ta-go　　o-l-geo-l.
自転車　　乗る - て　来る -ADN-geos-ACC-INT
自転車に乗って来ればよかった<u>ものを</u>。

(40)　어제 좀 더 있을걸 . (CJ000228)

eoje　jom　　deo　iss-eul-geo-l.
昨日　ちょっと　もう　いる -ADN-geos-ACC-INT
昨日はもうちょっと居ればよかった<u>ものを</u>。

(41)　차라리 그 때 이과를 갈걸 . (6CM00042)

chalali　geu　ttae　igwa-leul　ga-l-geo-l.
むしろ　その　時　理科 -ACC　行く -ADN-geos-ACC-INT
むしろそのとき理科に行ければよかった<u>ものを</u>。

　上記のⅡ型の「- ㄹ걸 l-geol」は、「自転車に乗ってくる」「昨日はもうちょっ
といる」「そのとき理科に行く」という事態は現実ではないが望ましかったと
判断しており、その判断自体は話し手の思考上では確実なものである。し
かしその望ましいとする事態が非現実であるため - ㄹ1 が用いられ、話し手
は「確信している情報」として表現することになる。

　上記の (39)(40)(41) では、過去に実際に行った行為、すなわち後悔の対
象となる行為は明示されていないが、次の (42) のように話し手が実際に
行った行為を「- ㄹ걸 l-geol」文以外で述べることが可能である（下線部分）。
また、(43) のように「- ㄹ걸 l-geol」文の後続文に、その望ましい行為を行っ
た場合に起きたであろう非現実の事態を述べることもできる（点線部分）。
(43) は「(その時デザインの勉強をしなかったので現在在宅勤務ができない)
もしその時デザインの勉強をしていたら、今は私も（友達のように）在宅
勤務をしている」といった、望ましい事態を示すことで、現在の事態が話
し手にとって望ましくないという意味が含意されている。

(42)　에이 괜히 짜장면 시켰잖아. 컵라면 먹을걸. (Vol. 1)

ei gwaenhi　jjajangmyeon　siky-eoss-j-anh-a.　cheob-lamyeon
あ　いたずらに　チャジャンメン　頼む -NOM-NEG-INT　カップ - ラーメン

meog-eul-geo-l.
食べる -ADN-geos-ACC-INT

あ〜チャジャンメンなんか頼んじゃった。カップラーメン食べればよ
かったものを。

(43)　나도 디자인 공부할걸. 그럼 재택 근무할 수 있었을 텐데. (Vol. 3)

na-do dijain　gongbuha-l-geo-l.　geuleom　jaetaeg geunmuha-l
私 - も　デザイン　勉強する -ADN-geos-ACC-INT そうしたら 在宅　勤務する -ADN

su iss-eoss-eul　tende.
できる -PST-ADN　のに -INT

私もデザインを勉強すればよかったものを。そうしたら在宅勤務でき
たのに。

「後悔」を表す用法では動詞のみが用いられるという述語の制限があ
り [105]、述べる事態は話し手に選択権が委ねられた事態に限られる。

(44)　(階段を降りたとき地下鉄がまさに発車した状況で)

　　A. 저걸 탔어야 했는데. (권영은 2008: 2, (2))

jeogeo-l　ta-ss-eoya　hae-ss-neunde.
あれ -ACC　乗る -PST- なければならない -PST- のに -INT

あれに乗らなければならなかったのに。

　　B. ?? 저걸 탈걸.

?? jeogeo-l　ta-l-geo-l.
あれ -ACC　乗る -ADN-geos-ACC-INT

あれに乗ればよかったものを。

(45) * 이번 반장 선거에서는 내가 당선될걸. (「後悔」の意味としては不可能)

　　* ibeon banjang seongeo-eseo-neun nae-ga　dangseondoe-l-geo-l.
今回　学級員　選挙 - で -TOP　私 -NM　当選する -ADN-geos-ACC-INT

今回の学級員選挙では私が当選すると思うよ。　(최동주 2009: 238, (16))

105　この述語制限には存在詞「있다 (iss-da/ 居る)」も含まれる。例 (40) を参照されたい。

(44) は地下鉄に乗れなかった状況、すなわち話し手に選択の余地がなかった状況では、「탔어야 했는데（ta-ss-eoya hae-ss-neunde/ 乗らなければならなかったのに）」は可能であるが、「탈걸（ta-l-geol/ 乗ればよかったものを）」は不自然である。(45) は「推量」の意味であれば可能であるが「後悔」の意味としては不可能である（최동주 2009: 238）。

また、Ⅱ型の「-ㄹ걸 l-geol」は話し手が望ましいと思う事態を示すが、否定を含んだ場合には、(46) のように否定された行為が後悔の対象である。この場合、否定形は「-지 말다 ji malda」が最もふさわしく、その他の「안 an」は不自然であり、「-지 않다 ji anhda」は非文となる。この否定形の違いは「-ㄹ걸 l-geol」文に話し手に選択権があることを示している。また、「못 mos」「-지 못하다 ji moshada」を用いることができないのは、能力や外的要因による不可能な状況を話し手が選択することができないからである（강현화 2008: 53）。

(46) 겨우 반년 동안 학교를 다니고 그만둘 거였다면 차라리 이 학교에 들어오지 말걸 .（BREO0308）

gyeou ban-nyeon dongan haggyo-leul dani-go geumandu-l geo-y-eoss-
わずか 半-年 間 学校-ACC 通う-て やめる-ADN geos-COP-PST-
da-myeon chalali i haggyo-e deul-eo-o-ji ma-l-geo-l.
DEC-たら いっそ この 学校-に 入る-来る-NEG-ADN-geos-ACC-INT

わずか半年間学校に通ってやめるつもりだったら、いっそこの学校に入って来なかったものを。

(46') a. 들어오지 말걸 . （入って来なかったものを）

deul-eo-o-ji ma-l-geo-l.
入る-来る-NEG-ADN-geos-ACC-INT

b. ?안 들어올걸 /* 들어오지 않을걸 .（入って来なかったものを）

?an deul-eo-o-l-geo-l / * deul-eo-o-ji anh-eul-geo-l.
NEG 入る-来る-ADN-geos-ACC-INT 入る-来る-NEG-ADN-geos-ACC-INT

c. * 못 들어올걸／* 들어오지 못할걸 .（入って来られなかったものを）

* nos deul-eo-o-l-geo-l / * deul-eo-o-ji mos-ha-l-geo-l.
NEG 入る-来る-ADN-geos-ACC-INT 入る-来る-NEG-する-ADN-geos-ACC-INT

このⅡ型には、「-ㄹ걸 l-geol」対「ㄹ걸요 l-geol-yo」という「非格式体非丁寧形／非格式体丁寧形」の2段階の対者待遇法があるが、この後悔は専ら話し手の感情を表し、独り言で用いられるため、非格式体非丁寧形「-ㄹ걸 l-geol」で現れる。

しかし後悔の用法で、「-ㄹ걸요 l-geol-yo」（非格式体丁寧形）が現れないからといって待遇表現ができないわけではない。聞き手を意識し待遇する必要がある場合は、(47)(48)のように「-ㄹ걸 l-geol」の後接文に、前件の「-ㄹ걸 l-geol」文全体を受けた「그랬다（geulae-ss-da/そうだった）」の非格式形丁寧体を用いて、聞き手への丁寧さを表すことができる（行為者＝話し手）。このように「-ㄹ걸 l-geol」文に「그랬다（geulae-ss-da/そうだった）」が続く場合は、固定化はしているものの終結語尾化はしていないと言える[106]。なお、これらの表現には「그랬다（geulae-ss-da/そうだった）」に、「-네（ne/ね）」「-지（ji/よね）」などの終結語尾が続くこともある。

(47) 대표님 사무실로 갈걸 그랬어요. (Vol. 3)

daepyo-nim sanysul-lo ga-l-geo-l geulae-ss-eoyo.
代表 - 様 事務室 - に 行く -ADN-geos-ACC そう -PST-POL2
代表の事務室に行けばよかったですね。

(48) 연락하고 올걸 그랬네요. (Vol. 6)

yeonlagha-go o-l-geo-l geulae-ss-ne-yo.
連絡する - て 来る -ADN-geos-ACC そう -PST-FIN-POL2
連絡して、来ればよかったですね。

この聞き手を意識した用法では、次の(49a)のように非格式体丁寧形「-ㄹ걸요 l-geol-yo」を用いて話し手の後悔を表そうとしても後悔とは解釈できず、推量としてしか解釈できない[107]。また、(49b)のように主体尊敬を表

---

106 「-ㄹ걸 l-geol」の後ろに「그랬다（geulae-ss-da/そうだった）」が続く用例は36例あった。この「그랬다（geulae-ss-da/そうだった）」は丁寧さを表すためには必須であり、また、「그랬다（geulae-ss-da/そうだった）」が続くことによって「-ㄹ걸 l-geol」文の意味が変わることはないので、本稿では「-ㄹ걸 l-geol」文として扱った。안주호（1997: 241）では、このように「-ㄹ걸 l-geol」の後接文に「그랬다（geulae-ss-da/そうだった）」などの付加的表現が続くことができることから、後悔を表す「-ㄹ걸 l-geol」は完全に終結語尾となり切っておらず、終結語尾化への出発点となる形式であるとしている。

107 허웅（2002: 613）では、次の例(a)は、下降イントネーションの場合は「こうすれば

す「- 시 -si」を用いると非格式体丁寧形「- ㄹ걸 l-geol」であっても後悔とは
解釈できず、推量あるいは聞き手に対する話し手の残念な気持ちを表す用
法になってしまう。

　このように後悔は必ず話し手自身の行為に対する判断であるため、非
格式体丁寧形「- ㄹ걸요 l-geol-yo」とは共起できず、また主体尊敬を表す
「- 시 -si」とも共起できない。さらに (49c) のように過去を表す「- 었 -eoss」
とも共起しない。それは、「- ㄹ걸 l-geol」文が過去すでに行った行為を述べ
るものではなく、過去と異なる行為、すなわち望ましいと思われる事態を
提示することで、現実の事態が望ましくないという思いから生じる話し手
の後悔を表す反実仮想を表すからである（「#」は意味が変わることを表す）。
以下の (49) は、推量の意味では解釈可能であるが、後悔の意味では不可能
になる。

(49) a. # 연락하고 올걸요.

　　# yeonlaha-go　o-l-geo-l-yo.
　　　連絡する - て　来る -ADN-geos-ACC-POL2
　　　連絡して、来るでしょう。

　b.# 연락하고 오실걸.

　　# yeonlaha-go　o-si-l-geo-l.
　　　連絡する - て　来る -SH-ADN-geos-ACC-INT
　　　連絡して、{お越しになるでしょう。(↗) / お越しになったらよかっ
　　　たのに。(↘) }

よかった」のように後悔を表し、上昇イントネーションの場合は「誰かがそのよう
にするだろう」のように推量を表すと述べている。しかし、(a) も (b) のように非格
式体丁寧形「- ㄹ걸요 l-geol-yo」を用いると上昇・下降イントネーションに関わらず、
推量としか解釈できない。
(a) 모른다고 때를 쓸걸.
　moleu-n-dago　ttae-leul　sseu-l-geo-l.
　知らない -ADN- と 粘り -ACC はる -ADN-geos-ACC
　知らないと {粘ればよかったものを。(↘) ／粘るでしょう。(↗) }
(b) 모른다고 때를 쓸걸요.
　moleu-n-dago　ttae-leul　sseu-l-geo-l-yo.
　知らない -ADN- と 粘り -ACC 張る -ADN-geos-ACC-POL2
　知らないと粘るでしょう。

    c. # 연락하고 왔을걸.

      # yeonlagha-go　owa-ss-eul-geo-l.

        連絡する-て　来る-PST-ADN-geos-ACC-INT

        連絡して、来たでしょう。

　また、Ⅱ型の-ㄹ걸「l-geol」が話し手の後悔を表す用法以外に、話し手の残念な気持ち（14例）や非難・不満を表す用例があった（19例）。これらの用法は、命題の事態、すなわち実際に事態を引き起こした行為者は話し手ではなく、聞き手あるいは第三者である。そのため後悔とは異なり、その行為者の行為に対する話し手の残念な気持ちや非難・不満を表す用法となる。これらの用法は、ある行為者によってすでになされた行為やその行為によって成立した事態について、話し手はその事態が望ましくないと判断している。話し手は行為者が行った行為とは異なる行為を実行すれば望ましかったという話し手の判断を述べるので、文脈によって行為者に対する残念な気持ちや非難・不満などの意味になる。その場合、望ましいとする非現実の事態が-ㄹ1によって示され、「-ㄹ걸 l-geol」文全体の発話内容は「確信している情報」となるのである。

　また、事態の行為者が聞き手である場合、聞き手によっては(50)のように、「-ㄹ걸 l-geol」文全体を受けた「그랬다（geulae-ss-da/そうだった）」に非格式体丁寧形を用いることで、聞き手への丁寧さを表せる（行為者＝聞き手）。また、(51)のように主体尊敬を表す「-시 -si」を用いることもできる（二重線の部分）。

(50)　선생님, 염색두 할걸 그랬어요. (CJ000213)

    seonsaeng-nim, yeomsaeg-du　ha-l-geo-l　　　geulae-ss-eoyo.

    先生-様　　　染め-も　　　する-ADN-geos-ACC そう-PST-POL2

    先生、髪も染めればよかったですね。

(51)　（用事があるのでそろそろ帰ると言う相手に）

    얘기하다 저녁이나 들고 가실걸. (2bexxx06)

    yaegiha-da　　jeonyeog-ina　deul-go　　　ga-si-l-geo-l.

    話する-から　夕食-でも　　召し上がる-て 帰る-SH-ADN-geos-ACC-INT

    お話してから夕食でも召し上がってお帰りになればよいのに。

(52)　한 사람씩 양보하면 편케 잘걸. 뭘 굳이 같이 잔다 그래요？(Vol. 1)

han　salam-ssig　yangboha-myeon　pyeon-ke　ja-l-geo-l.　　　<u>mwo-l</u>
一　　人 - ずつ　　譲る - ば　　　楽 - に　　寝る -ADN-geos-ACC-INT　何 -ACC

gudi　gati　　ja-n-da　　　gulae-yo?
無理に　一緒に　寝る -PRE- と　　そう -POL2-Q

<u>一人ずつ譲れば楽に寝られるのに。</u>何を無理に一緒に寝ると言うん
です。

　(50)(51) は残念を、(52) は非難・不満を表す。(50)(51) の波線は命題の主
語（主体）が目上の人であることを示し、(52) 太線は疑問詞を示し、点線
はそれらの文脈に残念な気持ちや非難・不満が表れている文脈を示してい
る。しかし、(51) の「お話してから夕食でも召し上がって行けばいいのに」
のような残念を表す場合は、「あなたのためにわざわざご飯を用意したのに
食べないで帰るのか」のように相手への非難・不満を表している用法とも
とれる。

6.2.4.3　慣用的表現

　ここでは、慣用的表現として用いられる「- ㄹ걸 l-geol」について見る。この「-
ㄹ걸 l-geol」は、〈述語＋固定表現（行為の妥当性判断表現）＋ㄹ걸 l-geol〉
という形式で固定化し、話し手にとって現実の事態が望ましくないという思
いから、非現実の事態が望ましいという判断が明示的に示されている。この
慣用的表現は、反事実条件文の前提となる前件と後件「- 었으면 좋았다 (eoss-
eumyeon joh-ass-da/ 〜すればよかった)，- 편이 나았다 (pyeon-i na-ass-da/ 〜し
た方がよかった)，- 것이 좋다 (geos-i joh-da 〜するのがいい)，- 면 되다・좋
다 (myeon doe-da・joh-da/ 〜してもいい)」などの一般的な行為の妥当性判断
表現に「- ㄹ걸 l-geol」が結びつき、話し手が望ましいと思う事態を「- ㄹ걸
l-geol」で示し、その望ましい事態を話し手は「確信している情報」として
述べている。この慣用的表現の「- ㄹ걸 l-geol」で示された事態には、事実で
ないことが確認済みの事態と、まだ実現していない事態とがある。

　この慣用的表現の「- ㄹ걸 l-geol」は、一般的な行為の妥当性判断表現が
ついて語彙化され、現実の事態が話し手にとって望ましくないという思い
から、語用論的解釈によって、「後悔，残念，非難・不満，忠告」などの用

法として用いられる。

　まず、後悔の用法から見てみる。先行研究では後悔を表す場合、述語に
形容詞も用いることができるとし、その場合は、過去を表す「- 었 -eoss」と
の共起が必要であるとする（안주호 1997，허웅 2002）。また、先行研究の
例を見ると、(53) の形容詞「낫다（nas-da/ 良い，優れている，ましだ）」の
ような表現や、(54) のような固定表現〈動詞＋었으면 좋았다（eoss-eumyeon
joh-ass-da/ 〜すればよかった）〉が用いられている。

(53)　　차라리 만나지 않은 <u>편이 나았을걸</u>.（허웅 2002: 612）
　　　　chalali manna-ji　anh-eun　pyeon-i na-ass-eul-geo-l.
　　　　むしろ　会う-NOM　NGE-ADN　方-NM　まし -PST-ADN-geos-ACC-INT
　　　　むしろ会わない<u>方がよかった</u>のに。

(54)　　차라리 아버지 따라 <u>죽어버렸으면 좋았을걸</u>.（CJ000259）
　　　　chalali abeoji ttala　jug-eobeoly-eoss-eumyeon　joh-ass-eul-geo-l.
　　　　むしろ　父　従って 死ぬ - しまう -PST- たら　良い -PST-ADN-geos-ACC-INT
　　　　むしろお父さんの後を追って<u>死んでしまえばよかった</u>のに。

　しかし、(53) の形容詞「낫다（nas-da/ 良い，優れている，ましだ）」は単
独では用いられず、〈動詞＋連体形語尾＋편이 나았다（pyeon-i na-ass-da/ 〜し
た方がよかった）〉のような行為の妥当性判断表現に「- ㄹ걸 l-geol」が結び
ついた慣用的表現でしか用いることができない。このように形容詞を用い
る場合は、すべて行為の妥当性判断表現に限られ[108]、この場合は過去を表す「-
었 -eoss」との共起が必要になる。

　次に残念や非難・不満などを表す用例を見ると、33 例のうち 23 例が条
件を表す「- 면（myeon/ 〜たら、ば）」と共起しているが、その中には〈動詞＋
면 되다・좋다（myeon doe-da・joh-da/ 〜すればいい）〉（12 例）、〈動詞＋었으
면 좋았다(eoss-eumyeon joh-ass-da/ 〜すればよかった)〉（5 例）などが見られる。
また、〈動詞＋도 되다（do doe-da/ 〜してもいい）〉（3 例）、〈動詞＋도 좋았다

108　今回のコーパスデータでは、条件を表す「- 면（myeon/ 〜たら, ば）」と共起した、〈動
　　詞＋었으면 좋았다（eoss-eumyeon joh-ass-da/ 〜すればよかった）〉が 11 例、〈動詞＋連
　　体形語尾 - 는 neun ＋것이 좋았다（geos-i joh-ass-da/ 〜するのがよかった）〉が 1 例あり、
　　行為の妥当性判断表現に「- ㄹ걸 l-geol」が結びついた慣用的表現が見られた。

(do joh-ass-da/ ～してもよかった)〉（1 例）のような行為の妥当性判断表現に「- ㄹ걸 l-geol」が結びついた慣用的表現が多く用いられている。次の (55)(56) は残念を表し、(57)(58) は非難・不満を表している。波線は命題の主語（主体）が目上の人であることを示し、太線は疑問詞を示し、点線は残念な気持ちや非難・不満が表れている文脈を示している。

(55) (明後日軍隊に入隊する弟に、兄が)（Vol. 2）
공부나 마치고 가면 좋을걸. 형이 못나서 너 공부도 제대로 못 시키고

gongbu-na   machi-go   ga-myeon joh-eul-geo-l.   hyeong-i
勉強 - くらい 終える - て 行く - ば 良い -ADN-geos-ACC-INT 兄 -NM

mosna-seo   neo gongbu-do jedaelo mos siki-go
甲斐性ない - て お前 勉強 - も   ちゃんと NEG させる - て

勉強くらい終えて行けばいいのに。お兄さん (私) に甲斐性がなくてお前の勉強もちゃんとさせることができなくて。

(56) (今年は韓国の事情があまり思わしくないので、新年に婿の両親が LA に来られないという事情を知ったお義母さんが、婿に)
올해두 작년처럼 여기 들렀다 가셨음 좋았을걸. (CJ000281)

olhae-du jagnyeon-cheoleom yeogi deulleo-ss-da ga-sy-eoss-eum
今年 - も 去年 - ように   ここに 寄る -PST-DEC   行く -SH-PST- ば

joh-ass-eul-geo-l.
良い -PST-ADN-geos-ACC-INT

今年も去年のようにここに寄っていらっしゃればよかったのに。

(57) 난 저렇게 야만적인 사람이 젤 싫어. 저게 뭐니, 말로 해도 될걸.

na-n   jeoleoh-ge yamanjeog-i-n   salam-i jel silh-eo. jeo-ge
私 -TOP あんな - に 野蛮的 -COP-ADN 人 -NM 一番 いや -INT あれ -NM

mwo-ni、mal-lo   hae-do   doe-l-geo-l.
何 -INT-Q 言葉 - で 言う - も 良い -ADN-geos-ACC-INT

私はああいう野蛮な人が一番いやだ。あれは何、言葉で言ってもいいのに。(CJ000255)

(58)　그러게 사랑하는 사이끼리 <u>왜</u> 거짓말을 하고 그러지？그냥 솔직하게 다 말
　　　하면 될걸. (CJ000232)

geuleoge salangha-neun sai-kkili <u>wae</u> geojismal-eul ha-go geuleo-ji?
だから　愛する -ADN　間柄 - 同士　なぜ　嘘 -ACC　する - て　そう -FIN-INT-Q
geunyang soljigha-ge da malha-<u>myeon</u> doe-l-geo-l.
そのまま　率直 - に　全て 言う -ば　　　良い -ADN-geos-ACC-INT
だから愛する間柄でどうして嘘をつくのかな。そのまま率直に全て言
えばいいのに。

　以上の慣用的表現は、非現実の事態に対する望ましいという判断が明示
され、その命題の事態を引き起こした行為者により表す意味は異なるが、
いずれも話し手にとって現実の事態が望ましくないという思いから生じ、
その望ましいとする事態が「- ㄹ걸 l-geol」で示されている。これらの用法
は 6.2.4.2 で述べたⅡ型の「- ㄹ걸 l-geol」同様に、下降イントネーションを
伴い発話される特徴がある。

　次に、「- ㄹ걸 l-geol」に〈動詞＋連体形語尾 - 는 neun ＋것이 좋다（geos-i
joh-da/ ～するのがいい）〉のような行為の妥当性判断表現に「- ㄹ걸 l-geol」
が結びつき、慣用的表現として用いられるものがある（6 例）。この用法の
特徴は、(59) ～ (61) のように話し手が言及する内容が聞き手の発話に関わ
る内容であり、話し手は聞き手がこれからするであろうと想定する行為に
対して、「こうした方がいい」という忠告を表すことになる。この用法は、
話し手にとっては、「こうした方がいい」と断定することもできるが、まだ
判断の基になっている事態が非現実の事態であるため断定はできず、確信
している情報として伝えるのである。そのため必ず命題の行為者（主体）は、
2 人称であるという人称制限が見られる。この用法は対話の中で用いられ、
聞き手の行為を促すという聞き手への働きかけがあり、上昇イントネーショ
ンを伴い発話されるという特徴がある。但し、意図的に下降イントネーショ
ンにする場合もあり、その場合は命令形を用いていないが、実質的な命令
という語用論的効果がある。

(59)　(お金をくれという息子に母親がお金をあげながら、これが最後であ
　　　るという母親の言葉に、息子が)

　A. 안 믿어 , 절대 안 믿어 . (Vol. 2)

　　an mid-eo, jeoldae an mid eo.
　　NEG 信じる -INT 絶対 NEG 信じる -INT
　　信じない、絶対信じない。

　B. <u>믿는 게 좋을걸</u> . 나중에 엄마 돈 줄 거 믿고 일 저지르다 큰날 테니까 .

　　<u>mid-neun ge joh-eul-geo-l.</u> najung-e eomma don
　　信じる -ADN geos-NM 良い -ADN-geos-ACC-INT 後 - で 母 お金
　　ju-l geo mid-go il jeojileu-da keul-na-l te-nikka.
　　くれる -ADN の 信じる - てこと 起こす -たら 大変なこと - 起きる -ADN から -INT
　　<u>信じた方がいいね</u>。後でお母さん (私) がお金をくれると信じて、事
　　を起こしたら大変なことになるからね。

(60)　(ある男に興味を持っている女友達に)
　　하지만 관심 <u>끄는 게 좋을걸</u> ? 걔 벌써 유경이가 찍었으니까 ! (Vol. 5)

　　hajiman gwansim <u>kkeu-neun ge joh-eul-geo-l?</u>
　　でも 関心 消す -ADN geos-NM 良い -ADN-geos-ACC-INT
　　gyae beolsseo Yugyeongi-ga jjig-eoss-eunikka!
　　彼 既に ユギョン -NM 目を付ける -PST- から -INT
　　でも<u>やめておいた方がいいよ</u>。彼は既にユギョンさんが目を付けて
　　いるから !

(61)　자네 내 말대로 <u>하는 게 좋을걸</u> . (4CM00108)

　　jane nae maldaelo <u>ha-neun ge joh-eul-geo-l.</u>
　　君 私 -の 言う - 通り する -ADN geos-NM 良い -ADN-geos-ACC-INT
　　君、私の言う通りに<u>した方がいいよ</u>。

残念の用法 (55)(56) が文末に用いられた例はコーパスデータには見られ
なかったが、実際の会話文では「그렇다 (geuleoh-da/ そうだ)」などを付ける
ことができ、また後接の文が省略されているように感じられることから、完
全には終結語尾化していないと思われる。一方、(57)(58) の非難・不満の用
法、(59) ～ (61) の忠告の用法では後ろに付加的な要素を付けることができず、
省略も感じられないことから完全に終結語尾化していると考えられる。

6.2.4.4　まとめ

　以上、終結語尾「‐ㄹ걸 l-geol」形式の統語的・音声的・意味的特徴を見てきた。この「‐ㄹ걸 l-geol」は、発話時において「確認していない・できない事態」（Ⅰ型）と「反事実が確認済みの事態」（Ⅱ型）とに分けられる。

　「‐ㄹ걸 l-geol」形式の統語的な特徴としては、Ⅰ型の場合、人称制限はなく全ての人称と共起し述語の制限もない。また過去を表す「‐었 -eoss」や主体尊敬を表す「‐시 -si」とも共起が可能である。Ⅱ型の場合は、述語に制限が見られ、全て動詞のみが用いられ、過去を表す「‐었 -eoss」や非格式体尊敬形「‐ㄹ걸요 l-geol-yo」とは共起しない。さらに、主体尊敬を表す「‐시 -si」との共起においては、命題の事態の行為者が誰であるかにより制限が見られる。

　また、Ⅰ型の「‐ㄹ걸 l-geol」は、確認していない事態・まだ実現していない事態であり、Ⅱ型は、現実には起こらなかった事態であり、事実ではないこと、すなわち反事実の事態が確認済みであり、Ⅰ・Ⅱ型ともに本稿でいうところの「非現実」の事態である。そのため、「非現実」の事態を表す‐ㄹ 1が用いられており、「‐ㄹ걸 l-geol」文全体で表わされる発話内容を、話し手は「確信している情報」として聞き手に伝えるのである。

　Ⅰ型は、先行研究で言う「推量」表現であり、返答の中で用いられ対話的性質を持つものであり、聞き手が知らないと思われる情報及び誤った認識を持っていると思われる事柄に関して提示するものである。一方、Ⅱ型は専ら話し手の感情を表し独り言でも用いられるが、話し手にとって現実の事態が望ましくないという思いから後悔や残念，非難・不満などに解されやすい。このⅡ型は、望ましいとする非現実の事態が‐ㄹによって示され、「‐ㄹ걸 l-geol」文全体の発話内容は、「確信している情報」となるのである。

　また、「‐ㄹ걸 l-geol」は〈述語＋固定表現（行為の妥当性判断表現）＋ㄹ걸 l-geol〉という形式で、慣用的表現として用いられる場合があり、話し手にとって現実の事態が望ましくないという思いから、後悔や残念，非難・不満，忠告などを表す。この慣用的表現は、話し手が望ましいとする事態が「‐ㄹ걸 l-geol」で明示的に示されるという特徴がある。

　「‐ㄹ걸 l-geol」の音声的特徴としては、Ⅰ型は上昇イントネーションを伴い発話され、聞き手に問いかけ再確認を要求することで強く主張する効果が生じる。一方、Ⅱ型は、下降イントネーションを伴い発話されるという

特徴があるが、下降イントネーションになるのは、現実の事態が望ましくないという思いからである。

6.3 「-ㄹ게 l-ge」の意味・機能

　本節では、終結語尾「-ㄹ게 l-ge」形式の統語的・意味的特徴を考察する。この「-ㄹ게 l-ge」は、その統語的な特徴として連体形語尾に制限があり、非現実を表す-ㄹ1としか共起しない。そのため、これまで見てきた「-ㄴ걸 n-geol」「-ㄹ걸 l-geol」とは異なり、それらより一層文法化が進んだと考えられるが、ここでは文法化については言及しない。

6.3.1　先行研究の概観

　終結語尾「-ㄹ게 l-ge」形式については、近年幾つかの研究がなされているが、極めて少ないと言える。これまでの研究を見ると、高永根（1974a），徐正洙 (1996)，안주호（1997，2002），윤석민（2000），김태엽（2001），한길（1991，2004）などによって、品詞制約や人称制限、文法化の過程について記述がなされてきた。その中で、徐正洙 (1996) では、「-ㄹ게요 l-ge-yo」及び「-ㄹ게 l-ge」、また「-마 ma」,「-ㅁ세 mse」などが[109]、（ⅰ）話し手の意志しか表せないという点、（ⅱ）動作性の用言とだけ共起するという点、（ⅲ）否定文では、命令法の否定要素「말다 mal-da」とは共起しない点、（ⅳ）話し手自身の行動を約束する態度を見せながらも聞き手の行動とは無関係であるという点、などを挙げ「約束法」と命名し、モダリティ範疇の一つとして扱っている。

　また、안주호（1997）では、文法化の観点から「-ㄹ게 l-ge」を考察している。안（1997: 228）では、「-ㄹ게 l-ge」の文法化の過程を〈連体形語尾＋形式名詞「것geos」〉という統語的構造から形態素境界の再分析（reanalysis）により、【-ㄹ＃것＞-ㄹ것（l＃geos＞l-geos）】という形態的構造に変化し、

---

[109] 現代韓国語では、話し手の意志表現「-ㄹ게 l-ge」は、従来用いられてきた意志表現（約束法）「-마 ma」及び「-ㅁ세 mse」との交替が見られ、「-ㄹ게 l-ge」の使用は拡張し続けると予測される。고영진（1997）では、「-마 ma」及び「-ㅁ세 mse」は古い言葉であり、若い年齢層では使われていないと指摘している。

さらに、音韻的な縮約が起きて【것이 (거) ＞게（geos-i(geo) ＞ ge)】のように変化したと示している（「#」は形態素境界を表す）[110]。안 (1997) は、「것이다 geosi-da」に連体形語尾 - ㄹ1 が用いられた構文の中で、一部文法化が進んだものとして「- ㄹ게 l-ge」を挙げ、文法化の 3 段階に位置づけている[111]。また、「- ㄹ게 l-ge」の基本的な意味は 1 人称主語の意志を表すが、それが拡大され「約束」の意味を表し、語用論的には話し手が聞き手に利益を与えると判断した場合に用いるとしている。(67) は、안 (1997) が挙げている「約束」の例である。

(62)　돈은 나중에 갖다 줄께 . (안주호 1997: 239, (28 ㄱ))
　　　 don-eun　　　najung-e　　 gajda　ju-l-kke.
　　　 お金 -TOP　　 後 - で　　　 持って行く - あげる -ADN-ge-INT
　　　 お金は後で持って行ってあげる<u>からね</u>。

一方、한길 (1991, 2004) では、話し手の未来（今後）の行動を聞き手に「반말（banmal/ 非格式体非丁寧形）」で「約束」するという意味的特性があるとしている。また、「約束」の意味の他に「告知」の意味として解される場合もあると言う。次の (68) は、한 (2004) が挙げている「告知」の例であるが、한はこの場合は約束の意味合いは弱化、或いは喪失しているとしている。

(63)　나 목간 좀 하고 올게 . (한길 2004: 223, (157))
　　　 na moggan　 jom　　 ha-go　　 o-l-ge.
　　　 私　沐浴　　 ちょっと　 する - て　 来る -ADN-ge-INT
　　　 私ちょっと沐浴して<u>来るね</u>。

以上のように、従来の研究では「意志」あるいは「約束」、「告知」の意

110　形式名詞「것geos」を含む「- ㄹ게 l-ge」は、6.2 で述べた「- ㄴ걸 n-geol」「- ㄹ걸 l-geol」と同様に融合による音韻・形態的な縮約現象が見られ、この現象は文法化の現象の一つの特性である。

111　안주호 (1997) では、文法化を 3 段階に分類し、各段階別に特徴を記述し考察している。第 1 段階は、自立名詞の形式名詞化への段階で、具体的な意味から抽象的な意味へと拡大され、第 2 段階は、接語化（cliticization）への段階で、語彙から機能語に変わり、第 3 段階は、語尾化，助詞化，接尾辞化への段階で、機能語がより文法化された形態の機能語に変わると述べている。

味を表すなど、意味的特徴や統語的特徴については言及しているものの、殆どの先行研究は発話環境については考察をしていない。しかもこれらの研究では、コーパスなどを活用しておらず、元となる資料も充分ではない。また文法化の観点から考察を行った안주호（1997）の研究は、形式名詞全般について考察を試みた貴重な研究であるが、形式名詞全般を対象にしたため、特定の形式の形態の違いについての分析が詳しく行われておらず、考察の余地が残されている。

6.3.2 考察の観点と言語資料

6.3.2.1 考察の観点

本節では、形式名詞「것geos」に由来するものである「- ㄹ게 l-ge」形式を、「非現実」を表す連体形語尾 - ㄹ1と形式名詞「것geos」と指定詞「이다 ida」という三つの要素が固定化したものとして扱う。なお、本稿での「- ㄹ게 l-ge」形式の終結語尾化に対する区分は、以下の三つの判断基準による。

（ⅰ）形態的・統語的観点から、連体形語尾 - ㄹ1と「게 ge」が分かち書きされるか否か。分かち書きされる場合は、それぞれ形態素としての独立性を維持しており、終結語尾化していないと考える。

（ⅱ）過去を表す先語末語尾「- 었 -eoss」との連続が生じるか否か。連続が生じる場合は、終結語尾化していないと考える。

（ⅲ）「- ㄹ게 l-ge」形式が文の最終の要素か否か。文の最終要素でなければ終結語尾化していないと考える。

以上の三つの基準によって、「- ㄹ게 l-ge」形式が終結語尾化しているか否かを区別する。

6.3.2.2 考察に用いる言語資料

「- ㄹ게 l-ge」形式の特徴の分析・考察を行うため、デジタル化されたテキストの用例を用いた。考察に用いた言語資料は、CD-ROM『21 세기 세종 계획 최종 성과물（21世紀世宗計画最終成果物）』(2007) と、KBS ドラマシ

ナリオ（6 本：60 分 /30 回分）である¹¹²。この二つの資料から、まず、「게
ge」「께 kke」¹¹³ でマッチする用例を Em Editor を用い、検索した後に一文ず
つチェックし、今回の考察対象となる用例に絞り込んだ。その際、6.3.2.1
で示した基準から、(64)(65) のような用例は考察対象から外す。(64)(65) は、
連体形語尾と「게 ge」がそれぞれ形態素としての独立性を維持し、分かち
書きされ（ⅰ）、また、(65) は過去を表す「- 었 -eoss」と共起している（ⅱ）
ことから対象外となる¹¹⁴。

(64)　아마 젊은이들은 앞으로 천천히 늙은이가 되어갈 게요 . (『時間』 p. 424)

　　ama　　jeolmeuni-deul-eun　apeulo　cheoncheonhi　neulgeuni-ga
　　おそらく　君 - たち -TOP　　　これから　　ゆっくり　　　お年寄り -NM

　　doe-eoga-l　　　　ge-yo.
　　なる - いく -ADN　　ge-POL2

　　おそらく君たちはこれからゆっくりお年寄りになっていく<u>でしょう</u>。

(65)　그 아들놈이 나타났다가는 일이 오히려 낭패가 됐을 게요 . (『都市』 p. 63)

　　geu　adeulnom-i　natana-ss-daganeun　il-i　　ohilyeo　nangpae-ga
　　その　息子 -NM　　現れる -PST- したら　事 -NM　却って　　狼狽 -NM

　　dwae-ss-eul　　　ge-yo.
　　なる -PST-ADN　　ge-POL2

　　その息子が現れたとしたら、事が却ってめちゃくちゃになっ<u>た</u>でしょう。

　このような手順で抽出した結果、世宗コーパスからは 181 例、ドラマか
らは 249 例で、合わせて 430 例が得られた。

112　今回「- ㄹ게 l-ge」の分析に用いたのは、世宗コーパスに収められている［文語コーパス］
　　のデータであり、BREO0282 ～ 0299, BREO0303 ～ 0308 の 24 個のファイルである。
　　また、ドラマのデータは、各ドラマのそれぞれ、第 3, 6, 7, 8, 11 回分を選んだ。
　　言語資料の詳細は巻末に記す（＜資料Ⅱ＞を参照）。

113　「- ㄹ게 l-ge」の検索においては、一般的に「게 ge」は子音語尾の後ろに来る場合、「께
　　kke」と発音されること、また、書籍などでは発音通りに書く場合もあるため、「게 ge」「께
　　kke」の二つの形式について検索を行った。なお，コーパス用例の中には実際の発話
　　に則した表記が含まれているが、コーパス資料に従いそのまま提示する。

114　これらの例は「것이다 geosi-da」の縮約形である「게다 ge-da」形式である。「게다 ge-
　　da」形式の意味・機能に関しては、丁（2008a）を参照されたい。

表6-4　考察に用いる用例数

	世宗［文語］	ドラマ	合計
「-ㄹ게l-ge」	93	138	231
「-ㄹ게요l-ge-yo」	88	111	199
合計	181	249	430

〈表6-4〉を見ると全用例のうち、非格式形非丁寧体「-ㄹ게 l-ge」は231
例あり、非格式形丁寧体「-ㄹ게요 l-ge-yo」は199例あった[115]。

6.3.3　「-ㄹ게 l-ge」の統語的特徴

　従来の研究では、話し手が主語（主体）の場合、連体形語尾-ㄹ l を用いた「-
ㄹ게 l-ge」と「-ㄹ게요 l-ge-yo」について、「意志」あるいは「約束」の意味
を表すとされている。まず、統語的特徴を見た上で、先行研究で指摘され
ている「-ㄹ게 l-ge」の意味的特徴に関して本稿の観点から考察を加える。
　次の(66)の例は、便宜上「非格式体非丁寧形（非格式体丁寧形）」で表記
する。

(66) a. { 내가 / *순이가 } 읽어 줄게 (요).

　　　{nae-ga / *Suni-ga}　ilg-eo ju-l-ge-(yo).
　　　私-NM / スニ-NM　読む-あげる-ADN-ge-(POL2)
　　　{ 私が / スニが } 読んであげるね（あげます）。

　　b. * 당신이 읽어 줄게 (요)?[116]

　　　* dangsin-i　ilg-eo ju-l-ge-(yo)?
　　　あなた-NM　読む-あげる-ADN-ge-(POL2)-Q
　　　あなたが読んでくれる（くれますか）。

115　非格式形非丁寧体「-ㄹ게 l-ge」は、同年代および目下の人、あるいは目上の人であっ
　　ても親しい人に使う形式であり、非格式形丁寧体「-ㄹ게요 l-ge-yo」は、聞き手が話
　　し手より目上の人，あるいは目下の人であっても親しくない人に使う形式である。「-
　　ㄹ게 l-ge」と「-ㄹ게요 l-ge-yo」とでは、丁寧さや親しさの違いだけであり、意味的に
　　は差異がないと考えられる。
116　日本語訳では非文にならないが、韓国語ではこの文は非文である。

c. *내가 읽어 주실게 (요).

　　* nae-ga　　ilg-eo ju-si-l-ge-(yo).

　　私 -NM　　　読む - あげる -SH-ADN-ge-(POL2)

　　私がお読みになるね（なります）。

d. *내가 읽어 주었을게 (요).

　　* nae-ga　　ilg-eo ju-eoss-cul-ge-(yo).

　　私 -NM　　　読む - あげる -PST-ADN-ge-(POL2)

　　私が読んであげた＋話し手の意志形 l-ge-(yo)。

　(66a) を見ると、主語（主体）が 1 人称の場合は非文にならないが、3 人称主語（主体）の場合は非文となり、また (66b) のように 2 人称主語の意志、すなわち疑問文としても用いることができない。このように、終結語尾「- ㄹ게 l-ge」形式は、統語的な特徴としては、1 人称主語のみに限定され、話し手の意志しか表せないことから、当然主体尊敬を表す「- 시 -si」とも共起できない (66c)。また、意志は話し手の未来の事態に向けての行為（姿勢）の表明であるため [117]、過去を表す「- 었 -eoss」とも共起しない (66d)。

　次に、「- ㄹ게 l-ge」と共起する副詞には制限が見られ、確実性の意味を持つ副詞とは共起しやすいが、不確実性を持つ副詞とは共起しないことがわかる。

(67) a.　그런 소프트웨어가 나오면 내가 꼭 사줄게 . （BREO0282）

　　　geuleo-n　　　sopeuteuweeo-ga nao-myeon nae-ga kkog sa-ju-l-ge.

　　　そういう -ADN ソフトウェア -NM　出る - ば　　私 -NM　必ず 買う - あげる -ADN-
　　　ge-INT

　　　そのようなソフトウェアが出てくれば、私が必ず買ってあげるよ。

b.　오케이 , 나한테 맡겨 . 내가 확실히 블로아에게 전해줄게 . (『氷』 p. 252)

　　okei, na-hante matgyeo.　　nae-ga　hwagsilhi Beulloa-ege

　　OK　私 - に　　任せて -INT 私 -NM　確実に　　ブルロア - に

　　jeonhae-ju-l-ge.

　　伝える - あげる -ADN-ge-INT

　　OK、私に任せて。私が確実にブルロアに伝えてあげるよ。

---

117 ここでは話し手の意志を一旦、「話し手の未来の事態に向けての行為（姿勢）の表明」とし、詳しくは改めて論じる。

(68)   * 내가 {어쩌면 / 아마} 사줄게.

　　　 * nae-ga {eojjeomyeon / ama} sa-ju-l-ge.

　　　　私 -NM　もしかしたら / たぶん　買う - あげる -ADN-ge-INT

　　　　私が {もしかしたら / たぶん} 買ってあげる。

　意志とは、話し手の未来の事態に向けての行為（姿勢）の表明であるため、非現実の事態を表す連体形語尾 - ㄹ 1 との共起が必須であり、且つ話し手自身の意志に関することであるので、話し手にとっては確かであり非確実性の意味を持つ副詞「어쩌면（eojjeomyeon/ もしかしたら）」「아마（ama/ たぶん）」などとは共起せず、確実性の意味を持つ副詞「꼭（kkog/ 必ず）」「확실히（hwagsilhi/ 確実に）」などとは共起しやすいのである[118]。

　さらに、先行研究でも指摘があるように、述語にも制限が見られる。안주호（1997）、한길（2004）などでは「- ㄹ게 l-ge」の述語は動作性（行動性）動詞に限られるとしている。

(69) a.　내가 떠나기 전에 한번 더 올게.

　　　　nae-ga　tteona-gi　jeon-e　han-beon deo　o-l-ge.

　　　　私 -NM　発つ -NOM　前 - に　一 - 度　もう　来る -ADN-ge-INT

　　　　私が発つ前にもう一度来るね。

　 b. * 내가 내일 몹시 앓을게.

　　　 * nae-ga　naeil　mobsi　alh-eul-ge.

　　　　私 -NM　明日　ひどく　患う -ADN-ge-INT

　　　　私が明日ひどく患うね。

　 c. * 내가 오늘밤 지칠게.

　　　 * nae-ga　oneulbam　jichi-l-ge.

　　　　私 -NM　今晩　疲れる -ADN-ge-INT

　　　　私が今晩疲れるね。

　 d. * 내가 내일 바쁠게.

　　　 * nae-ga　naeil　bappeu-l-ge.

　　　　私 -NM　明日　忙しい -ADN-ge-INT

　　　　私が明日忙しいね。

---

118 今回のコーパスデータでは、「꼭（kkog/ 必ず）」と共起している用例が 3 例見られた。

e. * 내가 이 다음에 <u>선생일게</u>.

　　* nae-ga　　i　　daeum-e　　<u>seonsaeng-i-l-ge</u>.
　　私 -NM　　この　次 - に　　先生 -COP-ADN-ge-INT
　　私がこの次に<u>先生だね</u>。　　　　（한길 2004: 222, (139)）

　한（2004）に従えば、(69a) は動作性動詞であるため、「- ㄹ게 l-ge」と共起できるが、非動作性の動詞 (69b. c) とは共起できず、また、形容詞 (69d) や指定詞 (69e) とも共起できないという制限がある。しかし、今回のコーパス用例 430 例を調べた限りでは、動作性動詞以外に、状態性動詞（8 例）が見られた。但し、この状態性動詞の 8 例を見ると「생각해 보다(saenggagha-e bo-da/ 考えてみる)」（4 例）、「기다리고 있다 (gidali-go iss-da/ 待っている)」（2 例）、「나가 있다 (naga iss-da/ 出ている)」（1 例）、「가지고 있다 (gaji-go iss-da/ 持っている)」（1 例）のように、状態性動詞であっても、意志性のあるものに限られている (70)。従って、意志表現「- ㄹ게 l-ge」の述語動詞は意志性動詞が用いられるとすべきである。

(70) a. 자정에 해변에서 <u>기다리고 있을게요</u>.（BREO0287）

　　jajeong-e　　　　haebyeon-eseo　　gidali-go iss-eul-ge-yo.
　　真夜中 12 時 - に　　浜辺 - で　　　待つ - いる -ADN-ge-POL2
　　真夜中の 12 時に浜辺で<u>待っていますね</u>。

b. 네가 환하게 꽃피는 걸 <u>지켜볼게</u> ![119]

　　ne-ga　　hwanha-ge　　　kkochpi-neun geo-l　　jikyeobo-l-ge.
　　君 -NM　華やか - に　　　花咲く -ADN　　の -ACC　見守る -ADN-ge-INT
　　君が華やかに花咲くのを<u>見守るからね</u>。

6. 3. 4　「- ㄹ게 l-ge」の意味的特徴

　先行研究では「- ㄹ게 l-ge」は、話し手の「意志」あるいは「告知」、「約束」の意味を表すとされる。次の (71) は、한길（2004）が「告知」の例として挙げた例文である。한では、これらの例は聞き手に利益を与えているかどうか不明であるため、約束とは言えず告知としている。しかし、いずれも話し手の意志の表明である。

119　이규희 동화집（Lee, Gyu-hui 童話集）http://www.kaeri.re.kr/363.htm

(71) a. 나 목간 좀 하고 올게.

    na   moggan jom   ha-go   o-l-ge.

    私   沐浴   ちょっと する-て   来る-ADN-ge-INT

    私ちょっと沐浴して来る<u>ね</u>。

  b. 나 그만 갈게.

    na geuman ga-l-ge.

    私 もう   行く-ADN-ge-INT

    私もう帰る<u>ね</u>。   （한길 2004: 232, (157 ㄱ . ㄹ)）

　次の(72)は先行研究で「約束」とされる用例である。(72a. b) は、「-아 주다(a ju-da/ ～してあげる)」のように、授受動詞が用いられており、この「-아 주다 (～してあげる)」によって聞き手に対する利益の供与が明確に示されている[120]。また、(72c) は文全体で聞き手に利益があると解釈できる例である。しかし、これらの例の利益とは「-ㄹ게 l-ge」によるものではなく、「-아 주다(～してあげる)」や文全体での意味解釈の問題である。

(72) a. 돈은 나중에 갖다 줄게. (안주호 1997: 239, (28 ㄱ))

    don-eun   najung-e   gajda ju-l-kke.

    お金-TOP   後-で   持って行く-あげる-ADN-ge-INT

    お金は後で持って行ってあげる<u>からね</u>。

  b. 너희들의 일을 대신해 줄게. (한길 2003: 232, (154 ㄷ . ㄹ))

    neohui-deul-ui il-eul   daesinha-e ju-l-ge.

    君達-等-の   仕事-ACC 代用する-あげる-ADN-ge-INT

    君たちの仕事を代わってやってあげる<u>ね</u>。

  c. 내 말만 들어 줘. 그러면 해치지 않을게.

    nae   mal-man   deul-eo jwo.   geuleo-myeon   haechi-ji anh-eul-ge.

    私の   言葉-だけ   聞く-くれる-INT そうする-たら 傷つける-NOM NEG-

    ADN-ge-INT

    私の言葉だけ聞いてくれ。そしたら傷つけない<u>からね</u>。

---

120 今回のコーパスデータを分析した結果、430 例のうち、「-아 주다・드리다（a ju-da・deuli-da/ ～してあげる・差しあげる)」と共起した用例が 79 例、「주다・드리다（ju-da・deuli-da/ あげる・差しあげる)」と共起した用例が 8 例見られた。

　先行研究の以上のような意味的な分類は恣意的であり、意味に依存しすぎた分析であると思われる。このように「- ㄹ게 l-ge」の意味・用法を分類するのであれば、意味ではなく発話環境によって分類するほうが妥当であると考える。すなわち、「話し手の確定的な意志の一方的な表明」であるか、「対話の中で相手の発話を受けて意志を固めたことの表明」であるか、で分類することができる。

(73) a. 언니 , 나 잠깐 나갔다 올게 .（BREO0286）

　　　 eonni　　na　　jamkkan　　nag-ass-da o-l-ge.
　　　 姉さん　私　　ちょっと　　出かける -PST-DEC- 来る -ADN-ge-INT
　　　 姉さん、私ちょっと出かけて来る<u>ね</u>。

　　b. 다시 한번 부탁할게 . 저 애 … 꼭 내가 거둬야만해 .（Vol. 5）

　　　 dasi　han-beon　butagha-l-ge.　jeo ae　kkog　nae-ga　geodwo-
　　　 もう　一 - 度　　頼む -ADN-ge-INT　あの 子　必ず　私 -NM　面倒を見る -
　　　 yaman hae.
　　　 なければならない -INT
　　　 もう一度頼む<u>よ</u>。あの子 .. 必ず私が面倒を見なければならないんだ。

　　c. 유진씨 나 하나만 물어볼게요 .（Vol. 6）

　　　 Yujin-ssi　　na　hana-man　　mul-eo bo-l-ge-yo.
　　　 ユジン - 氏　私　一つ - だけ　尋ねる - みる -ADN-ge-POL2
　　　 ユジンさん、私一つだけ尋ねてみます<u>ね</u>。

　　d. 덕분에 식사 즐거웠어요 . 유익한 세미나가 되기를 바랄게요 .

　　　 degbun-e　　sigsa jeulgeowo-ss-eoyo. yuigha-n　　semina-ga
　　　 おかげ - で　食事 楽しい -PST-POL2　　有益 -ADN　セミナー -NM
　　　 doe-gi-leul　　bala-l-ge-yo.
　　　 なる -NOM-ACC 願う -ADN-ge-POL2
　　　 おかげで食事楽しかったです。有益なセミナーになることを<u>願います</u>。
　　　　　　　　　　　　　　　　　　　　　　　　　　　　（BREO0303）

　(73) は、聞き手の発話には関わらない、話し手の単独の行為を一方的に表明するものであり、話し手自らの行為で完結するものである。次の (74)~ (78) は、話し手単独の行為ではなく、対話の中で聞き手の発話に関わる行

為を行う話し手の意志である。これらの用例は、すべて聞き手に対する返答としての文で、「그럴게 (요)（geuleo-l-ge(yo)/ そうする（します）」に置き換えることができる。

(74) A: 이제 그만 자 .（Vol. 3）

　　　ije　　geuman　ja.
　　　もう そろそろ　寝る -INT
　　　もうそろそろ寝て。

　　B: 그래요 . 잘게요 .

　　　geulae-yo.　　ja-l-ge-yo.
　　　そう -POL2　　寝る -ADN-ge-POL2
　　　そうですね。寝ます。

(75) A:（우산）빌려주실 수 있죠 ?（BREO0282）

　　　(usan) billy-eo ju-si-l su iss-jyo?
　　　傘　　貸す - くれる -SH- できる -FIN-POL2-Q
　　　(傘) 貸してくださることができますか。

　　B: 할 수 없죠 . 하지만 꼭 가져다 주셔야 합니다 .

　　　ha-l su eobs-jyo.　　hajiman　kkog gajyeoda ju-sy-eoya ha-bnida.
　　　仕方ない -FIN-POL2 しかし　　必ず　持つ - くれる -SH- なければならない -POL1
　　　仕方ないですね。しかし、必ず持って来なければなりません。

　　A: 당연하죠 . 금방 가져올게요 . 정말 고맙습니다 .

　　　dangyeonha-jyo. geumbang gajy-eo o-l-ge-yo.　　jeongmal gomab-subnida.
　　　当然 -FIN-POL2　すぐ　　　　持つ - 来る -ADN-ge-POL2 本当　ありがとう -POL1
　　　当然です。すぐ持ってきます。本当にありがとうございます。

(76) A: 엄마 , 이상해 . 엄마가 나보다 더 작은 거 같애 . 밥 많이 먹어야겠어 .

　　　eomma, isanghae. eomma-ga na-boda deo　　jag-eun　　geo gat-ae.
　　　ママ　　変 -INT　ママ -NM　私 - より さらに 小さい -ADN NOM よう -INT
　　　bab manhi meog-eoya-gess-eo.
　　　ご飯 沢山　食べる - なければならない -INT
　　　ママ、変だよ。ママが私よりさらに小さいみたい。ご飯たくさん食べなくちゃ。

B: 그럴 게 . (Vol. 3)

geuleo-l-ge.

そうする -ADN-INT

そうするからね。

(77) A: 그럼 말야 , 효민이도 데리고 갔다 오지 . (BREO0286)

geuleo malya, Hyomini-do deli-go ga-ss-da　　o-ji.

それでは　　ヒョミン - も　連れて行く -PST-DEC 来る -FIN-INT

それじゃ、ヒョミンも連れて行って来て。

B: 그렇게 할게요 ...

geuleoh-ge　　ha-l-ge-yo.

その - ように　する -ADN-ge-POL2

そのようにします。

(78) A: (자료 주며) 그럼 정리하고 , 이번주 말 디지털 영상 기획전에 나간 회사 자료들 다시 한번 점검해서 카피해 주라 . (Vol. 2)

(jalyo jumyeo) geuleom　　jeongliha-go,　ibeon-ju mal dijiteol yeongsang

資料を渡しながら それでは　整理する - て　　今 - 週　末　デジタル　映像

gihoegjeon-e naga-n　　hoesa jalyo-deul dasi han-beon jeomgeomhae-seo

企画展 - に　　出る -ADN 会社　資料 - 等　もう 一 - 度　点検する - て

kapiha-e ju-la.

コピーする - くれる -IM

(資料を渡しながら) それでは整理して、今週末デジタル映像企画展 に出た会社の資料等を、もう一度点検してコピーしてくれない。

B: 그럴게요 .

geuleo-l-ge-yo.

そうする -ADN-ge-POL2

そうします。

　同様の分類、説明が先行研究の例文 (71)(72) についても言える。(71) は、相手の発話を受けての返答ではなく、単に話し手の確定的な一方的な意志の表明であり、(72) では、前後の文脈こそ明示されていないが何らかの話があって、それに対する話し手の発話であると解釈できる。具体的には (72a) ではお金が必要であり、(72b) では忙しいなどと言った聞き手への話し手の

意志表明と考えられる。

　従って「-ㄹ게 l-ge」は、話し手からの一方的な意志の表明である場合は「告知」になり（例文(73)）、相手の発話を受けて意志を固めたことを述べる場合には「約束」と解釈できる（例文(74)～(78)）。

　このような基準で分類するならば、「-ㄹ게 l-ge」の意味・用法の分類が恣意的ではなく明確にできる。しかし、「告知」も「約束」も話し手の意志であることには変わりはなく、話し手の意志が聞き手の発話に関わるか否かなどの発話状況や語用論的な解釈によるものであり、これらはすべて広義の話し手の意志と言える。本稿では「-ㄹ게 l-ge」は、「話し手の意志を表明する形式」であるとし、「告知」と「約束」の二つの意味・用法に分かれると結論づける。

　この「-ㄹ게 l-ge」が表す話し手の意志は、話し手にとっては決定されたものであり、その意味で話し手の思考上では確実なものではあるが、その意志による行為はまだ行われていない（未実現）行為である。従って、非現実を表す -ㄹ 1 が用いられ、「-ㄹ게 l-ge」文全体で「確信している情報」を表すことになる。

6.3.5　まとめ

　以上、終結語尾「-ㄹ게 l-ge」形式の統語的・意味的特徴を明らかにした。「-ㄹ게 l-ge」形式は、統語的な特徴としては、1人称主語のみに限定され、それ故、主体尊敬を表す「-시 -si」とは共起しない。また、発話時点での話し手の意志を表すため、過去を表す「-었 -eoss」とも共起しない。意味的にはその形式だけで話し手の意志を表すことから、「것 geos」に由来する諸形式のうち、統語的・意味的な面で最も制限され、特化された形式であると言える。

　従来の研究では、「-ㄹ게 l-ge」は話し手の「意志」あるいは「告知」、「約束」の意味を表すとされてきたが、本稿では「話し手の意志を表明する形式」であるとし、話し手の意志が聞き手の発話に関わるか否かなどの発話状況や語用論的な解釈により、「告知」と「約束」の二つの意味・用法に分かれることを指摘した。

　さらに、「-ㄹ게 l-ge」が表す話し手の意志は、話し手にとっては決定されたものであり、その意味では確実なものではあるが、その意志による行為

はまだ行われていない行為（未実現）でるため非現実の‐ㄹ1が用いられ、「‐ㄹ게 l-ge」文全体で「確信している情報」を表すと論じた。

6.4　6章のまとめ

　本章では、従来あまり考察がなされていない形式名詞「것geos」に由来する終結語尾「‐ㄴ걸 n-geol」「‐ㄹ걸 l-geol」「‐ㄹ게 l-ge」の統語的・意味的特徴をコーパス資料から得られた実際の用例を用いて明らかにした。その結果、これらの形式は話し手が言及し示そうとする内容がどのようなものであるかによって、用法が異なることを示した。

　「‐ㄴ걸 n-geol」は話し手が言及する内容が「確実な情報」であることを示す形式であり、「‐ㄹ걸 l-geol」は「確信している情報」であることを示す形式であるとし、三つの形式の中の統語的・意味的に最も制限され特化された「‐ㄹ게 l-ge」は、「確信している情報」を表すが、その「確信している情報」のうち、〈話し手の意志のみを表明するという限定された形式〉であることを指摘した。その上で、これらの形式はいずれも対話の中で用いられるかどうかという発話状況や語用論的な解釈により、様々な意味を表すと論じた。

　形式名詞「것geos」に由来する諸形式のうち、このように終結語尾として機能する場合は、話し手の主観性が最も強く表れ、主観的な評価まで表す。さらに話し手の主観性により、音声的にも上昇または下降のイントネーションを伴い、話し手の態度を表明していることを示した。

第7章

形式名詞の「것geos」の言語学的位置づけ

7.1　はじめに

　この章では形式名詞の「것geos」の言語学的位置づけについて論じる。具体的には、形式名詞「것geos」の文法化及び対照言語学研究という観点から、類型論的に同タイプに属し多くの類似性を有する日本語との対照を行う。

　まず、ここまでの議論を振り返って見る。第6章までは、形式名詞「것geos」諸形式の意味・機能に関して連体形語尾との関連から考察することで、個々の意味・機能を一律に説明できることを示した。具体的には、第3章では連体修飾節を受ける「것geos」を、第4章から第5章にわたっては、形式名詞「것geos」に指定詞「이다ida」が後接して文末に現れ固定化して機能する「것이다 geos-ida」形式を、第6章では、終結語尾として機能する「-ㄴ걸 n-geol」「-ㄹ걸 l-geol」「-ㄹ게 l-ge」形式の考察を行った。これらは、すべて「것geos」に先行する - ㄴ n と - ㄹ l の持つ「現実」「非現実」の事態を表すというモダリティ機能が、発話状況や語用論的に解釈されることで様々な意味を表すと論じた。以上のように諸形式の個々の意味・機能の説明は可能となったが、次に必要なのは形式名詞「것geos」という一つの機能語からの変化に関する説明である。

　これらの「것geos」諸形式の個々の意味・機能の変化を説明するためには、「文法化（grammaticalization）」という概念の導入が不可欠である。文法化とは、一般に語彙的意味を持つ内容語（content word）が歴史的変化の中で文法的機能を担う機能語（function word）に変化したり、文法的要素がさらに文法的な機能を獲得していく言語変化の過程を指す（Hopper & Traugott 1993, 2003, Bybee et al 1994）。

　次に、言語類型論[121]の知見を取り入れ、対照言語学研究[122]という観点から日韓両言語の形式名詞の統語的・意味的な違いに注目し、韓国語の特徴を明らかにする。なお、本章では既出の例文の出典は省略し、新出の例文のみ出典を明記する。

7.2　文法化の観点からの考察

7.2.1　文法化

　Hopper & Traugott（1993）によれば、文法化（grammaticalization）とは、語彙項目や語彙構造が、ある言語の文脈の中で文法的な機能を果たすようになる過程を示し、一旦文法化が起こると、新たな文法的機能を果たす語に変化し続ける過程である。それはまた、語彙と文を区別する特質が、通時的に生まれたり共時的に編成される過程である。このことから、文法化の過程には大きく分けて二つの側面があることがわかる。一つは、語彙的意味を持つ内容語から文法的機能を有する機能語へと変化するという脱語彙化（delexicalization: 大堀 2005）の過程であり、もう一つは、すでに存在している機能語が異なる機能を表す語へと変化するという多機能性における拡張に関わる過程である。さらには、形態的・音韻的な変化を起こす場合もある。

　形式名詞「것geos」の文法化は、機能語が前後の要素と固定化されることで異なる機能を表す語へと変化するという多機能性における拡張に関わるものである。ここでは、「것geos」の文法化による意味・機能の拡張を共時的な観点から考察する。「것geos」の意味・機能の拡張を考える際、その変化の動機づけとして、「一方向性仮説（unidirectionality hypothesis）」、「主観化（subjectification）」の二つに注目して考察する。

121　言語類型論は、異なった言語間の相違とバリエーションとその背景にある法則性に注目するアプローチをとる研究分野である（大堀 2002，柴谷 2002）。
122　対照言語学は、その研究成果を外国語教育に応用するという目的のもと、1950 年代に登場したが、近年は、外国語教育という観点のみならず、言語の普遍性と多様性の追求を目指す研究が多くなっている（生越 2002，柴谷 2002）。

7.2.1.1　一方向性仮説

　一方向性（unidirectionalitys）とは、文法化には一定の順序があり、その順序に逆行することはないという仮説である。Hopper & Traugott（2003）では、一方向性仮説を支持する個別の言語現象として「一般化（generalization）」と「脱範疇化（decategorization）」の二つを提示している。ここではこの二つに加えて「意味の漂白化（semantic bleaching）」（Sweetser 1988）という現象についても検証する。

　一般化とは、ある形式が多様性を増大させ語彙的な形式から、より文法的な形式へと、形式が表す範囲を増やしていくことを指している。脱範疇化とは、文法化と共に、語彙自体が本来属していたカテゴリーから別のカテゴリーへと転化していくことを指す。例えば、名詞や動詞といった主要な文法範疇に認められるような形態論的、統語的特性を失う、いわゆる品詞崩れのことを指す。また文法化によって起こるとされる意味の漂白化も、具体的な意味から抽象的な意味へと意味上の一方向性を指すものである。

　この一方向性という仮説に基づいて、形式名詞「것geos」を見てみると、形式名詞本来の機能をそのまま保持しているものと、その機能を失いつつあるものとに分かれる。ここで注意しなければならないのは、本稿でしばしば述べてきたように、ここでも形式名詞「것geos」単独ではなく、その前後の要素を含めた形で考察しなければならないことである。

　まず、第4章から第5章で扱った形式名詞「것geos」に指定詞「이다 ida」が後接して文末に現れ機能する「것이다 geos-ida」形式では、〈連体形語尾＋「것geos」＋「이다 ida」〉のように、それぞれの構成要素が独立しその機能を果たすものと、固定化して機能するものとがあった。さらに、いずれの場合にも連体形語尾の違いで意味・機能が異なっていた。

　では次に、この文末に現れる「것이다 geos-ida」形式を具体的に見る。(1)(2)は構成する要素が独立し、〈連体形語尾＋「것geos」＋「이다 ida」〉として機能する例であり、(3)(4)(5)は固定化して機能する例である。

(1)　드디어 그는 그 이상한 전화의 정체를 알게 되었다 . 그건 진짜 경지에게
온 전화였다 . 그것도 가족이 아닌 , 그가 모르는 남자에게서 온 것이
었다 .

deudieo geu-neun geu isangha-n jeonhwa-ui jeongche-leul al-ge
ついに　彼 -TOP　その　異常 -ADN　電話 - の　　正体 -ACC　　　知る - こと
doe-eoss-da. geugeo-n jinjja Gyeongji-ege o-n jeonhwa-y-eoss-da.
になる -PST-DEC それ -TOP　本当　キョンジ - から　来る -ADN 電話 -COP-PST-DEC
geugeos-do gajog-i ani-n, geu-ga moleu-neun namja-egeseo
それ - も　　　家族 -NM　NEG-ADN　彼 -NM　知らない -ADN　男 - から
o-n geos-i-eoss-da.
来る -ADN　geos-COP-PST-DEC
ついに彼はその異常な電話の正体を知ることになった。それは本当に
キョンジに
きた電話であった。それも家族でない、彼が知らない男から来たもの
だった。

(2)　그가 할 수 있는 일은 그런 뻔한 말을 해주는 것뿐이었다 .

gu-ga ha-l su iss-neun il-eun gueleo-n ppeonha-n
彼 -NM　する -ADN　できる -ADN こと -TOP　その - ような　明らか -ADN
mal-eul hae-ju-neun geos-ppun-i-eoss-da.
話 -ACC　する - あげる -ADN　geos- だけ -COP-PST-DEC
彼ができることはそのような決まり文句を言ってあげることだけだ
った。

(3)　너희 둘 문제로 연락한 거 아니다 .

neohui dul munje-lo yeonlagha-n geo ani-da.
君たち　二人　問題 - で　連絡する -ADN　geos NEG-DEC
君たち二人の問題で連絡したのではない。

(4)　태어난 이상 누구나 죽는 거야 .

taeeona-n isang nugu-na jug-neun geo-ya.
生まれる -ADN 以上　誰 - もが　死ぬ -ADN　geos-COP-INT
生まれた以上誰もが死ぬんだ。

(5)　　　아무도 우리가 여기 갇힌 줄 모를 거야.

amu-do uli-ga　　yeogi gadhi-n　　　　　　jul mo-leul　　　geo-ya.

誰 - も　私達 -NM　ここ　閉じ込められる -ADN NOM 知らない -ADN geos-COP-INT

誰も私たちがここに閉じ込められていると知らないだろう。

　(1) の形式名詞「것geos」は指示機能を、(2) は名詞化機能を持っており、第 3 章で論じた連体修飾節を受ける「것geos」の機能と同様である。また (1)(2) のような例では過去を表すテンス「- 었 -eoss」が「것이다 geos-ida」に後接したり、「것geos」と「이다 ida」の間に複数を表す「- 들 deul」や限定を表す助詞「- 뿐 ppun」の挿入が可能であり、指定詞「이다 ida」も述語として独立し機能することから名詞文であると言える。

　また、(3) のスコープ機能の「것이다 geos-ida」は第 4 章で論じたように、「것geos」によってその前の命題全体を名詞化しているので、否定文の場合は名詞文の否定辞「아니다 anida」が用いられる。従って、固定化はしているものの構成要素それぞれの機能が残っていることから、完全に一語化して機能するモダリティの「것이다 geos-ida」より、元来の構造である＜名詞化機能を持つ「것geos」＋「이다 ida」＞という分析的な構造に近い。一方、(4)(5) では第 5 章で論じたように、構成要素それぞれの機能を失い完全に一語化しており、モダリティ機能を担っていると言える。

　従って、(4)(5) の「것이다 geos-ida」は意味・機能の面からは、「것이다 geos-ida」の構成要素それぞれが形式名詞、指定詞といった個別の範疇に属さなくなっており、脱範疇化が起きている。また (2)(3)(4)(5) では、「것geos」が持っている代名詞として機能する、すなわち具体的なものから抽象的な事柄を指し示すという指示機能も失っていることから、意味的にも漂白化が起きている。しかし、(3) と (4)(5) とではその固定化のあり方に違いがある。(3) では、連体形語尾と「것이다 geos-ida」が一語化しておらず、連体形語尾としての機能は維持されている。一方、(4)(5) では、一語として再分析（reanalysis）され、構成要素個々の意味・機能を分析的に捉えることができない [123]。

---

123 Lehmann（1985）は、文法化原理を設定するために、まず文法化現象の様々な側面、すなわち、文法化の変数の尺度を規定している。彼は、文法性の程度と自立性の程度の間には負の相関関係があることに注視して、自立性の尺度として、重さ（weight）、

　次に、第6章で扱った終結語尾として機能する「-ㄴ걸 n-geol」「-ㄹ걸 l-geol」「-ㄹ게 l-ge」形式について見る。

(6)　a.　이런 데서 만나다니 정말 뜻밖인걸?

　　　ileo-n　　　　de-seo　manna-dani　jeongmal　tteusbakk-i-n-geo-l?
　　　こういう -ADN 所 - で　会う - とは　　本当　　　意外 -COP-ADN-geos-ACC-INT
　　　こんな所で会うとは本当に意外だね。

　　b.　맘에 안드는걸 어떡해?

　　　mam-e　an-deu-neun-geo-l　　　　　eotteoghae?
　　　気 - に　NEG- 入る -AND-geos-ACC　どうする -INT
　　　気に入らないんだもの、どうしろって言うの。

(7)　a.　자전거 타고 올걸.

　　　jajeongeo　ta-go　　o-l-geo-l.
　　　自転車　　乗る - て　来る -ADN-geos-ACC-INT
　　　自転車に乗って来ればよかったものを。

　　b.　내가 좀 더 낼걸 그랬다. (Vol. 2)

　　　nae-ga　jom　　deo　nae-l-geo-l　　　　geulae-ss-da.
　　　私 -NM　ちょっと　もう　出す -ADN-geos-ACC　そう -PST-DEC
　　　私がもうちょっと出せばよかったものを。

(8)　　엄마… 조금만 더 고생하세요… 저 열심히 공부할께요. (Vol. 5)

　　　eomma.　jogeum-man　deo　gosaengha-se-yo.　jeo　yeolsim-hi
　　　ママ　　　少し - だけ　　もう　幸抱する -IM-POL2　私　熱心 - に
　　　gongbuha-l-kke-yo.
　　　勉強する -ADN-ge-POL2
　　　ママ… もう少しだけ幸抱してください… 私熱心に勉強しますから。

　　結合性 (cohesion)，変動性 (variability) の概念を導入している。また、この三つの概念を、
　　系列関係 (paradigmatic) と統語関係 (syntagmatic) とに区分し、六つの変数「規範 (integrity)，
　　語形変化 (paradigmaticity)，語形変化の変動性 (paradigmatic variability)，作用域 (scope)，
　　拘束性 (bondedness)，統語可変性 (syntagmatic variability)」により文法化の原理を提示
　　している。要するに、形態的に重いものから軽いものに、統語的には結合性が強くな
　　り膠着化され、さらに、形態が融合されることで変動性が失われ固定されるのである。

　(6)(7)(8) では、〈連体形語尾＋形式名詞「것geos」〉という統語的構造から形態素境界の再分析により【-ㄴ / ㄹ # 것＞-ㄴ / ㄹ것 (n/l # geos ＞ n/l-geos)】という形態的構造に変化し、さらに、音韻的な縮約が起きて【것을＞걸 (geos eul ＞ geol)】、【것이 (거) ＞게 (geos-i(geo) ＞ ge)】といった形をとる（「#」は形態素境界を表す）[124]。このように、すでに形態的な変化があり音韻的にも変化しており、さらに、(6)(7) の「-ㄴ걸 n-geol」「-ㄹ걸 l-geol」形式では、後接する目的格「을 eul」もその本来の機能が失われ、脱範疇化が起きている。これら「-ㄴ걸 n-geol」「-ㄹ걸 l-geol」形式には、(6b, 7b) のように文の最終の要素ではないものもあり、固定化はしているものの終結語尾化はしておらず[125]、これらの形式は今も文法化の過程の中にあると言える。

　次に、(8) の「-ㄹ게 l-ge」ではその固定化が一層進み、統語的にも連体形語尾は-ㄹ lとしか共起せず、さらに意味的にも話し手の意志しか表せず、形態的・統語的・意味的にも特化され、終結語尾の形式の中でもっとも文法化が進んだものと考えられる。

　これら「-ㄴ걸 n-geol」「-ㄹ걸 l-geol」「-ㄹ게 l-ge」形式は、Hopper & Traugott（1993: 103）が指摘するように、文法化が進むと形態的に「重い（heavier）」単位から「軽い（lighter）」単位へ、そして音韻的に長く明瞭なものから短く不明瞭なものへ変化する傾向があり、この点からも「것geos」諸形式の中でも最も文法化された形式であると言える。

　ここまでの形式名詞「것geos」の統語・機能変化を、次の〈表 7-1〉に示す。

124　韓国語の形式名詞の文法化の過程については、鄭鎬完（1987a, b），安明哲（1990），李智涼（1998），鄭在永（1996）などを参照されたい。

125　本稿では、固定化・終結語尾化について三つの判断基準を設けた。詳細は、6.2.2.1 を参照されたい。

表7-1　形式名詞「것geos」の統語・機能変化

	連体形との共起の自由度	連体形の機能	指示機能	名詞化機能	idaの述語機能	格助詞としての機能
-n/l geos-ida	+	+	+	+	+	
-n/l geos-ida	+	−	−	−	−	
-n/l-geol	+	−	−	−		−
-l-ge	−	−	−	−	−	

7.2.1.2　主観化

　主観化（subjectification）とは、Traugott（1982, 1989）の用語で、文法化の意味的・語用論的変化の順序を示したものである。Traugott（1989: 31）では、英語の while や法助動詞などに対する分析から、文法化による意味の変化に次のような順序が見られることを主張している。

$$\text{Propositional} \ > \ ((\text{textual}) \ > \ (\text{expressive}))$$

　これは、ある形式が意味的変化によって、客観的に捉えることができる語彙的な内容を伴った命題的な意味から、文同士の連結やテキスト形成に関わる意味を表すようになり、さらに、命題に関する話者の主観的な信念や態度を表すようになる、ということを主張するものである。
　この流れを韓国語の形式名詞「것geos」に当てはめ図式化すると、次の〈図7-1〉になる。

図7-1　前後要素を含めた「것geos」の意味・機能の拡張

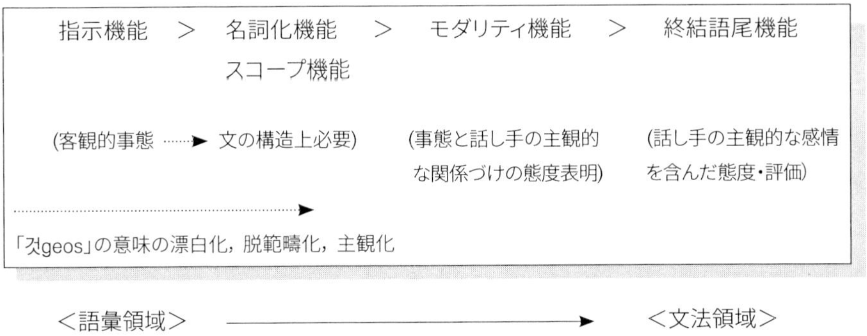

```
指示機能   >   名詞化機能   >   モダリティ機能   >   終結語尾機能
              スコープ機能

(客観的事態 ┄┄▶ 文の構造上必要)   (事態と話し手の主観的   (話し手の主観的な感情
                                 な関係づけの態度表明)   を含んだ態度・評価)

「것geos」の意味の漂白化，脱範疇化，主観化
```

<語彙領域> ━━━━━━━━━━━━━━▶ <文法領域>

　韓国語の形式名詞「것geos」の場合、話し手の主観とは関わりなく単に文中の名詞や事柄を指し示す指示機能から、節を名詞化するいわゆる名詞化機能・スコープ機能を担うものへの変化がある。このスコープ機能を意味的な観点から見ると、話し手の事態に対する判断の現れと言える。しかし、名詞化された事態は客観的なものである。次に、文末で完全に一語化してモダリティ機能を担うようになると、指示機能や名詞化機能・スコープ機能しか持たなかった「것geos」が、複数の事態と話し手の主観的な関係づけという話し手の判断・態度表明の形式となり、理由や結果，状況，教え諭しの用法や，推量，意志表明などを表すに至り、意味・機能の拡張が進む。

　さらに終結語尾となることで、専ら話し手の主観的な感情を含んだ態度・評価を表すようになる。その中でも最も文法化が進んだ「-ㄹ게 l-ge」形式は、話し手の意志のみを表す。以上のことから、すでに見た一方向性仮説の形態的・統語的変化に沿う形で意味的にも主観化が進んでいることがわかる。

7.2.2　まとめ

　以上のように形式名詞「것geos」諸形式は、「것geos」の文法化のそれぞれの段階が見て取れる。形態的・音韻的、統語的な変化とそれに伴う意味的な変化がそれぞれの形式で現れているのであるが、文末に現れる「것이다 geos-ida」形式にしろ、終結語尾として機能する「-ㄴ걸 n-geol」「-ㄹ걸 l-geol」「-ㄹ게 l-ge」形式にしろ、同形式の中にもその文法化の段階が異な

るものが含まれている。例えば文末に現れる「것이다 geos-ida」では、それ
ぞれの構成要素が独立し機能するものから、構成要素が固定化して機能す
るものとがあり、さらに、「-ㄴ걸 n-geol」「-ㄹ걸 l-geol」形式でも、完全に
終結語尾化しているものと、終結語尾化はしていないものの固定化してい
るものとがあった。このように、形式名詞「것geos」は、正に文法化の過
程にあり、堀江（2001），守屋・堀江（2003）によれば、単一形式（構造）
に単一の意味（機能）が対応する傾向が高く、文法化がしにくいとされる
韓国語の中にあって、文法化のそれぞれの段階が見て取れる貴重な事例で
あると言え、その文法化は進行中であると言える。

7.3　対照言語学的研究の観点からの考察

　前節での文法化に続き、この節では、韓国語の形式名詞「것geos」が言
語学的にどのように位置づけられるかを検討するために、類型論的に同
タイプに属する日本語との対照研究を行う。韓国語と日本語はその類似
性ゆえに、数多くの対照研究が行われており、本稿の対象である形式名
詞「것geos」と日本語の形式名詞「もの，こと，の」との対照研究も数多
くある。
　ここでは、それら先行研究が行った形式名詞個々の対応関係についての
考察ではなく、韓国語の形式名詞「것geos」との比較を通して、韓国語と日
本語の統語的・意味的な特徴について検討する。

7.3.1　日本語との対照

　韓国語の形式名詞「것geos」は、構造的な面からも機能的な面からも日
本語の「もの，こと，の」と類似していると言われ（宋承姫 2000，堀江
2005 など）、韓国語の「것geos」に対応する日本語は、その機能によって幾
つかの形式に分かれる。

7.3.1.1　指示機能の対応関係

　まず、形式名詞「것geos」の持つ機能のうち、指示機能での対応関係を見る。

(9)　a.　한발짝씩 내딛자 , 그 보드라움 사이로 뾰족뾰족한 것이 찔러왔다 .

　　　hanbaljjag-ssig naedid-ja,　　geu bodeulau-m　sai-lo　　ppyojogppyogha-n
　　　一歩 - ずつ　　踏み出す - と　その 柔らかい -NOM　間 - から　とがっている -ADN

　　　geos-i　　jjilleowa-ss-da,
　　　geos-NM　突き刺さる -PST-DEC

　　　一歩ずつ踏み出すと、その柔らかさの間からとがっている<u>もの (石)</u>
　　　が突き刺さってきた。

　　b.　애들 먹일 걸 왜 손 대 !

　　　ae-deul　meogi-l　　　geo-l　　wae　son　dae!
　　　子供 - 達　食べさせる -ADN　geos-ACC　何　手　付ける -INT

　　　子供たちに食べさせる<u>もの</u>に何で手を付けるの !

　　c.　젠장 ! 그래 , 원하면 나가라지 . 내가 무서울 게 뭐 있어 , 안 그래 ?

　　　jenjang! geulae,　wonha-myeon naga-la-ji.　　　　nae-ga　　museou-l
　　　くそ　　そう　　望む - なら　　出て行く -IM-FIN-INT 私 -NM　怖い -ADN

　　　ge　　mwo iss-eo.　an　　geulae?
　　　geos-NM　なに　ある -INT　NEG　そう -INT-Q

　　　くそ ! そう、望むなら出て行けばいいだろう。俺に怖い<u>こと</u>なんかあ
　　　るか , そうだろう ?

　韓国語の形式名詞「것geos」は第 2 章で述べたように、「것geos」自体は、
自立性がなく実質的な意味は持たないが、同一文内あるいはその文の外の、
何らかの事物を指し示す指示機能を持っている。指示機能を担う場合、具
体的なものから抽象的な事柄まで指し示すことができ、上記の例のように、
「もの」(9a. b) と「こと」(9c) に対応している。しかし、日本語の「もの」
は、目や耳などの五官で捉えることのできる具体的な固体を指す（森田良
行 1980, 寺村秀夫 1984）。また「こと」は人間生活の中で時間の推移とと
もに発生・変化・存在する現象を表す（原田登美・小谷博泰 1990:13）。「こ
と」で節を名詞化する場合は「抽象化された概念」を表す（久野暲 1973,
Josephs 1976 など）。このように、日本語では具体的なものと抽象的な事柄
を異なる二つの形式で表し分けている。
　以下、指示機能を担う「것geos」と日本語との対応関係を〈表 7-2〉に示す。

表7-2 「指示機能」の対応関係

韓国語	指示機能	日本語
-ㄴ/ㄹ 것n/l geos	具体的なもの	もの
	抽象的な事柄	こと

7.3.1.2 名詞化機能の対応関係

次に、「것geos」のもう一つの機能である名詞化機能を担う場合を見る。

(10) a. 결국 그녀는 미쳐버릴 게 틀림없다 .

   gyeolgug geunyeo-neun michy-eobeoli-l   ge   teullim-eobs-da.
   結局   彼女 -TOP   狂う - しまう -ADN geos-NM   間違い -NEG-DEC
   結局彼女は狂ってしまう<u>こと</u>に間違いない。

   b. 규혁이 탐스러운 듯한 눈길로 자신의 머리칼을 바라보던 것이 생각났다 .

   Gyuhyeog-i   tamseuleou-n deusha-n   nungil-lo jasin-ui   meolikal-eul
   キュヒョク -NM 欲しがる -ADN   よう -ADN   視線 - で   自分 - の   髪の毛 -ACC
   balabo-deon   geos-i   saenggagna-ss-da.
   眺める -ADN   geos-NM   思い出す -PST-DEN
   キュヒョクが欲しがるような視線で、自分の髪の毛を眺めていた<u>こ</u>
   <u>と</u>が思い出された。

(11) a. 슬픔이 용암처럼 끓고 있는 게 느껴졌다 .

   sulpeum-i   yongam-cheoleom kkeulh-go iss-neun ge   neukkyeojy-eoss-da.
   悲しみ -NM   溶岩 - ように   沸く - いる -ADN   geos-NM 感じられる -PST-DEC
   悲しみが溶岩のように沸いている<u>の</u>が感じられた。

   b. 경지는 규혁의 입이 벌어지는 것을 가만히 쳐다보았다 .

   Gyeongji-neun Gyuhyeog-ui   ib-i   beoleoji-neun geos-eul gamanhi
   キョンジ -TOP   キュヒョク - の   口 -NM   開く -ADN   geos-ACC じっと
   chyeodabo-ass-da.
   見つめる -PST-DEC
   キョンジはキュヒョクの開いた口が塞がらない<u>の</u>をじっと見つめた。

(12)　라라의 죽음을 전한 건 김이었다.

Lala-ui　　jugeum-eul　jeonha-n　　geo-n　　Kim-i-eoss-da.

ララ - の　死 -ACC　　伝える -ADN　geos-TOP　キム -COP-PST-DEC

ララの死を伝えたのはキムだった。

　「것geos」が名詞化機能を担う場合は、日本語では「こと」(10) と「の」(11) に対応している[126]。また、(12) のように分裂文（強調文）の場合は、「〜것은 (geos-eun)」で表れ、日本語では「〜のは」に対応している。日本語の名詞化辞「こと」と「の」については、それらが表す事態が異なり、「の」は「具体的な動作・状態・出来事」を表し、「こと」は「抽象化された概念」を表すとされる（久野 1973，Josephs1976 など）。

　このように日本語では、名詞化においてもその事態が具体的な事態か抽象的な事態かによって使い分けられる。一方、韓国語の「것geos」はその表す事態が「具体的」「抽象的」という捉え方ではなく、第 3 章で述べたように、「現実」「非現実」を基準にした捉え方をしており、事態が「現実」であるか「非現実」であるかは、「것geos」に先行する連体形語尾の形式によって表されるのである。

7.3.1.3　スコープとモダリティ機能の対応関係

　次に、文末に現れ形式名詞「것geos」と指定詞「이다 ida」が固定化してスコープ機能を担うものと、完全に一語化して話し手の態度を表すモダリティ機能の二種類について考察する。このモダリティ機能を担う「것이다 geos-ida」は、第 5 章で述べたように、「것geos」に先行する連体形語尾の形式によって「- ㄴ 것이다 n geos-ida」と「- ㄹ 것이다 l geos-ida」とに分けられ、その意味・用法が異なる。(13)(14) のような例は、固定化してスコープ機能を担うものであり、このスコープの「것이다 geos-ida」は、日本語の「のだ」と対応している。

---

126 日本語の形式名詞「の」は、実質的な意味は持たず、専ら名詞性だけを保つ役割になっており、先行する語、特に用言を承けて、全体を名詞化するのが基本的な役割であり、「補文」「分裂文」などの構文で用いられるという多機能性を持っている（寺村 1984: 305-306）。

(13)　너희 둘 문제로 연락한 거 아니다.

neohui dul　munje-lo　yeonlagha-n　geo ani-da.
君達　　二人　問題 - で　　連絡する -ADN　geos NEG-DEC
君たち二人の問題で連絡した<u>のではない</u>。

(14)　（自分のことを褒めずに、服ばかりを褒める相手に対しての発話）

A: 나는 없고 옷만 있어？ （BRE0295）

na-neun eobs-go os-man　　iss-eo?
私 -TOP　NEG- て　服 - だけ　ある -INT-Q
私はいなくて服だけあるの？

B: 무슨 섭섭한 소리를 해. 당신이 입으니까 옷도 빛나는 거야.

museum seobseobha-n soli-leul　hae.　　dangsin-i　ib-eunikka os-do
何　　　さびしい -ADN　こと -ACC　する -INT　あなた -NM　着る - から　服 - も
bichna-neun　geo-ya.
輝く -ADN　　geos-COP-INT
何さびしいことというの。あなたが着ているから服も輝く<u>のよ</u>。

　次に、モダリティ機能を担う「- ㄴ 것이다 n geos-ida」は、(15) 〜 (18) のように明示された事態と関係づけて推論し、その推論の理由や結果となる事態を提示したり、明示されない事態と関係づけて推論し、話し手が経験した状況や事情、考えなどを提示したり、教え論しの意味・用法がある。この「- ㄴ 것이다 n geos-ida」は、(15) 〜 (18) の日本語訳からもわかるように、「のだ」「ことだ」「ものだ」の他に、「わけだ」[127] にも対応する場合がある。

(15)　방바닥이 차다. 그래서 아이는 오래 앉아 있질 못하고 그렇게 통통 뛰어<u>오르는 것이다</u>.

bang-badag-i　　cha-da.　geulaeseo ai-neun　olae anj-a iss-ji-l
部屋 - 床 -NM　冷たい -DEC それで　　子供 -TOP　長く　座る - いる -NOM-ACC
mosha-go geuleoh-ge　tongtong twi-eo-oleu-neun　　geos-i-da.
NEG- て　その - ように　どんどん　跳ねる - 上がる -ADN　geos-COP-DEC
部屋の床が冷たい。それで子供は長く座っていられなくて、そのようにどんどんと跳ね上がる<u>のだ（わけだ）</u>。

---

127 「わけだ」に対応する場合は、「- ㄴ 것이다 n geos-ida」が明示された事態と関係づけて結果を推論し提示する意味・用法のみに限る。

(16)　（今着ている服はどこのブランドなのかという質問に）

　　　이거？세일 때 산 거야.

　　　igeo?　seil　ttae　sa-n　　geo-ya.
　　　これ-Q　セール　時　買う-ADN geos-COP-INT
　　　これ、セールの時買ったんだ。

(17)　어른을 보면 반드시 자리를 양보해야 하는 것이다.

　　　eoleun-eul bo-myeon　bandeusi jali-luel yangbohae-ya ha-neun
　　　年配-ACC　見る-たら　必ず　　席-ACC　譲る-なければならない-ADN

　　　geos-i-da.
　　　geos-COP-DEC
　　　年配の方に会ったら必ず席を譲るものだ。

(18)　다른 사람 일에 왈가불가 말하지 않는 것이다.

　　　daleun salam il-e　　walgabulga malha-ji　anh-neun geos-ida.
　　　他の　人　こと-に　とやかく　話す-NEG-ADN　　geos- COP-DEC
　　　他人のことにとやかく言わないことだ。

　日本語の「のだ」「ことだ」「ものだ」の意味・用法については、研究者によってその分類に若干の違いがあるが、ここでは、それぞれの意味・用法については検討しない。但し、以下に先行研究の主な分類を〈表7-3〉にまとめて掲げる。

表7-3　「のだ」「ことだ」「ものだ」の意味・用法[128]

のだ	ことだ	ものだ
関係づけの理由・結果	説明	説明
強調	当為	当為
言い換え	言い換え	一般的傾向
発見	伝聞	感嘆
前置き	忠告・命令	回想など
非難・命令・忠告など	感嘆など	

---

128 日本語の「のだ」「ことだ」「ものだ」に関する研究には、寺村（1984），備前（1989），守屋（1989, 1990），田野村（1990, 1993），揚妻（1990, 1997），佐治（1991, 1993），青木（1993），坪根（1994, 1995），野田（1997），杉浦（2005），名嶋（2007）など多数がある。

　〈表7-3〉のように日本語の「のだ」「ことだ」「ものだ」は意味・用法が多様であり、そのすべての意味・用法を「-ㄴ 것이다 n geos-ida」がカバーするわけではない。 例えば、次のような「のだ」「ものだ」の用法は「-ㄴ 것이다 n geos-ida」にはない。

(19) a.　そうか、このスイッチを押すんだ。　　　［発見］（野田春美 1997:67）

　　　그렇구나 , 이 스위치를 누르는구나 .

　　　geuleoh-guna i　seuwichi-leul　nuleu-neun-guna.

　　　そうか　　　 この　スイッチ -ACC　押す -ADN-guna-INT

　　b.　僕、明日は来ないよ。用事があるんだ。［理由・事実の説明］
　　　　　　　　　　　　　　　　　　　　　　（野田春美 1997:67）

　　　나 , 내일은 안 와 . 볼일이 있거든 .

　　　na, naeil-eun an　wa. bolil-i　iss-geodeun.

　　　私　明日 -TOP　NEG　来る　用事 -NM　ある -geodeun-INT

(20) a.　月日が経つのは早いものだ。　　　　　　［感慨］

　　　세월이 빠르군 .

　　　sewol-i　ppaleu-gun.

　　　歳月 -NM　早い -gun-INT

　　b.　二人でよく遊んだもの。　　　　　　　　［回想］

　　　둘이서 자주 놀았었지 .

　　　dul-iseo　jaju　nol-ass-eoss-ji.

　　　2人 - で　よく　遊ぶ -PST-ji-INT

　(19)(20) のようなモダリティ性が高い話し手の感情・気持ちの表明、及び今この場で初めて認識した事柄や、聞き手が知り難い既定事実を提示する場合は「-구나 (군) （guna(gun)/ ものだ・ね・な）」や「-지 （ji/ ものだ・な）」、「-거든 geodeun/（のだ（よ）・からね）」などの終結語尾が対応する。

　一方、「-ㄹ 것이다 l geos-ida」は、以下の (21)(22) のように、明示された事態と関係づけて推論したり、明示されない事態と関係づけて推論したりする、推量表明の意味・用法がある。また、(23) のように、話し手の未来の事態に向けての行為（姿勢）を表すという話し手の意志表明の意味・用法がある（疑問文は聞き手の意志）。この意志の表明は、事前に決意し固まって

いる意志であり、聞き手のあるなしに関係なく、話し手自身の強い意志を述べるものである。これらに対応するのは以下のように、「-ㄹ 것이다1 geos-ida」が推量表明の場合は、日本語の「だろう」や「はずだ」に対応し[129]、意志表明の場合は、意志を表す「·つもりだ」に対応している。

(21)　임국장이 차장이라는 직함을 제의하지 않았더라면 내가 그 판에 끼여드는
　　　 일은 없었을 것이다 .
　　　 Im-gugjang-i chajang-i-la-neun jigham-eul jeuiha-ji anh-ass-de-lamyoen
　　　 イム - 局長 -NM 次長 -COP-DEC-ADN 肩書 -ACC 提案する -NOM NEG-PST-REM- ば
　　　 nae-ga geu pan-e kkiyeodeu-neun il-eun eobs-eoss-eul geos-i-da.
　　　 私 -NM その 場 - に 加わる -ADN　　こと -TOP NEG-PST-ADN geos-COP-DEC
　　　 イム局長が次長という肩書を提案しなかったならば、私がその場に
　　　 加わることはなかっただろう（はずだ）。

(22)　아줌마 , 염려 마세요 . 누가 재명이 괴롭히면 친구들이 혼내줄 거예요 .
　　　 ajumma, yeomleyo ma-se-yo. nu-ga Jaemyeongi goelobhi-myeon
　　　 おばさん　 心配　 NEG-IM-POL2 誰か -NM ジェミョン　 苛める - ば
　　　 chingu-deul-i honn-ae ju-l ge-ye-yo.
　　　 友人 - 達 -NM　 こらしめる - くれる -ADN geos-COP-POL2
　　　 おばさん、心配しないでください。誰かがジェミョンを苛めれば友人
　　　 達がこらしめてくれるでしょう（はずです）。

(23)　나는 다시는 안 돌아 올 거야 .
　　　 na-neun dasi-neun an dola o-l geo-ya.
　　　 私 -TOP　 二度と -TOP NEG 帰って来る -ADN geos-COP-INT
　　　 私は二度と帰って来ないつもりだ。

　以上のように、文末に現れる「것이다 geos-ida」には、スコープ機能とモダリティ機能の二種類の機能があり、モダリティ機能の場合は、連体形語

129　推量を表す「だろう」は、日本語の概言的表現の中で、「自分はこう考える」という
　　 感じが一番強く、最も主観的であり、推量の根拠となるのは、普通は自分のこれま
　　 での経験，知識の総合である（寺村 1984: 226-231）。「はずだ」は、ある事柄の真否
　　 について判断を求められたとき、あるいは自分で判断を下すべき場面に直面したと
　　 き、確言的に言えないが、自分が現在知っている事実（P）から推論すると、当然こ
　　 う（Q）である、ということを言うときに使われるのが普通の使い方であるが、既定
　　 の事実を説明する用法もある（寺村 1984: 266）。

尾によってその意味・用法が異なり、日本語では様々な形式が対応する。モダリティ機能の「것이다 geos-ida」と日本語との対応関係を〈表7-4〉に示す。

表7-4　モダリティの「것이다geos-ida」と日本語との対応関係

韓国語	日本語
-ㄴ 것이다n geos-ida	のだ、ことだ、ものだ、わけだ
-ㄹ 것이다 geos-ida	だろう、はずだ、つもりだ

　韓国語の「-ㄴ 것이다 n geos-ida」の意味・用法は、「説明」として括られるが、細かく見ると強調や理由・結果・状況、当為などが含まれる。これらは、いずれもが現実の事態に対する話し手の判断・態度を説明するもので、「-ㄴ 것이다 n geos-ida」文全体は確実な情報を表す形式である。その事態の捉え方がどうであるかを日本語は、「説明のムード」（寺村 1984）とされる「のだ」「ことだ」「ものだ」「わけだ」という幾つかの形式で表すが、韓国語では一つの形式が担い、文脈で様々に解される。

　同様に、「-ㄹ 것이다 l geos-ida」の文全体は、推量と意志を表し、非現実の事態に対する話し手の判断・態度によるものであり、不確実な情報を表す形式である。日本語では「概言のムード」（寺村 1984）とされる「だろう」「はずだ」が推量を、「つもりだ」が意志を表す。しかし、いずれにしても話し手が言及する事態は現実の事態ではない。従って、日本語の三つの形式は、全て非現実の事態に対する話し手の判断・捉え方であると言え、非現実の事態に対するという点で「-ㄹ 것이다 l geos-ida」に対応しているのである。

7.3.1.4　終結語尾としての機能の対応関係

　最後に、終結語尾として機能する「-ㄴ걸 n-geol」「-ㄹ걸 l-geol」「-ㄹ게 l-ge」形式について考察する。これらの終結語尾は第6章で述べたように、話し手が発話時において発話状況をどのように認識し、聞き手にどのように伝達し示そうとするかというモダリティ機能を担っており、日本語の終助詞と同様の機能を持つものである。しかし、対者待遇の表示及び連体形

語尾の形式によってその意味・機能が異なる点で、日本語の終助詞とは異なる。まず、「- ㄴ걸 n-geol」「- ㄹ걸 l-geol」から見る。

(24) a. 그렇지만 저는 애기 때문에 가장 조용한 곳을 택했는걸요 ?

　　　geuleohjiman jeo-neun aegi　ttaemun-e gajang joyongha-n gos-eul
　　　でも　　　　私 -TOP　子供　ため - に　　最も　静か -ADN　所 -ACC

　　　taeghae-ss-neun-geo-l-yo?
　　　選ぶ -PST-ADN-geos-ACC-POL2

　　　でも私は子供のために最も静かなところを<u>選んだんです</u>。

b. (教授になってもいつもマンガばかり見ていると文句を言う相手に)
　　(本ばかり見て) 어쩌냐 , 만화책이 재밌는걸 .

　　　eojjeonya,　manhwa-chaeg-i　jaemiss-neun-geo-l.
　　　だって　　　マンガ - 本 -NM　　面白い -ADN-geos-ACC-INT

　　　だって、マンガ本が<u>面白いんだもの</u>。

c. （友達につづいて切符売り場で切符を買おうとして）
　　아차 ! 지갑이 없는걸 ?

　　　acha!　jigab-i　eobs-neun-geo-l?
　　　しまった 財布 -NM　NEG-ADN-geos-ACC-INT

　　　しまった。財布が<u>ないよ</u>。

d. （新入社員の時から A を見てきた社長が、セールスしている A を見て）
　　제법 틀이 <u>잡혔는걸</u> ? (Vol. 4)

　　　jebeob teul-i　jabhy-eoss-neun-geo-l?
　　　結構　型 -NM　整う -PST-ADN-geos-ACC-INT

　　　結構板に<u>ついてきたね</u>。

(25) a. 언니라고 그런 애 한 명도 없었을걸 ?

　　　eonni-la-go　　geuleo-n　　ae han myeong-do eobs-eoss-eul-geo-l.
　　　姉さん -COP- と そういう -ADN 子 一 人 - も　　NEG-PST-ADN-geos-ACC-INT

　　　お姉さんって、そんな子一人も<u>いなかったと思うよ</u>。

b. 자전거 타고 <u>올걸</u> .

　　　jajeongeo ta-go　　o-l-geo-l.
　　　自転車　　乗る - て　来る -ADN-geos-ACC-INT

　　　自転車に乗って<u>来ればよかったものを</u>。

   c.　(用事があるのでそろそろ帰ると言う相手に)

     얘기하다 저녁이나 들고 <u>가실걸</u>.

     yaegiha-da　jeonyeog-ina　deul-go　　　ga-si-l-geo-l.

     話する - から　夕飯 - でも　　召し上がる - て帰る -SH-ADN-geos-ACC-INT

     お話してから夕飯でも召し上がって<u>お帰りになればよいのに</u>。

　(24) の「- ㄴ걸 n-geol」形式は、理由・状況などの説明や異議や反論を述べたり、話し手の主観的な感情を含んだ判断・態度としての驚きや感嘆、気づきなどを表す。この場合は、日本語では「のだ」「もの」「よ」「ね」などが対応する。(25) の「- ㄹ걸 l-geol」形式は、推量や話し手にとって現実の事態が望ましくないという思いを表す。この場合は、「〜と思うよ」「ものを」「のに」などが対応する[130]。このように、日本語では韓国語と同様に形式名詞に格助詞との共起が必要であったり、あるいは対応する形式名詞がなかったりする。また、これらの形式に終助詞の「よ」や「ね」などが付くこともある[131]。

　(24) の「- ㄴ걸 n-geol」文全体は話し手が伝達し示そうとする情報が確実な情報、「- ㄹ걸 l-geol」文全体は確信している情報を表すと述べてきたが（第6 章を参照のこと）、これらは、すなわち「- ㄴ걸 n-geol」文では現実の事態を基に話し手が言及する伝達内容が確実な情報であるということを示し、「- ㄹ걸 l-geol」文では話し手は思考や推論の中でその情報が確実だと思ってはいるが、非現実の事態を基にしているため、確信している情報であること

130　日本語の「ものを」や「のに」は、逆接的な意味を含み持たせ、語用論的解釈により「意外，遺憾，不満，不本意，驚き，後悔，願望，非難」などのニュアンスが現れる（西原 1985, 今尾 1993, 1994, 前田 1995, 坪根 1996 など）。この「ものを」「のに」は、韓国語の「- ㄹ걸 l-geol」と意味的には部分的に重なり，構造的にも「形式名詞＋格助詞」のように共通する部分があると言える。

131　日本語の「よ」や「ね」の終助詞は、話し手の認識様相や聞き手への伝達態度を表し、さらに、話し手と聞き手との情報・知識の所有関係とも関わっている（神尾 1990, 益岡 1991）。「よ」は、聞き手に対して話し手の意志や判断を強く押し付ける表現であり、「ね」は、聞き手を同調者としての関係におこうとする主体的立場の表現である（時枝 1951: 8）。また、Ⅰ型の「- ㄴ걸 n-geol」形式は、第6 章で論じたように、話し手にとっては確認済みの既定情報であり、聞き手は知らないと思われる場合及び聞き手が誤った認識を持っていると思われる場合に聞き手に伝達を意図するときに用いる形式であり、その言及される情報は話し手にあるので、日本語に訳す際には「よ」が用いられやすい。

を表す。一方、日本語では話し手の言及しようとする事態とそれに対する
話し手の判断のあり方によって、それぞれに対応する形式名詞が用意され
ており、その為「- ㄴ걸 n-geol」「- ㄹ걸 l-geol」に対応するものとして形式名
詞だけでは、それぞれに対応し切れず、終助詞などとの共起が必要になる。
この現象も日本語の形式名詞が表す領域が狭く、また韓国語のように連体
形語尾がないため、形式名詞のみでは事態が現実であるか非現実であるか
を表せないことによる。この両言語の違いは、次に見る話し手の意志のみ
を表す「- ㄹ게 l-ge」でも確認することができる。

(26) a. (今貸してあげる傘を必ず返してほしいという相手に対して)

　　　당연하죠. 금방 가져올게요. 정말 고맙습니다.

　　　dangyeonha-jyo. geumbang gajy-eo o-l-ge-yo. jeongmal gomab-subnida.
　　　当然 -FIN-POL2　すぐ　　　持つ - 来る -ADN-ge-POL2 本当　ありがとう -POL1
　　　当然です。すぐ持ってきます。本当にありがとうございます。

　　b. 그런 소프트웨어가 나오면 내가 꼭 사줄게.

　　　geuleo-n sopeuteuweeo-ga nao-myeon nae-ga kkog sa-ju-l-ge.
　　　そういう -ADN ソフトウェア -NM　出る - ば　　私 -NM　必ず 買う - あげる
　　　-ADN-ge-INT
　　　そのようなソフトウェアが出てくれば、私が必ず買ってあげるよ。

　　c. 언니, 나 잠깐 나갔다 올게.

　　　eonni na jamkkan nag-ass-da o-l ge.
　　　姉さん　私　ちょっと　　出かける -PST-DEC　来る -ADN-ge-INT
　　　姉さん、私ちょっと出かけて来るね。

　(26) ではすべて話し手の意志のみを表していることがわかるが、それに
対応する日本語を見ると、「意志性動詞のル形」が対応したり、あるいは意
志性動詞のル形に終助詞「よ」や「ね」が付いたり、その他「意志性動詞
のル形＋から＋ね」が付いたりもするが、基本的には「意志性動詞のル形」
が対応していると言えよう。韓国語の「- ㄹ게 l-ge」は必ず聞き手への伝達
を意図し、話し手の未来の事態に向けての行為（姿勢）の表明であり、そ
のことを非現実の事態を表す - ㄹ 1 で示している。逆に「- ㄴ게 n-ge」とい
う形式が存在しない理由もここにあるのである。これに対して日本語では、

同じように話し手の意志の表明であっても、意志の対象となる行為を表す動詞のみで示すか、聞き手との関係などによって「よ」「ね」などが用いられたり、状況に合わせて様々な形式を用いなければならない。

7.3.2　まとめ

　以上、韓国語の形式名詞「것geos」とそれに対応するとされる日本語の形式名詞との関係を見てきたが、形式名詞の指示・名詞化機能までは、日本語の形式名詞のいずれかと対応しており、形式名詞が対応するという点においては大きな差はない。しかし、日本語の個々の形式名詞が表せる事態の範囲が狭いので、その事態がどのようなものかによって日本語では多くの形式が用意されている。

　一方、韓国語の形式名詞「것geos」が文末表現としてモダリティ機能を担う場合は、連体形語尾の形式によりその対応する形式が異なっており、韓国語と日本語との違いが顕著に表れる。

　さらに、終結語尾になると韓国語に対応する日本語は、形式名詞を含め終助詞の付加や他の形式に置き換えるなど、一律的に対応関係を見出すのが難しくなる。このように、最も話し手の主観化が現れる終結語尾の場合に、より韓国語と日本語の違いが明確に現れる。これらの違いは、事態がどのようなものであるか、すなわち、現実か非現実かを韓国語では連体形語尾が表すのに対し、日本語にはその機能を担うものがないからであると考えられる。

　以上述べてきたように、韓国語と日本語では、構文構造や個々の形式名詞が担っている意味・用法が異なることで、両言語に違いが生じていることと、韓国語と日本語の統語的な違いが、連体形語尾の有無によるものであることが伺える。また、形式名詞「것geos」の考察には先行要素である連体形語尾と後接要素とを含めた形で考察するという、本稿の姿勢の重要性が改めて確認できた。

7.4　7章のまとめ

　本章では、韓国語の形式名詞の言語学的位置づけを試みるため、文法化及び類型論的に同タイプである日本語との対照研究を行った。韓国語の形式名詞「것geos」は、指示機能，名詞化機能，スコープ機能，モダリティ機能，終結語尾としての機能を担っており、文法化がしにくいとされる韓国語の中にあって、文法化のそれぞれの段階が見て取れる貴重な事例であると言え、その文法化は進行中であると言える。

　また、韓国語の形式名詞「것geos」が指し示す範囲の広さに対して、日本語ではその事態が具体的か抽象的かによって細かく分かれているため、使用範囲が狭くなる点で、両言語は異なっている。さらに、韓国語においての連体形語尾の存在が日本語との最も大きな違いであり、その連体形語尾の種類によって、日本語では対応する形式が多岐に渡ることが明らかになった。このように類似点が多いとされる韓国語と日本語であっても本稿で扱った形式名詞「것geos」は、連体形語尾がある韓国語とない日本語とでは大きな違いが現れることが明確になった。

第 8 章

結　　　論

　　本稿は、現代韓国語の形式名詞「것geos」を中心に、その統語構造におけ
る「것geos」及び「것geos」に由来する諸形式の意味・機能を明らかにし、
その意味・機能がどのように変化しているのか、さらには、言語学におけ
る韓国語の形式名詞「것geos」の位置づけを多角的な観点からの考察に基づ
き包括的に論じたものである。

　　形式名詞「것geos」は、先行要素である連体形語尾と後接要素とを含めて
文法化しており、様々な形式がある。先行研究では、これら諸形式が担う
意味・機能を一律に説明できる包括的な研究が行われていない。本稿では、
形式名詞「것geos」に由来する諸形式の意味・機能をすべて説明するためには、
形式名詞「것geos」の前後要素を含めた考察が必要不可欠であり、とりわけ
連体形語尾の形式の違いによって意味が異なることから連体形語尾に注目
した。連体形語尾 - ㄴと - ㄹ1で表される事態に違いがあり、連体形語尾 - ㄴ n,
- ㄹ1がそれぞれ「現実」「非現実」の事態を表し、モダリティ的意味を担う
形式であるという仮説の基に考察を行い、その仮説に対してコーパス資料
を用いて実証的な検証を試みた。以下、第 2 章から第 7 章までの議論を振
り返ると共に、本稿の結論を示す。

　　第 2 章では、本稿の考察に入る前に共通知識として、研究対象である形
式名詞「것geos」の機能、及び「것geos」の先行要素である連体形語尾につ
いて先行研究での知見を概観した上で、本稿の立場を論じた。形式名詞「것
geos」は、語彙的な意味がなく統語的に自立性がないが、具体的なものから
抽象的な事柄まで指し示す指示機能と、文を名詞化する名詞化機能を担っ
ている。また本稿では「것geos」が用言の修飾を受ける際、必須の要素とな

る連体形語尾の体系については一次的な形式として‐ㄴ n，‐ㄹ l を認め、それぞれ「現実」「非現実」の事態を表すモダリティ的意味を担う形式であるという仮説を提示した。

　第3章では、上記の仮説に基づき従属節のうち連体修飾節を受ける「것geos」を分析し、従来の研究でのテンスやアスペクト的意味を表すという把握よりも、「現実」対「非現実」という捉え方のほうが、より一貫した説明ができることを示した。考察にあたっては、「関係節」、「補文Ⅰ型（補足型）」、「補文Ⅱ型（名詞化型）」に分類し、節が表す事態が「現実」か「非現実」であるかという本稿の仮説によって、「‐ㄴ 것 n geos」「‐ㄹ 것 l geos」の意味・機能が説明できることを論証した。

　さらに、「것geos」が用いられ、「総称」と一括して呼ばれるものも、その総称の表す概念が「現実」「非現実」によって、連体形語尾が決定され表示されることを示した。

　なお、このように節の事態が現実の事態か非現実の事態かを区分し表すことは、韓国語以外にも Caddo 語や Alsea 語など、広く見られるものである（Chafe, W. 1995，Mithun, M. 1999 など）。この「現実」「非現実」という捉え方は、テンスやアスペクトと密接な関係がある。一般に、過去や現在の事態あるいは完了した事態などは現実であり、未来や未完了の事態であれば非現実だからである。しかし、従来の研究で提唱されているテンスやアスペクトとして捉えるより、「現実」「非現実」という本稿の捉え方のほうが、一貫した説明ができ、より正確に連体形語尾の意味機能を説明できることを論じた。

　次に、第4章から第5章にわたっては、形式名詞「것geos」と前後要素とが固定化し文末に用いられる「것이다 geos-ida」形式についての考察を行った。まず、第4章では、従来あまり検討がされていなかった「것이다 geos-ida」のスコープ機能について考察を行った。基本的に述語によって示された事態の成立が焦点になるが、述語によって示された事態の成立以外の要素を焦点にするためには、スコープの「것이다 geos-ida」を用いなければならないことを主張した。

　このようなスコープ機能を担う「것이다 geos-ida」は、形式名詞「것geos」と前後要素が固定化はしているものの、構成要素それぞれの機能が残っていることから、完全に一語化して機能するモダリティの「것이다 geos-ida」

より、元来の構造である＜名詞化機能を持つ「것geos」＋「이다 ida」＞という分析的な構造に近いものであると論じた。

　第5章では、完全に一語化してモダリティ機能を担う「것이다 geos-ida」について、文を構成する事態と事態との関係づけという観点から考察を行った。このモダリティの「것이다 geos-ida」は先行する連体形語尾の形式によって「-ㄴ 것이다 n geos-ida」と「-ㄹ 것이다 l geos-ida」に分けられる。この二つの形式が用いられる文は、①「明示された事態との関係づけ」（明示された事態1と「것이다 geos-ida」で示される事態2の二つの事態が明示されるもの）と、②「明示されない事態との関係づけ」（「것이다 geos-ida」で示される事態2のみが明示されるもの）とに分けられ、その関係づけは話し手の主観的な判断によるものである。この二つの事態の関係づけが明示されるか否かに関わらず、文を構成する事態が「現実」のみで構成されているか、「非現実」の事態を含んでいるかで、さらに分けられる。この事態の関係づけでは、「現実」のみの事態で構成されるものには「-ㄴ 것이다 n geos-ida」が用いられ、「非現実」を含む場合には「-ㄹ 것이다 l geos-ida」が用いられる。このように一語化してモダリティ機能を果たす場合には、個々の事態が「現実」または「非現実」であるかではなく、文を構成する事態が「現実のみ」か、「非現実を含む」かを表すものへと、連体形語尾の機能が変化している。

　このことから、主観的な関係づけがなされた文全体の内容を「-ㄴ 것이다 n geos-ida」文では「確実な情報」として示し、「-ㄹ 것이다 l geos-ida」文では「不確実な情報」として示すと論じた。このようにモダリティ表現の「것이다 geos-ida」は完全に一語化することで、構成要素それぞれの元来の意味・機能とは異なる新たな意味・機能を担っている。この「것이다 geos-ida」文に関して、複数の事態との関係づけという観点からの考察は、先行研究には見られないものであり、本稿が初めて提唱するものである。

　第6章では、形式名詞「것geos」に由来する終結語尾「-ㄴ걸 n-geol」「-ㄹ걸 l-geol」「-ㄹ게 l-ge」について、話し手が言及する情報と統語形式との関連から考察を行った。まず、「-ㄴ걸 n-geol」が示す事態は、発話時において直接経験した「確認済みの既定事態」と「今ここで初めて知覚した事態」とに分けられる。これら「-ㄴ걸 n-geol」で示される事態は、本稿で言うところの「現実」の事態である。そのため、「現実」の事態を表す -ㄴ n が用

いられ、「‐ㄴ걸 n-geol」文全体で表される内容は「確実な情報」を表すと論じた。

次に、「‐ㄹ걸 l-geol」が示す事態は、発話時において「確認していない・できない事態」と「反事実が確認済みの事態」とに分けられる。これらの「‐ㄹ걸 l-geol」で示される事態は、本稿で言うところの「非現実」の事態であり、「非現実」の事態を表す‐ㄹ l が用いられ、「‐ㄹ걸 l-geol」文全体で表わされる内容は「確信している情報」を表すと論じた。これら終結語尾として機能する「‐ㄴ걸 n-geol」「‐ㄹ걸 l-geol」は、音声的にも特徴が見られ、上昇イントネーションを伴い発話されるものと、下降イントネーションを伴い発話されるものとがある。上昇イントネーションで発話される場合は、話し手の期待に反する意外性から生じる発話であったり、聞き手に問いかけ再確認を要求することで強く主張するという効果が生じる。一方、下降イントネーションになるのは、現実の事態が望ましくないという思いから発話されるものである。

統語的・意味的に最も制限され、特化された「‐ㄹ게 l-ge」は、話し手の「意志」あるいは「告知」、「約束」の意味を表すとされてきたが、これらはすべて広義の「話し手の意志表明」と言えるものである。さらに、「‐ㄹ게 l-ge」が表す話し手の意志は、話し手にとっては決定されたものであり、その意味では確実なものではあるが、その意志による行為は、まだ行われていない行為であり、「非現実」の事態を表す‐ㄹ l が用いられ、「‐ㄹ게 l-ge」文全体の発話内容は「確信している情報」を表すと論じた。

形式名詞「것geos」に由来する諸形式のうち、このように終結語尾として機能する場合は、話し手の主観性が最も強く表れ、主観的な評価まで表すようになり、発話状況や語用論的な解釈により、様々な意味・用法を表す。さらに、話し手の主観性により音声的にも上昇・下降のイントネーションが伴い、話し手の態度が表される。

第7章では、韓国語の形式名詞「것geos」の言語学的位置づけを試みるため、文法化に関する考察及び類型論的に同タイプである日本語との対照研究を行った。韓国語の形式名詞「것geos」は、指示機能、名詞化機能、スコープ機能、モダリティ機能、終結語尾としての話し手の主観的な態度を表す機能を担っている。

この形式名詞「것geos」に由来する諸形式は、形態的・音韻的、統語的な

変化とそれに伴う意味的な変化が各々の形式で現れているが、文末に現れる「것이다 geos-ida」形式にしろ、終結語尾として機能する「-ㄴ걸 n-geol」「-ㄹ걸 l-geol」「-ㄹ게 l-ge」形式にしろ、同形式の中にもその文法化の段階が異なるものが含まれている。例えば、文末に現れる「것이다 geos-ida」では、それぞれの構成要素が独立して機能するものと、構成要素が固定化して機能するものとがあり、さらに、「-ㄴ걸 n-geol」「-ㄹ걸 l-geol」形式でも、完全に終結語尾化しているものと、固定化はしているものの終結語尾化はしていないものとがあった。

　文法化がしにくいとされる韓国語の中にあって、「것geos」の諸形式は文法化のそれぞれの段階が見て取れる貴重な事例であると言え、その文法化は進行中である。

　また、韓国語の形式名詞「것geos」が指し示す範囲の広さに対し、日本語では細分化されているためその範囲が狭くなっている。さらに、韓国語の連体形語尾の存在が日本語との最も大きな違いであり、その連体形語尾によって示される事態の違いによって、日本語では対応する形式が多岐に渡っている。類似点が多いとされる韓国語と日本語であっても、本稿で扱った形式名詞「것geos」の場合は、前後の形式と結びついて新たな複合的要素を生み出す点、そして節を名詞化する機能を通じて新たな機能を獲得していく点など共通点を見せるものの、日本語にはない韓国語の連体形語尾の形式の対立によって「것geos」の変遷が日本語と異なる様相を見せている。このように韓国語と日本語では、構文構造や個々の形式名詞が担っている意味・用法が異なることで、両言語に違いが生じていること、及び統語的な違いが連体形語尾の有無によるものであることが伺える。

　本稿で以上のような成果が得られたのは、形式名詞「것geos」単独ではなく、前後要素を含めた形で考察したことによるものである。さらに連体形語尾との関連からの考察によって、事態が「現実」であるか「非現実」であるかを連体形語尾で明示的に表すという韓国語の持つ統語的特徴を論証した。本稿で得られた成果は、今後の韓国語学にとどまらず、言語類型論・対照言語学における研究に資するものであると信じる。

あとがき

🌓

　本書は、2012 年に麗澤大学より学位を授与された博士論文を加筆修正したものである。あまりにも月日が経ってしまい書籍化はあきらめていたが、日本に来て丁度 20 年の節目を迎え、今回書籍化することを決意した次第である。しかしながら、論文を修正するということは新たに書くより難しいということを、本書を執筆しながら改めて感じた。

　本書は、現代韓国語の形式名詞「것geos」及び「것geos」諸形式をスコープ機能の観点を導入し、連体形語尾との関連からその意味・機能を論証したものである。また、韓国語の形式名詞「것geos」の意味・機能の拡張を文法化の観点から考察し、さらに、日本語の形式名詞と比較対照を行い、言語学における韓国語の形式名詞「것geos」の位置づけを包括的に論じた。韓国語の形式名詞「것geos」が前後の形式と結びついて新たな複合的要素を生み出す点、そして節を名詞化する機能を通じて新たな機能を獲得していく点で日本語の形式名詞、中でも「の」との共通点を見せるものの、日本語にはない韓国語の連体形語尾の形式の対立によって「것geos」の変遷が日本語と異なる様相を見せていることを指摘した。文法化がしにくいとされる韓国語の中にあって、「것geos」の諸形式は文法化のそれぞれの段階が見て取れる貴重な事例であると言え、その文法化は進行中である。

　本書で得られた成果は今後の韓国語学にとどまらず、日韓両言語における形式名詞の比較研究に寄与できれば幸いである。

　本書の執筆にあたっては、多くの方々の御協力と御指導を頂いた。

　まず、指導教授である杉浦滋子先生に心から感謝申し上げたい。修士課程、博士課程の 7 年にわたり言語学の基礎から研究方法に至るまで、きめ細やかな御指導をして頂くことができた。先生は時には挫折しそうになった私を厳しく、また温かく励まして下さり、論証の不十分な点や至らない点な

どにも一つ一つ丁寧なコメントをくださった。また、本書を執筆することになった際にも御多忙中にもかかわらず、御指摘とアドバイスを頂いたことで本書を書き上げることができた。重ねて感謝申し上げる。

　次に、藤本幸夫先生には、韓国語学の幅広い知識と研究者としての在り方を学ばせて頂いた。先生は研究者としてのお手本であるだけではなく、私たち留学生にとっては父親のような存在であり、心の支えでもあった。さらに博士論文の審査にも加わって頂いた。ここに厚く感謝申し上げる。

　さらに、井上優先生に予備審査、本審査を通じて対照研究の観点からの御助言、御指摘を頂いたことに心から感謝申し上げる。また、麗澤大学言語研究センターのポストドクターの際にも研究の御指導を頂戴し、さらに修士課程の学生の論文指導の機会も与えてくださった。この経験は私にとって指導者としての客観的思考を養う学びとなった。改めて感謝の意を表したい。

　また、韓国語学の偉大な研究者であられる梅田博之先生に、博士論文を審査して頂けたことは、韓国人留学生としてこの上ない喜びであった。研究者としてだけではなく、教育者としても御尊敬申し上げていた先生であった。残念ながら梅田先生は2019年7月に逝去されため本書をお見せすることができず、痛恨に耐えない。

　また、滝浦真人先生、副島昭夫先生、大野仁美先生、千葉庄寿先生、すでに御退休された坂本比奈子先生、中右実先生をはじめ麗澤大学の先生方には、学部から博士課程に至るまで様々なことを御教示頂いた。深く感謝申し上げる。滝浦真人先生（現：放送大学）には現在も語用論や社会言語学の観点からの御指導を頂戴しており、現在進めている共同研究について重要な御教示を頂いている。重ねて感謝を申し上げたい。

　さらに、朝鮮学会や朝鮮語研究会などでの発表の際には、多くの先生方に貴重なアドバイスを頂いた。特に、油谷幸利先生及び野間秀樹先生には韓国語学の観点から的確な御指摘と御指導を頂戴した。この場を借りて感謝申し上げる。

　その他、同ゼミの仲間である齋藤茂さんと京谷美代子さんには、博士論文の執筆から本書を仕上げるまでに日本語の修正など大変お世話になった。また、研究についての議論を交わし、共に励まし合うことで研究を進めることができた。心より御礼申し上げたい。

　また、本書の出版に際して、出版社日本法人博英社の中嶋啓太代表取締役と編集部の玄恵美様に大変お世話になった。心から御礼申し上げる。中嶋啓太代表取締役に、博士論文を初めてお見せしてから本書出版まで一年以上かかってしまったが、書籍化へと導いてくださったことに感謝申し上げる。

　最後に、長い日本での生活を信頼と愛情で常に応援し見守ってくれている韓国にいる両親に、心から感謝の言葉を伝えたい。

2021 年 4 月吉日
丁仁京

参考文献

❖ **日本語**

青木惣一（1993）「「のだ」文の基本的意味をめぐる諸説の検討と今後の課題
　　「のだ」文に対する語用論的分析試案　その1」『アメリカ・カナダ大学連
　　合日本語研究センター』，pp. 1-27

青木博史（2007）『日本語の構造変化と文法化』ひつじ研究叢書（言語編）
　　55，ひつじ書房

赤塚紀子（1998）「条件文と Desirability の仮説」『モダリティと発話行為』
　　日英語比較選書3，研究社，pp. 1-94

揚妻祐樹（1990）「形式的用法の「もの」の構文と意味─＜解説＞の「ものだ」
　　の場合─」『国語学研究』30，東北大学文学部，pp. 82-94

揚妻祐樹（1991）「実質名詞「もの」と形式的用法との意味的つながり」『日本
　　語学科論集─言語学・国語学・日本語教育学─』1，東北大学文学部日本語
　　学科，pp. 2-11

揚妻祐樹（1996）「コトとしての名詞概念と連体修飾構造」『藤女子大学国文学
　　雑誌』56，pp. 1-13

揚妻祐樹（1997）「「ものだ」文の表現構造─「形式」「実質」峻別への疑問─」
　　『日本語の歴史地理構造』明治書院，pp. 383-372

秋元実治（2002）『文法化とイディオム化』ひつじ書房

秋元実治・保坂道雄（編）（2005）『文法化─新たな展開─』英潮社

有田節子（2007）『日本語条件文と時制節性』日本語研究叢書20，くろしお出版

安達隆一（1977）「名詞句構造における「もの」「こと」「の」─統語論的差異
　　を中心として─」『國語国文学報』31，愛知教育大学，pp. 90-98

新屋映子（1989）「文末名詞について」『國語學』159，日本語学会，pp. 75-88

李翊燮・李相億・蔡琬（2004）『韓国語概説』大修館書店，（前田真彦訳・梅田
　　博之監修）

池上嘉彦（1981）『「する」と「なる」の言語学─言語と文化のタイポロジーへ
　　の試論─』大修館書店

伊藤英人（1989）「現代朝鮮語動詞の非過去テンス形式の用法について」『朝鮮
　　学報』131，朝鮮学会，pp. 1-44

伊藤英人（1990）「現代朝鮮語動詞の過去テンス形式の用法について (1)―hayssta 形について」『朝鮮学報』137，朝鮮学会，pp. 1-53

李南姫（2001）「現代日本語の「のだ」文の総合的研究」大東文化大学大学院博士学位論文

井上和子・原田かづ子・阿部泰明（1999）『生成言語学入門』大修館書店

井上　優・生越直樹・木村英樹（2002）「テンス・アスペクトの比較対照―日本語・朝鮮語・中国語」『対照言語学』シリーズ言語科学 4，生越直樹（編），東京大学出版会，pp. 125-159

李泓馥（2008）「「-li-」，「-te-」―話し手の行為的側面を捨象しえない先語末語尾―」『日本語と朝鮮語の対照研究 II』東京大学 21 世紀 COE プログラム「心とことば―進化認知科学的展開」研究報告書，pp. 185-208

今尾ゆき子（1993）「「ノニ」の機能」『名古屋大学人文科学研究』22，名古屋大学大学院文学研究科，pp. 75-85

今尾ゆき子（1994）「条件表現各論―ガ / ケレド / ノニ / クセニ / テモ―談話語用論の観点から―」『日本語学』13-1，明治書院，pp. 92-103

印省熙（2003）「「日本語の『のだ』と韓国語の『-ㄴ 것이다』の対照研究」お茶の水大学大学院博士学位論文

印省熙（2006）「日本語の『のだ』と韓国語の『-ㄴ 것이다』―会話文の平叙文の場合―」『朝鮮語研究会』3，朝鮮語研究会（編），くろしお出版，pp. 51-94

梅田博之（1977）「朝鮮語における敬語」『岩波講座日本語 4　敬語』岩波書店，pp. 248-270

梅田博之・村崎恭子（1982）「朝鮮語のテンス・アスペクト」『講座日本語学 11　外国語との対照 II』明治書院，pp. 40-60

梅田博之（1990）「朝鮮語と日本語の述語構造」『日本語教育』72，日本語教育学会，pp. 42-52

大島資生（2010）『日本語連体修飾節構造の研究』ひつじ書房

大関浩美（2008）『第一・第二言語における日本語名詞修飾構造の習得過程』くろしお出版

尾野治彦（2004）「小説における補文標識「の」「こと」の使い分けについて」『日本語科学』15，国立研究所，pp. 45-68

大堀壽夫（2002）『認知言語学』東京大学出版会

大堀壽夫（編）（2002）『認知言語学 II：カテゴリー化』シリーズ言語科学 3，東京大学出版会

大堀壽夫（2005）「日本語の文法化研究にあたって：概観と理論的課題」『日本語の研究』1-3，日本語学会，pp. 1-17

奥田靖雄（1990）「説明（その1）―のだ，のである，のです―」『ことばの科学4』，言語学研究会（編），むぎ書房，pp. 173-216

奥田靖雄（2001）「説明（その4）―話しあいのなかでの『のだ』―」『ことばの科学10』言語学研究会（編），むぎ書房，pp. 175-202

奥津敬一郎（1964）「「の」のいろいろ」『口語文法講座3　ゆれている文法』明治書院，pp. 238-253

奥津敬一郎（1974）『生成日本語文法論』大修館書店

奥野忠徳・小川芳樹（2002）『極性と作用域』英語学モノグラフシリーズ9，研究社

生越直樹（1997）「朝鮮語と日本語の過去形の使い方について」『日本語と外国語との対照研究IV 日本語と朝鮮語（下）』国立言語研究所（編），くろしお出版，pp. 139-152

生越直樹（編）（2002）『対照言語学』シリーズ言語科学4，東京大学出版会，

片岡喜代子（2006）『日本語否定文の構造―かきまぜ文と否定・呼応表現』日本語研究叢書18，くろしお出版

影山太郎（1993）『文法と語形成』ひつじ書房

加藤泰彦（2003）「否定のスコープと量化」『朝倉日本語講座5　文法I』朝倉書店，pp. 157-180

鎌田倫子（1998）「内容語をとる動詞のコトとノの選択規則―主動詞の意味分類と節の時制から―」『日本語教育』98，日本語教育学会，pp. 1-12

神尾昭雄（1990）『情報のなわ張り理論―言語の機能的分析―』大修館書店

神尾昭雄（2002）『続・情報のなわ張り理論』大修館書店

菅野裕臣（1990）「朝鮮語と日本語」『講座日本語と日本語教育12』明治書院，pp. 241-　265

北村雅則（2007）「モノダ文における述語名詞モノの役割―文末名詞文の構造との関連性―」『日本語の構造変化と文法化』ひつじ研究叢書（言語編）55，ひつじ書房，pp. 221-242

金廷珉（2008）「日韓語の名詞化の談話・語用論的機能に関する対照言語学的研究―「のだ」と「것이다（KES-ITA）」を中心に―」東北大学大学院博士学位論文

金水　敏・田窪行則（1998）「談話管理理論に基づく『よ』『ね』『よね』の研究」『音声による人間と機械の対話』堂下修司他（共編），ホーム社，pp. 257-271

金　民（2009）「現代朝鮮語の動詞の連体形と被修飾名詞の共起に関する研究―hanun（……する）連体形を中心に―」『朝鮮学報』212，朝鮮学会，pp. 67-101

工藤真由美（1995）『アスペクト・テンス体系とテクスト』ひつじ書房

久野　暲（1973）「ノデス」『日本文法研究』大修館書店，pp. 143-149

久野　暲（1978）『談話の文法』大修館書店

久野　暲（1983）「否定辞と疑問助詞のスコープ」『新日本文法研究』大修館書店，pp. 117-146

黒滝真理子（2005）『Deontic から Epistemic への普遍性と相対性―モダリティの日英語対象研究―』くろしお出版

小泉　保（1993）『日本語の教師のための言語学入門』大修館書店

小泉　保（2000）『言語研究における機能主義―誌上討論会―』くろしお出版

小金丸 (現 野田) 春美（1990）「ムードの「のだ」とスコープの「のだ」」『日本語学』9-3，明治書院，pp. 72-82

高地朋成（2008）「現代朝鮮語の連体形語尾'Ⅱ - ㄹ'小考」『韓国語学年報』4，神田外語大学韓国語学会，pp. 1-20

佐治圭三（1972）「「ことだ」と「のだ」―形式名詞と準体助詞―（その二）」『日本語・日本文化』3，大阪外国語大学研究留学生別科，pp. 1-31，（『日本語の文法の研究』ひつじ書房 1991 所収）

佐治圭三（1991）『日本語の文法の研究』ひつじ書房

佐治圭三（1993）「「の」の本質―「こと」「もの」との対比から」『日本語学』12-10，明治書院，pp. 4-14

澤田博美（2006）『モダリティ』開拓社

柴谷方良（2002）「対照言語学と類型論」『対照言語学』シリーズ言語科学 4，生越直樹（編），東京大学出版会，pp. 11-47

杉浦滋子（2003）「日本語の連体修飾節における時制保有型と時制欠如型」『言語と文明』1，麗澤大学大学院言語教育研究科論集，pp. 137-162

杉浦滋子（2005）「「ノダ」をもたない方言の諸相」『言語と文明』3，麗澤大学大学院言語教育研究科論集，pp. 3-20

杉村博文（1982）「『是…的』―中国語の『のだ』の文―」『外国語との対照Ⅲ』講座日本語学 12，寺村秀夫他（編），明治書院，pp. 155-172

宋承姫（2000）「日本語の「もの (だ)」「こと (だ)」「の (だ)」と韓国語の「것(이다) /geos(ida)」に関する対照研究―「文法化」の観点から―」広島大学大学院博士学位論文

平　香織（2007）「現代朝鮮語の意志形に関する記述的考察」『韓国語学年報』3，神田外語大学韓国語学会，pp. 1-20

高梨信乃（2010）『評価のモダリティ―現代日本語における記述的研究―』くろしお出版

高見健一（2000）「機能的構文論」『言語研究における機能主義―誌上討論会―』小泉保（編），くろしお出版，pp. 125-169

高見健一・久野　暲（2006）『日本語の機能的構文研究』大修館書店

滝浦真人（2007）「敬語の語用論研究―理論的枠組みの構築と用例調査による検証―」平成 16 ～ 18 年度科学研究費補助金（基盤研究 (c)(2)）研究成果報告書

田窪行則（1987）「統語構造と文脈情報」『日本語学』6-5，明治書院，pp. 37-48

田窪行則（1992）『基礎日本語文法―改定版』くろしお出版

田窪行則（編）（1994）『日本語の名詞修飾表現』くろしお出版

田窪行則（2010）『日本語の構造―推論と知識管理―』くろしお出版

田中　望（1980）「日常生活における"説明"について」『日本語と日本語教育』8，慶応義塾大学国際センター，pp. 49-64

田野村忠温（1990）『現代日本語文法 I 「のだ」の意味と機能』和泉書院

田野村忠温（1993）「「のだ」の機能」『日本語学』12-11，明治書院，pp. 34-42

太田　朗（1980）『否定の意味』大修館書店

崔眞姫（2005）「『のだ』の文法化と機能別必須性に関する研究」新戸学院大学大学院博士学位論文

崔眞姫（2006）「「のだ」と「것이다」の對照研究―文法化の度合いの違い―」『日本文化學會』29，韓国：韓國日本文化學會，pp. 1-17

辻　幸夫（2003）『認知言語学への招待』大修館書店

角田太作（1991）『世界の言語と日本語』くろしお出版

角田三枝（2004）『日本語の節・文の連接とモダリティ』くろしお出版

丁仁京（2008a）「韓国語の「것이다 /geosida」に由来する諸形式の総合的研究」『言語と文明』6，麗澤大学大学院言語教育研究科論集，pp. 137-162

丁仁京（2008b）「韓国語の文末表現「것이다」のスコープ機能」『朝鮮学報』208，朝鮮学会，pp. 29-64

丁仁京（2009）「韓国語の終結語尾'- ㄹ걸 (-lgeol)'に関する考察―コーパスに基づく分析―」『言語と文明』7，麗澤大学大学院言語教育研究科論集，pp. 41-59

丁仁京（2010a）「韓国語の終結語尾'- ㄴ걸''- ㄹ걸'の研究―話し手が言及する情報と統語形式との関連―」『朝鮮学報』216，朝鮮学会，pp. 1-50

丁仁京（2010b）「韓国語の形式名詞'것'に関する研究―冠形詞形語尾の意味機能との関連から―」『日韓言語学者会議：韓国語を通じた日韓両国の相互理解と共生』麗澤大学言語研究センター，pp. 35-60

丁仁京（2012）「現代韓国語の形式名詞'것geos'に由来する諸形式の研究」麗澤大学大学院言語教育研究科博士学位論文

丁仁京（2014）「韓国語の連体修飾節名詞句の語彙化－日本語との比較－」『言語と文明』12，麗澤大学大学院言語教育研究科論集，pp. 35-49

丁仁京 (2017)「韓国語の形式名詞'것 (geos)'と日本語の形式名詞の対照研究」『福岡大学人文論叢』49-3, 福岡大学研究推進部, pp. 839-870

丁仁京 (2018)「韓国語の形式名詞'것'と日本語の形式名詞」『韓国語教育論講座 3』野間秀樹 (編), くろしお出版, pp. 67-89

塚本秀樹 (2004)「文法体系における動詞連用形の位置づけ：日本語と韓国語の対照研究」『対照言語学の新展開』ひつじ研究叢書 (言語編), pp. 297-317

坪根由香里 (1994)「『ものだ』に関する一考察」『日本語教育』84, 日本語教育学会, pp. 65-77

坪根由香里 (1995)「「ことだ」に関する一考察—そのモダリティ性を探る—」『ICU 日本語教育研究センター紀要』5, 国際基督教大学日本語教育センター, pp. 45-62

坪根由香里 (1996)「終助詞・接続助詞としての「もの」の意味—「もの」「ものなら」「ものを」—」『日本語教育』91, 日本語教育学会, pp. 37-48

寺村秀夫 (1982)『日本語のシンタクスと意味 I』くろしお出版

寺村秀夫 (1984)『日本語のシンタクスと意味 II』くろしお出版

寺村秀夫 (1991)『日本語のシンタクスと意味III』くろしお出版

寺村秀夫 (1992)「連体修飾のシンタクスと意味—その 1 〜その 4」『寺村秀夫論文集 I —日本語文法編』くろしお出版, pp. 157-320

寺村秀夫 (1993)『寺村秀夫論文集 II』くろしお出版

時枝誠記 (1951)「対人関係を構成する助詞・助動詞」『国語国文』20-9, 京都大学国文学会, pp. 1-10

中右 実 (1994)『認知意味論の原理』大修館書店

中島 仁 (2002)「現代朝鮮語の動詞の連体形「한」について」『朝鮮学報』183, 朝鮮学会, pp. 23-50

中西恭子 (2002)「現代朝鮮語の連体形語尾 - 는について—- ㄹとの使い分けという観点から—」『朝鮮語研究』1, くろしお出版, pp. 7-35

名嶋義直 (2007)『ノダの意味・機能—関連性理論の観点から—』日本語研究叢書 19, くろしお出版

南英福 (1991)「日本語の「こと」「の」と韓国語の「것」の対照考察—名詞化の場合—」『外國語教育研究』6, 韓国：大丘大學校外國語教育研究所, pp. 107-123

西原鈴子 (1985)「逆接的表現における三つのパターン」『日本語教育』56, 日本語教育学会, pp. 28-38

仁田義雄・益岡隆志 (編) (1989)『日本語のモダリティ』くろしお出版

仁田義雄 (1991)『日本語のモダリティと人称』ひつじ書房

仁田義雄 (2000)「認識のモダリティとその周辺」『日本語の文法 3 モダリ

ティ』岩波書店，pp. 79-158

西山祐司（2003）『日本語名詞句の意味論と語用論―指示的名詞句と非指示的
　名詞句―』ひつじ書房

日本語記述文法研究会（編）(2003)『現代日本語文法 4　モダリティ』くろし
　お出版

日本語記述文法研究会（編）(2007)『現代日本語の文法 3　アスペクト，テンス，
　肯否』くろしお出版

日本語記述文法研究会（編）(2008)『現代日本語の文法 6　複文』くろしお出版

野田春美（1993）「『のだ』と終助詞『の』の境界をめぐって」『日本語学』10-
　12，明治書院，pp. 43-50

野田春美（1995）「モノダとコトダとノダ―名詞性の助動詞の当為的な用法」
　『日本語類義表現の文法（上）』宮島達夫・仁田義雄（編），くろしお出版，
　pp. 253-262

野田春美（1997）『「の (だ)」の機能』日本語研究叢書 9，くろしお出版

野間秀樹（1990）「＜할 것이다＞の研究―再び現代朝鮮語の用言の mood 形式
　をめぐって―」『朝鮮学報』104，朝鮮学会，pp. 1-64

野間秀樹（1997）「朝鮮語と日本語の連体修飾節（冠形節）構造」『朝鮮文化研究』
　4，東京大学文学部朝鮮文化研究室紀要，pp. 101-128

野間秀樹（1997）「朝鮮語の文の構造について」『日本語と外国語との対照研究
　IV 日本語と朝鮮語（下）』国立言語研究所（編），くろしお出版，pp. 103-138

野間秀樹（2012）「待遇表現と待遇法を考えるために」『韓国語教育論講座 2』，
　野間秀樹（編），くろしお出版，pp. 521-570

バーナードコムリー（1991）『言語普遍性と言語類型論』ひつじ書房，（松本克
　己・山本秀樹訳）

P. J. ホッパー・E. C. トラウゴット(2003)『文法化』九州大学出版会，(日野資成訳)

長谷川信子（1999）『生成日本語学入門』大修館書店

長谷川信子（編）(2007)『日本語の主文現象―統語構造とモダリティ』ひつじ
　研究叢書（言語編）56，ひつじ書房

原田登美・小谷博泰（1990）「日本語の「もの」「こと」」『国文学特集』84，
　甲南大学紀要文学（編），pp. 1-34

日野資成（2001）『形式語の研究―文法化の理論と応用―』九州大学出版会

備前　徹（1989）「「～ことだ」の名詞述語文に関する一考察」『人文科学・社
　会科学・教育科学』39，滋賀大学教育学部紀要，pp. 1-12

廣瀬幸生・加賀信広（1997）『指示と照応と否定』日英語比較選書 4，研究社

藤本幸夫（1980）「朝鮮版『千字文』の系統」『朝鮮学報』94，朝鮮学会，
　pp. 63-117

裵徳姫（1989）「「것이다」「のだ」の文について」『祥明大學校論文集』23, 韓国：祥明大學校論文集，pp. 115-141

白峰子（2004）『韓国語文法辞典』三修社，（大井秀明訳・野間秀樹監修）

堀江　薫（2001）「膠着語における文法化の特徴に関する認知言語学的考察—日本語と韓国語を対象に—」『認知言語学論考1』，山梨正明他（編），ひつじ書房，pp. 185-227

堀江　薫（2002）「日韓両語の補文構造の認知的基盤」『認知言語学Ⅱ：カテゴリー化』シリーズ言語科学3，大堀壽夫（編），東京大学出版会，pp. 255-276

堀江　薫（2005）「日本語と韓国語の文法化の対照—言語類型論の観点から—」『日本語の研究』1-3，日本語学会，pp. 93-107

堀江　薫・プラシャント・パルデジ（2009）『言語のタイポロジー』研究社

前田直子（1991）「条件文分類の一考察」『日本語科学年報』13, 東京外国語大学，pp. 50-80

前田直子（1995）「逆接を表わす「〜ノニ」の意味・用法」『東京大学留学生センター紀要』5，pp. 99-123

益岡隆志（1991）『モダリティの文法』くろしお出版

益岡隆志（1997）『複文』くろしお出版

益岡隆志（2000）『日本語文法の諸相』くろしお出版

益岡隆志（2006）『シリーズ言語対照〈外から見る日本語〉6　条件表現の対照』くろしお出版

益岡隆志（2007）『日本語のモダリティ探究』くろしお出版

三上　章（1953）『現代語法序説』刀江書院（復刊　くろしお出版 1972）

南不二男（1974）『現代日本語の構造』大修館書店

南不二男（1993）『現代日本語文法の輪郭』大修館書店

三原健一・平岩　健（2006）「主要部内在型関係節」『新日本語の統語構造—ミニマリストプログラムとその応用』松柏社，pp. 153-177

M. A. K. ハリデー（2001）『機能文法概説—ハリデー理論への誘い』くろしお出版，（山口登・筧嘉雄訳）

村田　寛（2000）「現代朝鮮語の＜ - ㄹ＞連体形について」『朝鮮学報』175，朝鮮学会，pp. 85-128

籾山洋介（1990）「現代日本語「もの」の諸相」『Litteratura』11，名古屋工業大学外国語教室，pp. 1-27

籾山洋介（1992）「文末の「モノダ」の多義構造」『言語文化論集』1，名古屋大学言語文化部，pp. 19-31

森田良行（1980）『基礎日本語2』角川書店

守屋哲治・堀江　薫（2003）「ドリフトと文法化—日韓語対照研究を中心に—」

　　『研究年報』17，日本エドワード・サピア協会，pp. 37-46

守屋三千代（1989）「『モノダ』に関する考察」『早稲田大学日本語研究教育セ
　　ンター紀要』1，pp. 1-25

守屋三千代（1990）「形式名詞の文末における用法について」『津田塾大学紀要』
　　22，pp. 109-125

森山卓郎（1992）「日本語における「推量」をめぐって」『言語研究』101，
　　日本言語学会，pp. 64-83

森山卓郎（1995）「ト思ウ，ハズダ，ニ違イナイ，ダロウ，副詞〜Ø」『日本語
　　類義表現文法』宮島達夫・仁田義雄（編），ひつじ書房，pp. 171-182

リンゼイ，J. ウェイリー（2006）『言語類型論入門―言語の普遍性と多様性―』
　　岩波書店，（大堀壽夫・山泉 実・古賀裕章訳）

ローレル J. ブリントン・エリザベス C. トラウゴット（2009）『語彙化と言語変化』
　　九州大学出版会，（日野資成訳）

矢田部修一（2002）「日本語における否定辞・量化子のスコープの決定」『文法理論：
　　レキシコンと統語』伊藤たかね（編），東京大学出版会，pp. 249-272

山内洋一郎（1970）「が・に・を・ものから・ものの・ものを＜から＞＜ので＞
　　＜のに＞」『國文學　解釈と鑑賞　日本語における助詞の機能と解釈』至文
　　堂，pp. 61-66

山口佳也（2011）『「のだ」文とその仲間―文構造に即して考える』三省堂

山森良枝（1997）「終助詞の局所的情報処理機能」『コミュニケーションの自然
　　誌』新曜社，pp. 130-172

幸松英恵（2006）「『のだ』と'것이다'の日韓対照研究―翻訳比較を通してみる
　　共通点と相違点―」『日本語と朝鮮語の対照研究』東京大学 21 世紀 COE
　　プログラム「心とことば－進化認知科学的展開」研究報告書，pp. 107-158

吉川武時（編）（2003）『形式名詞がこれでわかる』ひつじ書房

渡辺ゆかり（2008）『補文語標識「こと」「の」の意味的相違に関する研究』
　　溪水社

❖ **韓国語**

강범모（1983）「한국어 보문명사 구문의 의미 특성」『語學研究』19-1，서울大學校
　　語學研究所，pp. 53-73

강소영（2004）『명사구 보문 구성의 문법화』한국문화사

강현화（2008）「"- 을걸"의 특성과 후회표현의 양상」『이중언어학』38，二重言語
　　學會，pp. 43-68

고영근［高永根］(1970)「현대국어의 준자립형식에 대한 연구―형식명사를 중심으로―」『語學研究』6-1, 서울大學校 語學研究所, pp. 17-55

고영근［高永根］(1974a)「現代國語의 終結語尾에 대한 構造的研究」『語學研究』10-1, 서울大學校 語學研究所, pp. 118-157

고영근［高永根］(1974b)「現代國語의 尊卑法에 대한 研究」『語學研究』10-2, 서울大學校 語學研究所, pp. 66-91

고영근［高永根］(1976)「現代國語의 文體法에 대한 研究―叙法體系 (續) ―」『語學研究』12-1, 서울大學校 語學研究所, pp. 17-53

고영근［高永根］(1982a)「中世語의 形式名詞에 대하여」『語學研究』18, 서울大學校 語學研究所, pp. 83-100

고영근［高永根］(1982b)「叙述性語尾와 冠形詞形語尾의 關聯性에 관한 研究」『冠嶽語文研究』7, 서울대학교 국어국문과, pp. 1-56

고영근［高永根］(1987)『표준 중세국어문법론』塔出版社

고영근［高永根］(1990)『국어문법연구』塔出版社

고영근［高永根］(1990)「時制」『國語研究 어디까지 왔나 : 主題別 國語學 研究史』서울大學校大學院 國語研究會 (編), 東亜出版社, pp. 369-378

고영근［高永根］(1991)「叙法과 様態의 相關關系」『國語學講座 1 文法Ⅰ』李秉根他(編), 太學社, pp. 279-296

고영근［高永根］(1994)『國語文法의 研究 : 그 어제와 오늘』塔出版社

고영근［高永根］(1995)『단어・문장・텍스트』한국문화사

고영근［高永根］(2004)『한국어의 시제 서법 동작상』太學社

고영근［高永根］・구본관 (2008)『우리말 문법론』집문당

고영진 (1997)『한국어의 문법화 과정―풀이씨의 경우―』국학자료원

고창운 (1991)「'-겠-'과 '-ㄹ 것이'의 용법」『建國語文學』15, 건국대국어국문학 연구회, pp. 595-614

고창운 (1995)「"[-사실성 보장]"표시 서술씨씨끝의 의미 분석 연구 (1)―"-구나, -으니, -을라, -어라"를 중심으로」『겨레어문학』19-20, 겨레어문학회, pp. 623-634

구종남 (1992)「국어 부정문 연구」전북대학교 박사학위논문

국립국어원 (2005a)『외국인을 위한 한국어 문법 1』커뮤니케이션북스

국립국어원 (2005b)『외국인을 위한 한국어 문법 2』커뮤니케이션북스

권영은 (2008)「한국어교육에서의 후회 표현 연구」韓國外國語大學校 석사학위논문

권재일 (1980)「현대국어의 관형화 내포문 연구」『한글』167, 한글학회, pp. 427-448

권재일 (1981)「현대국어의 {기}-명사화 내포문 연구」『한글』171, 한글학회,

pp. 45- 64

권재일 （1982）「현대국어의 ｛음｝ －명사화 내포문 연구」『한국어문론집』 2, 한국사 회사업대학, pp. 33-47

권재일 （1983）「복합문 구성에서의 시상법」『한글』 182, 한글학회, pp. 173-194

권재일 （1985）『국어의 복합문 구성 연구』 집문당

권재일 （1992）『한국어 통사론』 민음사

김규선 ［金圭善］ （1981）「冠形形語尾'-(으) ㄴ, -(으) ㄹ'의 形態的 性格」『문학과 언어』 2-1, 文學과 言語研究會, pp. 73-95

김기혁 （2000）「지정의 문법 범주」『이중언어학』 17, 二重言語學會, pp. 77-95

김동식 （1980）「현대 국어 부정법의 연구」『國語研究』 42, 國語研究會

김상기 （1994）「'관형사형어미＋것이다' 구문에 대한 연구」 東亜大學校 석사학위 논문

김승곤 （2008）『21 세기 우리말 때때김 연구』 경진문화사

김언주 （1996）「'것' 분포와 기능―통시적 고찰을 중심으로―」『우리말연구』 6, 우리말학회, pp. 179-216

김완진 ［金完鎮］ （1957）「-n, -l 動名詞의 統辭的 機能과 發達에 대하여」『國語研究』 2, 國語研究會

김의수 （2006）『한국어의 격과 의미역 : 명사구의 문법기능 획득론』 國語學叢論 55, 太學社

김지은 （1998）『우리말 양태용언 구문 연구』 말뭉치 기반 국어 연구 총서 4, 한국문화사

김차균 （1980a）「국어 시제 형태소의 의미―회상 형태소 ［더］ 를 중심으로 -1」『한글』 169, 한글학회, pp. 263-298

김차균 （1980b）「국어 시제 형태소의 의미―회상 형태소 ［더］ 를 중심으로 -2」『한글』 169, 한글학회, pp. 299-334

김차균 （1981）「｛을｝과 ｛겠｝의 의미」『한글』 173・174, 한글학회, pp. 65-114

김차균 （1993）『우리말 시제와 상 연구』 太學社

김차균 （1999）『우리말의 시제 구조와 상 인식』 太學社

김창섭 ［金倉燮］ （1987）「國語 冠形節의 過去時制―'-(았) 던'을 중심으로―」『어학』 14, 全北大學校 語學研究所, pp. 95-117

김태엽 （1990）「의존명사 ｛것｝의 문법화와 문법변화」『대구어문론총』 8, 대구어문학회, pp. 177-198

김태엽 （1998）「국어 비종결어미의 종결어미화에 대하여」『언어학』 22, 한국언어학회, pp. 171-189

김태엽 （2001）『국어 종결어미의 문법』 국학자료원

김태엽 （2002）「국어 문법화의 양상」『人文科學研究』 24, 대구대학교 인문과학

연구 소, pp. 1-22

김태자 (1987)『발화분석의 화행의미론적 연구』塔出版社

나진석 [羅鎭錫] (1965a)「국어 움직씨의 때매김 연구 1」『한글』134, 한글학회, pp. 324 - 372

나진석 [羅鎭錫] (1965b)「국어 움직씨의 때매김 연구 2」『한글』134, 한글학회, pp. 373-421

나진석 [羅鎭錫] (1978)『우리 말의 때매김 연구』과학사

남기심 [南基心] (1972)「現代國語 時制에 關한 問題」『국어국문학』55-57, 국어국문학회, pp. 213-238

남기심 [南基心] (1973)『국어 완형보문법 연구』계명대학출판부

남기심 [南基心] (1976)「關系冠形節의 相과 法」『한국어문논총』한국어문학회, (『國語文法의 時制問題에 關한 研究』塔出版社 1978 所收, pp. 1-34)

남기심 [南基心] (1978)『國語文法의 時制問題에 關한 研究』國語學研究選 6, 塔出版社

남기심 [南基心]・고영근 [高永根] (1985)『표준국어문법론』塔出版社

남기심 [南基心] (1986)「'- 이다' 구문의 통사적 분석」『한불연구』7, 한불연구회, pp. 1-16

남기심 [南基心] (1991)「불완전명사 '것'의 쓰임」『國語의 理解와 認識』길음김석득교수회갑기념논문집, 한국문화사, pp. 71-88

남기심 [南基心] 編 (1996)『국어 문법의 탐구 I・II・III』太學社

남기심 [南基心] (2001)『현대 국어 통사론』太學社

남길임 (2004)『현대국어「이다」구문 연구』말뭉치 기반 국어 연구 총서 12, 한국문 화사

노대규 (1983)『국어의 감탄문 문법』보성문화사

문숙영 (2005)「한국어 시제 범주 연구」서울대학교 박사학위논문

문숙영 (2009)『한국어의 시제 범주』國語學叢論 66, 太學社

민현식 [閔賢植] (1990)「名詞化」『國語研究 어디까지 왔나 : 主題別 國語學 研究史』서울大學校大學院 國語研究會 (編), 東亜出版社, pp. 213-220

박나리 (2004)「한국어 교육문법에서의 종결어미 기술에 대한 한 제안―'- 어', '- 네', '- 지', '- 다', '- 구나', '- 단다'의 담화 화용론적 의미를 중심으로―」『이중언어학』26, 二重言語學會, pp. 91-118

박덕유 (2007)『한국어의 相 이해』제이앤씨

박재연 (1998)「현대국어 반말체 종결어미 연구」『國語研究』152, 國語研究會

박재연 (2004)『한국어 양태 어미 연구』서울대학교 박사학위논문

박재연 (2006)『한국어 양태 어미 연구』國語學叢論 56, 太學社

박재연 (2009)「한국어 관형사형 어미의 의미 기능과 그 문법 범주」『한국어학』

43, 한국어학회, pp. 151-177

박종갑 (2001a)「국어부정문의 중의성에 대하여 (1)」『韓民族語文學』38, 한민
　　족어문학회, pp. 163-183

박종갑 (2001b)「"국어 부정문의 중의성"에 대하여 (2)─중의적 의미 해석과 관련
　　된 인식적 편향성을 중심으로─」『語文學』74, 韓國語文學會, pp. 1-20

박주영 (2000a)「'것'의 문법화연구」祥明大學校 석사학위논문

박주영 (2000b)「'것'의 문법화 : 분포적 특성을 중심으로」『한말연구』7, 한말연
　　구회, pp. 201-222

배선경 (1998)「의존명사 '것' 구문에 대한 연구」부산대학교 석사학위논문

배진영 (2001)「국어 관형절 시제에 대하여」『이중언어학』18, 二重言語學會,
　　pp. 141-164

배진영 (2005)「국어 관형절 어미에 관한 연구─시간 관련 의미를 중심으로─」
　　홍익대학교 박사학위논문

서상규 (1984)「국어 부정문의 의미 해석 원리」『외국어로서의 한국어교육』9,
　　연세대학교 한국어학당, pp. 41-79

서상규 외 (2004)『외국인을 위한 한국어 학습 사전』신원프라임

서울大學校大學院 國語研究會 (編) (1990)『國語研究 어디까지 왔나 : 主題別
　　國語學研究史』東亞出版社

서은아 (2003)『국어 명사형 어미 연구』박이정

서정수 [徐正洙] (1968)「국어 의존명사의 변형생성문법적 분석」『국어국문학』
　　42-43, pp. 155-197

서정수 [徐正洙] (1977a)「'겠'에 관하여」『말』2, 연세대학교 한국어학당,
　　pp. 63-88

서정수 [徐正洙] (1977b)「「더」는 회상의 기능을 지니는가」『언어』2-1, 한국
　　언어학회, pp. 97-127

서정수 [徐正洙] (1978)「'ㄹ 것'에 대하여─'겠'과의 대비를 중심으로─」『國語學』
　　6, 國語學會, pp. 85-110

서정수 [徐正洙] (1983)「{(었) 던}에 관하여─시상적 기능을 중심으로─」『국어의
　　통사·의미론』고영근 [高永根]·남기심 [南基心], 塔出版社, pp. 110-131

서정수 [徐正洙] (1990)『국어 문법의 연구〔1〕』한국문화사

서정수 [徐正洙] (1991)「"이다"에 관한 연구」『현대 한국어 문법 연구의 개관』
　　한국 문화사, pp. 261-273

서정수 [徐正洙] (1996)「서법」『현대국어문법론』한양대학교출판사, pp. 145-178

서정수 [徐正洙] (2006)『국어문법』한세본

서태룡 [徐泰龍] (1980)「動名詞와 後置詞 {은}{을}의 基底意味」『震壇學報』
　　50, 震壇學會, pp. 97-120

성광수［成光洙］(1971)「부정 변형에 대하여」『국어국문학』52, 국어국문학회, pp. 75- 99

성광수［成光洙］(1984)「국어의 추정적 표현」『한글』184, 한글학회, pp. 53-80

성기철［成耆徹］(1976)「'- 겠 -'과 '- 을 것이 -'의 意味 比較」『先清語文』7, 서울대학교 국어교육과, pp. 201-210

성기철［成耆徹］(1979)「經驗과 推定」『문법연구』4, 문법연구회, pp. 109-130

손춘섭 (1997)「의존명사 '것'에 대한 고찰」『韓國言語文學』38, 韓國言語文學會, pp. 47-62

송석중［宋錫重］(1977)「「否定의 樣相」의 否定的 樣相」『國語學』5, 國語學會, pp. 45-100

송석중［宋錫重］(1981)「한국말의 부정의 범위」『한글』173, 한글학회, pp. 327- 352

시정곤 (2006)『현대국어 통사론의 탐구』月印

신선경 (1993)「'것이다' 구문에 관하여」『國語學』23, 國語學會, pp. 119-158

신현숙 (1986)『의미분석의 방법과 실제』한신문화사

심재기［沈在箕］(1979)「冠形化의 意味機能」『語學研究』15-2, 서울大學校 語學研究 所, pp. 109-121

심재기［沈在箕］(1980)「명사화의 의미 기능」『언어』5-1, 한국언어학회, pp. 79-102

심재기［沈在箕］(1982)『국어어휘론』집문당

안명철［安明哲］(1983)「현대국어의 양상 연구:인식 양상을 중심으로」『國語研究』56, 國語研究會

안명철［安明哲］(1989)「'것' 名詞句와 '고' 補文에 대하여」『외국어교육연구』4, 대구 대학교 외국어교육연구소, pp. 65-78,

안명철［安明哲］(1990)「국어의 융합 현상」『국어국문학』103, 국어국문학회, pp. 121-137

안명철［安明哲］(1999)「보문의 개념과 체계」『國語學』33, 國語學會, pp. 337- 365

안정아 (2003)「것 , 터 , 모양의 양태 의미 연구」『언문논집』47, 민족어문학회, pp. 105-128

안주호 (1997)『한국어 명사와 문법화 현상 연구』한국문화사

안주호 (2002)「終結語尾 '- ㄹ게'의 統辭的・意味的 情報」『새국어교육』63, 한국국어교육학회, pp. 101-119

안증환［安增煥］(1992)「日本語 形式名詞「ノ」의 統辭意味―韓国語「것」과의 관계 에서―」『日本學報』28, 한국일본학회, pp. 85-110

안효경 (2001)『현대국어의 의존명사 연구』亦樂

양동휘［梁東暉］(1978)「국어 관형절의 시제」『한글』162, 한글학회, pp. 203-219

양정석 (1996)「'이다' 구문의 의미 해석」『동방학지』91, 연세대학교 국학연구원, pp. 99-134

양정석 (2001)「'이다' 문법범주와 의미」『國語學』37, 國語學會, pp. 337-366

엄경옥 (2003)「韓國語의 반말에 대한 考察」『語文論集』31, 중앙어문학회, pp. 5-23

엄정호［嚴正浩］(1989)「소위 지정사 구문의 통사구조」『國語學』18, 國語學會, pp. 110-130

염선모 (1987)『국어의미론』형설출판사

왕문용［王汶鎔］(1990)「依存名詞」『國語研究 어디까지 왔나 : 主題別 國語學 研究史』서울大學校大學院 國語研究會 (編), 東亜出版社, pp. 205-212

유경민 (2003)「감탄 문말어미 '- 군요 / 네요 / ㄴ데요 / ㄴ걸요'의 의미 연구」『한국 어 교육을 위한 한국어 문법론』한국문화사, pp. 483-510

유창순［劉昌惇］(1973)『李朝國語史研究』二友出版社

윤경미 (1995)「'- 것'의 형태론적 특성 연구」『국어국문학』14, 동아대학교 국어 국문학과, pp. 219-234

윤석민 (2000)『현대국어의 문장종결법 연구』텍스트 언어학 총서 4, 集文堂

윤용선 (1989)「名詞句 補文의 補文子選擇制約에 대한 硏究—依存名詞를 中心 으로—」『국어국문학』101, 국어국문학회, pp. 281-303

이건수 (2002)「'이다' 구문의 구조와 특성」『비교문화연구』5, 비교문화연구회, pp. 149- 181

이관규 (2007)「관형사 어미 '다는'에 대한 고찰」『새국어교육』77, 한국국어교육 학회, pp. 489-504

이광호［李珖鎬］(2001)「명사화소 '- 기'의 의미 기능과 그 기원에 대한 소고」『국 어 문법의 이해 1』太學社, pp. 319-343

이기문［李基文］(1961=2004)『國語史槪説』塔出版社

이기백［李基白］(1982)「同格代用依存名詞〔것〕에 대한 史的研究」『어문논총』 16, 경북대학교, pp. 5-18

이기용［李基用］(1978)「言語와 推定」『國語學』6, 國語學會, pp. 29-64

이기용［李基用］(1979)「두 가지 否定文의 同義性 與否에 대하여」『國語學』8, 國語 學會, pp. 59-94

이기종 (2001)『우리말의 인지론적 분석』亦楽

이남순［李南淳］(1981a)「'겠'과 'ㄹ 것'」『冠岳語文研究』6-1, 서울대학교 국 문학과, pp. 183- 203

이남순［李南淳］(1981b)「현대국어의 시제와 상에 대한 연구」『國語研究』49, 國語 研究會

이남순［李南淳］（1990）「相」『國語研究 어디까지 왔나―主題別 國語學 研究史―』서울大學校大學院 國語研究會（編），東亜出版社，pp. 379-387

이남순［李南淳］（1998）『時制・相・叙法』月印

이남순［李南淳］（1999）「‘이다’론」『韓國文化』24，서울대학교 한국문화연구소，pp. 35-59

이맹성［李孟成］（1968）「한국어 체언형에 관한 변형 분석적 연구」『語學研究』4-1，서울대학교 어학연구소

이병모（1995）『의존명사의 형태론적 연구』學文社

이선경（1986）「서법과 언술행위적 한정 작용―’겠’과 ‘- 을 것이’를 중심으로」『한글』193，한글학회，pp. 105-120

이성하（1998）『문법화의 이해』한국문화사

이숭녕［李崇寧］（1975）「中世國語의 ‘것’의 研究」『震壇學報』39，震壇學会，pp. 105-138

이윤진・노지니（2003）「한국어교육에서의 양태 표현 연구―‘추측’과 ‘의지’를 중심으로―」『한국어 교육』14-1，국제한국어교육학회，pp. 173-209

이익섭［李翊燮］・임홍빈［任洪彬］（1983）『國語文法論』學研社

이익섭［李翊燮］（1986）『국어학 개설』學研社

이익섭［李翊燮］・이상억［李相億］・채완［蔡琬］（1997）『한국어의 언어』신구문화사

이재성（2003）『한국어의 시제와 상』국학자료원

이정민［李延玟］（1975a）「言語行爲에 있어서의 樣相構造」『現代國語文法』4，啓明大學版部，pp. 301-309

이정민［李延玟］（1975b）「국어의 補文化에 대하여」『語學研究』11-2，서울大學校 語學研究所，pp. 277-288

이종은（2005）「어휘적 접근법을 통한 한국어 의존용언 교육 연구」상명대학교 박사학위논문

이주행［李周行］（1988）『한국어 의존명사의 통시적 연구』한샘

이주행［李周行］（2009）『한국어 의존 명사 연구』한국문화사

이지양［李智涼］（1990）「서법」『國語研究 어디까지 왔나 : 主題別 國語學 研究史』서울　大學校大學院 國語研究會（編），東亜出版社，pp. 358-366

이지양［李智涼］（1993）「국어의 융합현상과 융합형식」서울대학교 박사학위논문

이지양［李智涼］（1998）『국어의 융합 현상』國語學叢論 22，太學社

이철우（1987）「풀이자리 토씨 ‘이다’에 대하여」『새 우리말 연구』과학사，pp. 79-87

이필영［李弼永］（1981）「국어의 관계관형절에 대한 연구」『國語研究』48，國語研究會

이필영［李弼永］（1990）「關係化」『國語硏究 어디까지 왔나：主題別 國語學硏究史』
　　서울大學校大學院 國語硏究會（編），東亞出版社，pp. 467-478
이현희［李賢熙］（1990）「보문화」『國語硏究 어디까지 왔나：主題別 國語學硏究史』
　　서울大學校大學院 國語硏究會（編），東亞出版社，pp. 479-492
이홍배（1970）『A study of Korean Syntax』범한서적
이홍배（1975）「국어의 관계절화에 대하여」『語學硏究』11-2，서울大學校 語學
　　硏究所，pp. 289-300
이홍식（1990）「현대국어 관형절 연구」『國語硏究』98，國語硏究會
이홍식（1995）「'-더-'의 의미에 관하여」『관악어문연구』20，서울대학교 국어
　　국문학과，pp. 327-353
이홍식（1999）「명사구 보문」『國語學』33，國語學會，pp. 367-398
이홍식（2003）「선어말 어미 '-더-'의 의미에 대하여」『한국어 의미학』23，한국
　　어의미학회，pp. 229-255
이희자・이종희（1999）『사전식 텍스트 분석적 국어 어미의 연구』말뭉치 기반 국
　　어 연구 총서 5，한국문화사
이희자・이종희（2001）『한국어 학습자용 어미・조사 사전』한국문화사
임동훈（2008）「한국어의 서법과 양태 체계」『한국어 의미학』26, 한국어의미학회，
　　pp. 211-249
임동훈（2009）「'-을'의 문법 범주」『한국어학』44，한국어학회，pp. 55-81
임칠성（1991）「시제어미 ｛느｝에 대하여」『한국언어문학』29，한국언어문학회，
　　pp. 469-486
임칠성（1992）「현대국어 관형형어미의 시제 연구」『龍鳳論叢』21，全南大學校
　　人文科學硏究所，pp. 233-249
임홍빈［任洪彬］（1973）「부정의 양상」『논문집』5，서울대학교 교양과정부，
　　pp. 115- 140，（『국어 문법의 심층 3』太學社 1998 所收）
임홍빈［任洪彬］（1974）「名詞化의 意味特性에 대하여」『國語學』2, 國語學會，
　　pp. 83- 104，（『국어 문법의 심층 1』太學社 1998 所收）
임홍빈［任洪彬］（1978）「부정법 논의와 국어의 현실」『國語學』6，國語學會，
　　pp. 185- 206，（『국어 문법의 심층 3』太學社 1998 所收）
임홍빈［任洪彬］（1980）「｛-겠-｝과 대상성」『한글』12, 한글학회, pp. 147-190,（『국
　　어 문법의 심층 1』太學社 1998 所收）
임홍빈［任洪彬］（1982）「선어말｛더｝와 단절의 양상」『冠嶽語文硏究』7，서울
　　대학교 국어국문학과，pp. 433-475，（『국어 문법의 심층 1』太學社 1998 所收）
임홍빈［任洪彬］（1984）「선어말｛-느-｝와 실현성의 양상」『목천유창균박사
　　환갑기념 논문집』계명대학교，pp. 521-565，（『국어 문법의 심층 1』太學社
　　1998 所收）

임홍빈 [任洪彬] (1985) 「國語의 '통사적인' 空範疇에 대하여」『語學研究』
　　21-3, 서울大學校 語學研究所, pp. 331-384, (『국어 문법의 심층 2』太學社
　　1998 所收)

임홍빈 [任洪彬] (1987a) 「국어 부정문의 통사와 의미」『국어생활』10,
　　국어연구소, pp. 72-99, (『국어 문법의 심층 3』太學社 1998 所收)

임홍빈 [任洪彬] (1987b) 「國語의 名詞句 확장 규칙에 대하여」『國語學』16,
　　國語 學會, pp. 379-430, (『국어 문법의 심층 2』太學社 1998 所收)

임홍빈 [任洪彬] (1993) 「다시 {- 더 -}를 찾아서」『國語學』23, 國語學會,
　　pp. 255-323, (『국어 문법의 심층 1』太學社 1998 所收)

임홍빈 [任洪彬] (1995) 『국어문법론 I』한국방송통신대학교 출판부

임홍빈 [任洪彬] (1998) 『국어 문법의 심층 1, 2, 3』太學社

장경현 (2010) 『국어 문장 종결부의 문체』亦楽

장경희 [張京姬] (1985) 『現代國語의 樣態範疇 研究』塔出版社

정인승 (1960) 『표준중등말본』신구문화사

정재영 [鄭在永] (1996) 『依存名詞 'ᄃᆞ'의 文法化』國語學叢論 23, 太學社

정호완 [鄭鎬完] (1983) 「불완전명사 '것'에 대한 고찰」『대구어문논총』1, 대구
　　어문 학회, pp. 49-72

정호완 [鄭鎬完] (1987a) 『중세국어 의존명사 연구』형설출판사

정호완 [鄭鎬完] (1987b) 『후기 중세어 의존명사 연구』학문사

조민정 (2007) 『한국어에서 상의 두 양상에 대한 고찰』말뭉치 기반 국어 연구 총서
　　14, 한국문화사

주상대 (1996) 「의존명사 '것'의 음운현상」『한국어학』3, 한국어학회, pp. 481-
　　499

지길웅 (1984) 「의존명사 '것'에 대한 통사의미론적 연구」고려대학교 석사학위논문

채완 (1979) 「명사화소 '- 기'에 대하여」『國語學』8, 國語學會, pp. 95-106

최규일 [崔圭一] (1985) 「한국어 {것}의 의미기능과 용법」『제주대학교 논문집』
　　20, pp. 103-131

최규일 [崔圭一] (1989) 「한국어 {것}의 의미기능 (2)」『이용주박사 회갑기념논
　　문집』한샘, pp. 88-116

최동주 (1995) 「國語 時相體系의 通時的 變化에 관한 研究」서울대학교 박사학위
　　논문

최동주 (2009) 「종결어미 '- ㄹ걸'의 기능과 문법적 특성」『國語學』54, 國語學會,
　　pp. 225-250

최재희 [崔在喜]・윤평현 [尹坪鉉] (1983) 「國語 名詞化 接尾形態素 {- 음}・
　　{- 기}의 特性에 대한 研究」『人文科學研究』5, 朝鮮大學校 인문과학연구소,
　　pp. 109- 130

최현배（1963）「잡음씨에 대하여」『延世論叢』2-1, 연세대학교대학원, pp. 1-66

최현배（1965）『우리말본』정음사

최형강（2007）「'- ㄹ게 -'와 '- ㄴ게 -'의 융합 양상과 의미 기능」『한국어학』34, 한국어학회, pp. 337-368

최형기（1991）「명사화 {- 음}, {- 기} 이 이미기능」『國語國文學研究』14, 圓光大學校 人文科學大學 國語國文學科, pp. 97-116

한 길（1991）『국어 종결어미 연구』강원대학교 출판부

한 길（2004）『현대 우리말의 마침씨끝 연구』亦楽

한 길（2006）『현대 우리말의 형태론』亦楽

한동완［韓東完］（1996）『國語의 時制 研究』國語學叢書 24, 太學社

허재영（2002）『부정문의 통시적 연구』亦楽

허 웅（1975）『우리옛말본』샘문화사

허 웅（1987）『국어 때때김법의 변천사』샘문화사

허 웅（2002）『20 세기 우리말의 형태론』샘문화사

홍기문［洪起文］（1947）『朝鮮文法研究』서울新聞社

홍종선（1983）「명사화 어미 '음'과 '기'」『언어』8-2, 한국언어학회, pp. 241-272

❖ 英語

Bolinger, D. (1968) "Entailment and the Meaning of Structures", *Glossa* 2.2: 119-127

Bolinger, D. (1974) "Concept and Percept: Two Inginitive Constructions and Their Vicissitudes", in phonetic Society of Japan (ed.), *World Papers in Phonetics: Festschrift for Dr. Onishi's Kizyu*, Phonetic Society of Japan: 65-91

Bybee, J. R. Perkins, & W. Pagliuca. (1994) *The Evolution of Grammar: Tense, Aspect, and Modality in the Language of the World*, University of Chicago Press.

Chafe, W. (1995) "The Realis-irrealis Distinction in Caddo, the Northern Iroquoian Language, and English", In Bybee, J. & S. Fleischman (eds.), *Modality in Grammar and Discourse*. John Benjamins: 349-365

Cook, E. D. (1968) "Embeding Trans formations in Korean syntax", dissertation, Albert University Press.

Du Bois, John W. (1987) "The Discourse Basis of Ergativity", *Language* 63. 4: 805-855

Givón, T. & Kimenyi, A. (1974) "Truth, Belief and Doubt in Kinyarwanda", *Studies in African Linguistics, Supplement 5*: 95-113

Heine, Bernd, Ulrike Claudi. & Friederike Hünnemeyer. (1991a) *Grammaticaliztion: A conceptual Framework*, Chicago University Press.

Heine, Bernd, Ulrike Claudi. & Friederike Hünnemeyer. (1991b) "Form cpgnition to grammar", In Traugott, Elizabeth C. & Bernd, Heine (eds.), *Approaches to Grammaticalization*, Amsterdam: John Benjamins 1: 149-187

Heine, Bernd. (1993) Auxiliaries: *Cognitive Forces and Grammaticalization*, Oxford University Press.

Hopper, Paul J. & Elizabeth C. Traugott. (1993) *Grammaticalization*, Cambridge University Press.

Hopper, Paul J. & Elizabeth C. Traugott. (2003) *Grammaticalization* 2nd, Cambridge University Press.

Josephs, L. S. (1976) "Complementation." in Shibatani, M. (ed.), *Syntax and Semantics* 5, Academic press: 307-369

Kim, N. K. (1978) "Exclamatory Sentential Complements in Korea", *Korean Linguistics* 1, The International Circle of Korean Linguistics.

Kim, N. K. (1984) *The Grammar of Korean Complementation*, University of Hawaii press.

Kiparsky, P. & Kiparsky, C. (1970) "Fact", In Bierwisch, M. & Heidolph, K. E. (eds.), *Progress in linguistics*, Mouton: 143-173

Kuno, S. Y. (1976) *The Structure of the Japanese Language*, The MIT Press.

Langacker, Ronald W. (1977) "Syntactic reanalysis", In Li, Charles N. (ed.), *Mechanisms of Syntactic Change*. Austin, London: University of Texas Press: 57-139

Langacker, Ronald W. (1990) "Subjectification", *Cognitive Linguistics* 1: 5-38

Langacker, Ronald W. (1998) "On Subjectification and Grammaticalization", *Discourse and cognition: Bridging the Gap*, (ed.), bu Jean-Pierre Koenig, Stanford: Center for the Study of Language and Information: 71-89

Laurel J. Brinton & Elizabeth C. Traugott. (2005) *Lexicalization and Language change*, Cambridge University Press.

Lee, H. S. (1991) "Tense, Aspect, and Modality: a Discourse-Pragmatic Analysis of Verbal Affixes in Korean from a Typological Perspective", Ph. D dissertation. UCLA.

Lee, K. D. (1993) *A Korean Grammar on Semantic-Pragmatic Principles*, Seoul: Hangug munhwasa Publishers.

Lehmann, Christian. (1982) *Thoughts on Grammaticalization: A programmatic Sketch* 1, Arbeiten des Kölner Universalien-Projekts, Nr. 48. Köln.

Lehmann, Christian. (1985) "Grammaticalization: Synchronic Variation and Diachronic Change", *Linguaestile* 20: 303-318

Lyons, J. (1977) *Semantics* 1, 2, Cambridge University Press.

Mithun, M. (1995) "On the Relativity of irreality", In Bybee, J. & S. Fleischman (eds.),

Modality in Grammar and Discourse. John Benjamins: 367-388

Mithun, M. (1999) *The Language of Native North America*, Cambridge University Press.

Palmer, F. R. (2001) *Mood and Modality* 2nd (ed.), Cambridge University Press.

Park, K. S. (1997) "The grammaticalization of Complementizet Kes and Subordinators in Korean", *Journal of Humanities*, Pusan National University 50. 105-123

Sohn, H. M. (1990) "Grammaticalization and semantic shift", *ICLK* 7: 425-435

Sohn, H. M. (2001) *The Korean Language*, Cambridge University Press.

Song, Z. H. (1981) "The Abstract Nominalizers In Korean And Japanese", *Linguistic journal of Korea* 6. 2: 157-193

Tomasello, Michael. (2003) "Introduction", In: Tomasello, Michael. (ed.), *The New Psychology of Language* 2, Mahwah, N.J.: Laurence Erlbaum: 1-14

Traugott, Elizabeth C. (1982) "From propositional to textual and expressive meanings: some semantic- pragmatic aspects of grammaticalization", In W. P. Lehmann & Y. Malkiel (eds.), *Perspectives on Historical Linguistics*, John Benjamins: Amsterdam: 245-271

Traugott, Elizabeth C. (1988) "pragmatic strengthening and grammaticalization", *Berkeley Linguistics Society* 14: 406-416

Traugott, Elizabeth C. (1989) "On the rise of epistemic meanings in English: An example of subjectification in semantic change", *Language* 57: 33-65

Traugott, Elizabeth C. & Ekkehard König. (1991) "The semantics-pragmatics of grammaticalization revisited", In Traugott, Elizabeth C. & Bernd, Heine (eds.), *Approaches to Grammaticalization*, Amsterdam: John Benjamins 1: 189-218

Traugott, Elizabeth C. & Bernd, Heine (eds.). (1991) *Approaches to Grammaticalization*, Amsterdam: John Benjamins, vol. 1

Yang, D. W. (1976) "On Complementizers in Korean", *Linguistic journal of Korea* 1-2: 18-46

Yoon, H. J. (2003) "The 'kes' Construction Revisited", *Theses Collection*, The University Suwon 21: 57-66

資料

◐

❖ 資料 I

国語（韓国語）のローマ字表記法

（文化観光部　告示　第 2000-8 号 2000 年 7 月 7 日）

第一章　表記の基本原則

第 1 項　国語のローマ字表記は国語の標準発音法に従って記すことを原則とする。

第 2 項　ローマ字以外の符号はなるべく使用しない。

第二章　表記一覧

第 1 項　母音は次の括弧のように記す。

1. 단모음（単母音）

ㅏ	ㅓ	ㅗ	ㅜ	ㅡ	ㅣ	ㅐ	ㅔ	ㅚ	ㅟ
a	eo	o	u	eu	i	ae	e	oe	wi

2. 이중모음（二重母音）

ㅑ	ㅕ	ㅛ	ㅠ	ㅒ	ㅖ	ㅘ	ㅙ	ㅝ	ㅞ	ㅢ
ya	yeo	yo	yu	yae	ye	wa	wae	wo	we	ui

［注 1］　'ㅢ'は'ㅣ'で発音されても'ui'で記す。

　　　　광희문（Gwanghuimun）

［注 2］　長母音の表記は特にしない。

第2項　子音は次の括弧のように記す。

1. 파열음（破裂音）

ㄱ	ㄲ	ㅋ	ㄷ	ㄸ	ㅌ	ㅂ	ㅃ	ㅍ
g, k	kk	k	d, t	tt	t	b, p	pp	p

2. 파찰음（破擦音）				3. 마찰음（摩擦音）		

ㅈ	ㅉ	ㅊ
j	jj	ch

ㅅ	ㅆ	ㅎ
s	ss	h

4. 비음（鼻音）				5. 유음（流音）

ㄴ	ㅁ	ㅇ
n	m	ng

ㄹ
r, l

［注1］　'ㄱ, ㄷ, ㅂ'は母音の前では'g, d, b'で、子音の前や語末では'k, t, p'で記す。（〔　〕の中の発音に従って表記する。）

구미（Gumi）	영동（Yeongdong）	백암（Baegam）
옥천（Okcheon）	합덕（Hapdeok）	호법（Hobeop）
월곶〔월곧〕（Wolgot）	벚꽃〔벋꼳〕（Beotkkot）	한밭〔한받〕（Hanbat）

［注2］　'ㄹ'は母音の前では'r'で、子音の前や語末では'l'で記す。ただし、'ㄹㄹ'は'll'で記す。

구리（Guri）	설악（Seorak）	칠곡（Chilgok）
임실（Imsil）	울릉（Ulleung）	대관령〔대괄령〕（Daegwallyeong）

― 中略 ―

第8項　学術研究論文など特殊分野でハングルの復元を前提として表記する場合は、ハングル表記を対象に記す。そのとき文字の対応は第2章に従うが、'ㄱ, ㄷ, ㅂ, ㄹ'は'g, d, b, l'のみで記す。無音価の'ㅇ'は（－）で表記し、語頭では省略することを原則とする。その他、文節の必要があるときにも（－）を使う。

집 (jib)	짚 (jip)	밖 (bakk)
값 (gabs)	붓꽃 (buskkoch)	먹는 (meogneun)
독립 (doglib)	문리 (munli)	물엿 (mul-yeos)
굳이 (gud-i)	좋다 (johda)	가곡 (gagog)
조랑말 (jolangmal)	없었습니다 (eobs-eoss-seubnida)	

❖ 資料Ⅱ

1. コーパス資料

CD-ROM『21 세기 세종계획 최종 성과물』(2007)，文化観光部・国立国語院，［口語コーパス：原始］200 ファイル（11.8MB），［文語コーパス；原始］2109 ファイル（566MB）のうち、213 ノァイル（35.78MB）

ファイル名	資料名	内容	ファイル名	資料名	内容
4CM00003	가족과 사랑에 대해	対話/日常	4CM00005	강의시작전7인#1	対話/日常
4CM00006	강의시작전7인#2	対話/日常	4CM00011	관광명소에 대해	対話/日常
4CM00013	교육에 대해#2	対話/日常	4CM00014	교통수단, 하루생활	対話/日常
4CM00018	날씨에 대해	対話/日常	4CM00019	대학생2인잡담#1	対話/日常
4CM00020	대학생2인잡담#2	対話/日常	4CM00021	대학생3인잡담	対話/日常
4CM00022	대학생4인잡담	対話/日常	4CM00023	도서관에서	対話/日常
4CM00025	동아리	対話/日常	4CM00027	머리에 대해서#2	対話/日常
4CM00028	물품구입	対話/日常	4CM00029	미팅	対話/日常
4CM00030	방학에 대해	対話/日常	4CM00034	삼십대	対話/日常
4CM00041	수강신청과목	対話/日常	4CM00046	식사 중 대학생2인#1	対話/日常
4CM00047	식사 중 대학생2인#2	対話/日常	4CM00048	식사 중 대학생3인	対話/日常
4CM00050	식사 중 회사원3인	対話/日常	4CM00051	식생활에 대해	対話/日常
4CM00054	아버지의 학교생활	対話/日常	4CM00055	여대생10인잡담	対話/日常
4CM00066	운전면허에 대해	対話/日常	4CM00075	재수강과목에 대해	対話/日常
4CM00077	취미	対話/日常	4CM00085	후배들과 대화	対話/日常
4CM00086	후배와의 대화	対話/日常	4CM00089	대학생3인	対話/日常
4CM00090	20대2인	対話/電話	4CM00091	대학생2인	対話/電話
4CM00092	여대생2인	対話/電話	4CM00093	이십대남자2인	対話/電話
4CM00094	회의와 스터디#1	討論/会議	4CM00097	동화들려주기#1	即興的独白
4CM00098	동화들려주기#2	即興的独白	4CM00099	동화들려주기#3	即興的独白
4CM00100	잡담#1	即興的独白	4CM00101	잡담#2	即興的独白
4CM00102	잡담#3	即興的独白	4CM00103	언어생활#1	討論/会議
4CM00104	언어생활#2	討論/会議	4CM00105	언어와 사회#1	討論/会議
4CM00106	언어와 사회#2	討論/会議	4CM00107	교양국어	演説/講義/講演
4CM00108	대화의 기법	演説/講義/講演	4CM00109	언어와 사회	即興的独白
4CM00110	대화의 기법#1	演説/講義/講演	4CM00111	대화의 기법#2	演説/講義/講演
4CM00112	대화의 기법#3	演説/講義/講演	4CM00113	대화의 기법#4	演説/講義/講演
4CM00114	대화의 기법#5	演説/講義/講演	4CM00115	스터디	演説/講義/講演
4CM00116	워크샵#1	演説/講義/講演	4CM00117	워크샵#2	演説/講義/講演
4CM00118	워크샵#3	演説/講義/講演	4CM00119	워크샵#4	演説/講義/講演
5CM00016	버스에서 친구들과	対話/日常	5CM00040	감기이야기	対話/日常
5CM00041	건강이야기	対話/日常	5CM00042	생일결혼이야기	対話/日常
5CM00043	연애에피소드	対話/日常	5CM00044	직장생활	対話/日常
5CM00045	학원강사와 고등학생	対話/日常	5CM00046	향수와 영화	対話/日常

ファイル名	資料名	内容	ファイル名	資料名	内容
5CM00047	황사	対話/日常	5CM00048	자료수집	対話/電話
5CM00049	갈비테수업	演説/講義/講演	5CM00050	편집실수업	演説/講義/講演
5CM00051	동화(백설공주)	即興的独白	5CM00052	사랑이야기#1	即興的独白
5CM00053	사랑이야기#2	即興的独白	5CM00054	사랑이야기#3	即興的独白
5CM00055	선생님	即興的独白	5CM00056	아르바이트경험	即興的独白
5CM00057	어린시절의 우정	即興的独白	5CM00058	어린시절의 추억	即興的独白
5CM00059	여행이야기	即興的独白	5CM00060	연애담과 신혼여행기	即興的独白
5CM00061	영화이야기#1	即興的独白	5CM00062	영화이야기#2	即興的独白
5CM00063	영화이야기#3	即興的独白	5CM00064	영화이야기#4	即興的独白
5CM00065	영화이야기#5	即興的独白	5CM00066	영화이야기#6	即興的独白
5CM00067	외국인학생	即興的独白	5CM00068	장래희망의 변화	即興的独白
5CM00069	추천영화베스트	即興的独白	5CM00070	친구	即興的独白
5CM00071	학창시절	即興的独白	5CM00072	교회특강	演説/講義/講演
5CM00074	연구방법론	演説/講義/講演	5CM00075	대학원수업	演説/講義/講演
6CM00001	가정교과	演説/講義/講演	6CM00002	교과교육론	演説/講義/講演
6CM00003	국어정보학	演説/講義/講演	6CM00005	목사설교	演説/講義/講演
6CM00006	언어교육이론	演説/講義/講演	6CM00007	언어병리학특강	演説/講義/講演
6CM00008	음성정보처리기술소개	演説/講義/講演	6CM00009	저작권	演説/講義/講演
6CM00010	한국미술사	演説/講義/講演	6CM00011	한국어의 이해#1	演説/講義/講演
6CM00013	한국어의 형태론적 이해	演説/講義/講演	6CM00014	현대작가연구	演説/講義/講演
6CM00015	NGO경영#1	演説/講義/講演	6CM00016	NGO경영#2	演説/講義/講演
6CM00017	화장품	対話/日常	6CM00018	결혼	即興的独白
6CM00019	고등학교친구	即興的独白	6CM00020	교환학생	即興的独白
6CM00022	대학교	即興的独白	6CM00023	대학생활	即興的独白
6CM00024	사관학교	即興的独白	6CM00025	살면서 중요한 것	即興的独白
6CM00028	어학연수	即興的独白	6CM00029	연애	即興的独白
6CM00030	영화이야기	即興的独白	6CM00031	유아교육	即興的独白
6CM00032	이상형#1	即興的独白	6CM00034	일본여행기	即興的独白
6CM00036	짝사랑	即興的独白	6CM00037	첫사랑, 전공, 군대	即興的独白
6CM00038	취업#1	即興的独白	6CM00039	취업#2	即興的独白
6CM00040	친구	即興的独白	6CM00042	학교생활과 여행기	即興的独白
6CM00043	사회문제	演説/講義/講演	6CM00044	학습과 기억	演説/講義/講演
6CM00045	한시	演説/講義/講演	6CM00046	과외지도	対話/日常
6CM00047	한국어와 컴퓨터	演説/講義/講演	6CM00048	개인담#1	対話/日常
6CM00051	대학생놀이문화	対話/日常	6CM00054	미팅	対話/日常
6CM00056	수강과목	対話/日常	6CM00057	식사	対話/日常
6CM00058	식사잡담	対話/日常	6CM00062	인터넷사이트	対話/日常
6CM00064	정치와 경제	対話/日常	6CM00067	질병과 건강	対話/日常
6CM00071	칠레	対話/日常	6CM00074	휴식시간	対話/日常
6CM00075	전화대화#1	対話/電話	6CM00076	전화대화#2	対話/電話

ファイル名	資料名	内容	ファイル名	資料名	内容
6CM00077	전화대화#3	対話/電話	6CM00078	PC방문화	対話/日常
6CM00079	교육	対話/日常	6CM00080	군대#1	対話/日常
6CM00082	대통령선거	対話/日常	6CM00083	대학생동아리문화	対話/日常
6CM00088	병역	対話/日常	6CM00090	연예가	対話/日常
6CM00092	영화#2	対話/日常	6CM00093	영화와 민족	対話/日常
6CM00094	영화와 배우	対話/日常	6CM00095	영화와 연극	対話/日常
6CM00096	외국어시험	対話/日常	6CM00097	이라크전쟁과 한반도	対話/日常
6CM00098	이야기만들기	対話/日常	6CM00099	일상#1	対話/日常
6CM00103	촛불시위	対話/日常	6CM00104	학생운동	対話/日常
6CM00105	광고토론	対話/日常	6CM00107	언어와 사회토론	対話/日常
7CM00001	공대수업	対話/日常	7CM00002	방송음향	対話/日常
7CM00003	윈도우	対話/日常	7CM00004	인터넷	対話/日常
7CM00005	군대	対話/日常	7CM00006	스포츠 중계(축구)	対話/日常
7CM00008	과외 수업#2	対話/日常	7CM00009	과외 수업#3	対話/日常
7CM00010	오디오EQ	対話/日常	7CM00011	콘솔#1	対話/日常
7CM00026	저녁식사#2	対話/日常	7CM00028	점심 식사	対話/日常
7CM00039	전화 통화	対話/日常	7CM00042	대학진학	対話/日常
7CM00044	취업	対話/日常	7CM00045	식이요법	対話/日常
7CM00054	세계화세미나#1,2	対話/日常	7CM00055	총학생회전체회의	対話/日常
8CK00001	빅마마스오픈키친	演説/講義/講演	8CK00002	레드캣다이어리	演説/講義/講演
8CL00001	크리스천의 대화#1	演説/講義/講演	8CL00002	크리스천의 대화#2	演説/講義/講演
8CM00002	골다공증	演説/講義/講演	8CM00007	아이발달	演説/講義/講演
8CM00011	아카데미#1	演説/講義/講演	8CM00012	아카데미#2	対話/日常
8CM00013	아카데미#3	演説/講義/講演	8CM00014	개회사-한세추	演説/講義/講演
8CM00015	폐회사-한세추	演説/講義/講演	8CM00049	교회목사#1	討論/会議
8CM00050	교회목사#2	演説/講義/講演	8CM00054	여행이야기#2	即興的独白
BRBF0269	어떤 서울 사람	구인환, 1992	BREO0279	박완서 단편선	박완서, 1985-91
BREO0280	영웅시대1	이문열, 1984	BREO0281	춤추는 사제	이청준, 1993
BREO0282	냉장고	김현영, 2000	BREO0283	가장 멀리 있는 나	윤후명, 2001
BREO0284	구렁이들의 집	최인석, 2001	BREO0285	당진 김씨	우애령, 2001
BREO0286	마법성의 수호자, 나의 깨끗한 들깨	복거일, 2001	BREO0287	미란	윤대녕, 2001
BREO0288	아랑은 왜	김영하, 2001	BREO0289	푸른 장미를 찾아서	김태환, 2001
BREO0290	경성애사	이선미, 2001	BREO0291	오디션	민해연, 2001
BREO0292	햄릿의 연인	김지혜, 2001	BREO0293	꽃그늘 아래	이혜경, 2002
BREO0294	꿈꾸는 마리오네뜨	권지예, 2002	BREO0295	멋진 한세상	공선옥, 2002
BREO0296	푸른 수염의 첫번째 아내	하성란, 2002	BREO0297	황만근은 이렇게 말했다	성석제, 2002
BREO0298	33세의 팡세	김성희, 2002	BREO0299	바다여, 아빠를 돌려줘	김재경, 2002

ファイル名	資料名	内容	ファイル名	資料名	内容
BREO0300	묵시의 바다	윤흥길, 1987	BREO0301	권태	마광수, 1990
BREO0302	사랑의 이름으로	한수산, 1996	BREO0303	펭귄의 날개	오정은, 2002
BREO0304	사람들은 자기 집에 무엇이 있는지도 모른다	이승우, 2001	BREO0305	세상 밖으로 난 다리	신장현, 2001
BREO0306	우리는 만난 적이 있다	조경란, 2001	BREO0307	그대의 차가운 손	한강, 2002
BREO0308	발로자를 위하여	송영, 2003	BREO0309	하루에 한가지씩	김우경, 2002
BREO0310	동물 이야기	김서정, 2001	BREO0315	날마다 축제	강영숙, 2004
BREO0316	사람의 아들	이문열, 1989	BREO0317	사람의 아들(2/3)	이문열, 1989
BREO0318	사람의 아들(3/3)	이문열, 1989	BREO0323	광장(19-127면)	최인훈, 2001
BREO0328	고가 한국 단편문학 대계 9권	정한숙, 1969	BREO0329	아름다운 그 시작	유기성, 1994
BREO0332	경마장에서 생긴 일	하일지, 1993	BREO0334	객주5	김영주, 1982
BREO0336	만세전	염상섭, 1987	BREO0339	낯선 여름	구효서, 1996
BRGO0343	너도밤나무 나도밤나무	윤후명, 1994	BRGO0345	차 한 잔의 사상	이어령, 2003
BRGO0346	두부	박완서, 2002	BRGO0348	메콩의 슬픈 그림자	유재현, 2003
BRGO0359	작은 어릿광대의 꿈	손춘익, 1980	BRHO0376	대중화술	김양호, 2001
BRHO0380	초민족 시대의 민족정체성	고부응, 2002	BRHO0392	발견으로서의 소설기법	송하춘, 2002
2bexxx01	토지2	박경리, 1993	2bexxx02	포구의 황혼, 한국해양문학선집2	신채호 외, 1958-1994
2bexxx03	토지5	박경리, 1993	2bexxx04	장길산3	황석영, 1995
2bexxx05	토지3	박경리, 1993	2bexxx06	토지4	박경리, 1993
2CJ00001	0의도시	오태영, 미상	2CJ00002	갈색 넥타이를 고르는 여자	박구홍, 1991
2CJ00003	꼬마 요술장이 마야	황석연, 1987	2CJ00004	남사당의 하늘	윤대성, 1993
2CJ00005	노파의 오찬	강추자, 미상	2CJ00006	누구시더라	강철수, 1993
2CJ00007	누군가의 어깨에기대어	이만희, 1995	2CJ00008	마술 걸린 장화	이영준, 미상
2CJ00009	맹꽁이를 찾고 있음	김수난, 미상	2CJ00010	먼 훗날의 동화	박구홍, 1991
2CJ00011	부자유친	오태석, 1992	2CJ00012	팽	박재서, 1985
2CJ00013	미스터 콘돔	박계옥, 1997	2CJ00014	엄마에게 애인이 생겼어요	신재영외, 1995
2CJ00015	올가미	여혜영, 1997	2CJ00016	처녀들의 저녁식사	임상수, 1998
2CJ00017	투캅스3	김만곤외, 1998	2CJ00018	파업전야	확인불가, 1990
2CJ00019	추억2회	정성주, 1998	2CJ00020	추억3회	정성주, 1998
2CJ00021	추억4회	정성주, 1998	2CJ00022	추억5회	정성주, 1998
2CJ00023	추억6회	정성주, 1998	2CJ00024	추억8회	정성주, 1998
2CJ00025	추억9회	정성주, 1998	2CJ00026	추억10회	정성주, 1998
2CJ00027	해바라기1회	최진원외, 1998	2CJ00028	해바라기2회	최진원외, 1998
2CJ00029	해바라기3회	최진원외, 1998	2CJ00030	해바라기4회	최진원외, 1998

ファイル名	資料名	内容	ファイル名	資料名	内容
2CJ00031	해바라기7회	최진원외, 1998	2CJ00032	해바라기8회	최진원외, 1998
2CJ00033	해바라기9회	최진원외, 1998	2CJ00034	해바라기10회	최진원외, 1998
2CJ00035	한국 근대이행기	김준석, 1998	2CJ00036	가출기	윤조병, 1991
2CJ00037	당신들의 방울	최이석, 1991	2CJ00038	타인의 하늘	노경식, 1987
2CJ00039	탈속	김영우, 1993	2CJ00040	탑	노경식, 1979
2CJ00041	터	김정률, 1982	2CJ00042	파벽	윤대성, 1984
2CJ00043	피서지에서 생긴일	이근삼, 1981	2CJ00044	필부의 꿈	오태석, 1985
2CJ00045	하숙집 사람들	조원석, 1988	2CJ00046	한가위 밝은 달아	노경식, 1990
2CJ00047	허풍쟁이	이언호, 1987	2CJ00048	환생	김성수, 1987
2CJ00049	301 302	김수경, 1995	2CJ00050	기막힌 사내들	장진, 1998
2CJ00051	넘버3	송능한, 1997	2CJ00052	미술관 옆 동물원	이정향, 1998
2CJ00053	여고괴담	인정옥외, 1988	2CJ00054	지상만가	강제규, 1997
2CJ00055	찜	김영찬, 1998	2CJ00056	창	임권택외, 1997
2CJ00057	바람의 노래1회	최현경, 1998	2CJ00058	바람의 노래2회	최현경, 1998
2CJ00059	바람의 노래3회	최현경, 1998	2CJ00060	바람의 노래4회	최현경, 1998
2CJ00061	바람의 노해5회	최현경, 1998	2CJ00062	바람의 노래6회	최현경, 1998
2CJ00063	별은 내 가슴에1회	김기호, 1997	2CJ00064	별은 내 가슴에2회	김기호, 1997
2CJ00065	별은 내 가슴에3회	김기호, 1997	2CJ00066	별은 내 가슴에4회	김기호, 1997
2CJ00067	별은 내 가슴에5회	김기호, 1997	2CJ00068	별은 내 가슴에6회	김기호, 1997
2CJ00069	별은 내 가슴에7회	김기호, 1997	2CJ00070	별은 내 가슴에8회	김기호, 1997
2CJ00071	해바라기5회	최진원외, 1998	2CJ00072	해바라기6회	최진원외, 1998
2CJ00073	우리가 정말 사랑했을까1회	노희경, 1999	2CJ00074	우리가 정말 사랑했을까2회	노희경, 1999
2CJ00075	우리가 정말 사랑했을까3회	노희경, 1999	2CJ00076	우리가 정말 사랑했을까4회	노희경, 1999
2CJ00077	우리가 정말 사랑했을까5회	노희경, 1999	2CJ00078	우리가 정말 사랑했을까6회	노희경, 1999
2CJ00079	화이트 크리스마스3회	확인불가, 1998	CH000109	릭키의 컴퓨터 탐험	홍준환, 1989
CH000113	읽을거리 생각거리	이상태, 1996	CJ000212	보고 또 보고1회	임성한, 미상
CJ000213	보고 또 보고2회	임성한, 미상	CJ000214	보고 또 보고3회	임성한, 미상
CJ000215	보고 또 보고4회	임성한, 미상	CJ000216	보고 또 보고5회	임성한, 미상
CJ000217	보고 또 보고6회	임성한, 미상	CJ000218	보고 또 보고7회	임성한, 미상
CJ000219	보고 또 보고8회	임성한, 미상	CJ000220	보고 또 보고9회	임성한, 미상
CJ000221	보고 또 보고10회	임성한, 미상	CJ000222	보고 또 보고11회	임성한, 미상
CJ000223	보고 또 보고12회	임성한, 미상	CJ000224	보고 또 보고13회	임성한, 미상
CJ000225	보고 또 보고14회	임성한, 미상	CJ000226	보고 또 보고15회	임성한, 미상
CJ000227	보고 또 보고16회	임성한, 미상	CJ000228	보고 또 보고45회	임성한, 미상
CJ000229	보고 또 보고46회	임성한, 미상	CJ000230	보고 또 보고47회	임성한, 미상

ファイル名	資料名	内容	ファイル名	資料名	内容
CJ000231	영웅신화4회	김지수, 미상	CJ000232	남자셋 여자셋	양희승, 1998
CJ000233	영웅신화11회	김지수, 미상	CJ000234	영웅신화17회	김지수, 미상
CJ000235	영웅신화18회	김지수, 미상	CJ000236	백마강 달밤에	오태석, 미상
CJ000237	심청이는 왜 두번 인당수에 몸을 던졌는가	오태석, 미상	CJ000238	사의 찬미	윤대성, 미상
CJ000239	결혼	이강백, 미상	CJ000240	보석과 여인	이강백, 미상
CJ000241	어느 몽유병 환자	이재현, 미상	CJ000242	화가 이중섭	이재현, 미상
CJ000243	0.917	이현화, 미상	CJ000244	누구세요	이현화, 미상
CJ000245	덕혜옹주	정복근, 미상	CJ000246	이수일과 심순애	조일제, 미상
CJ000247	어디서 무엇이 되어 다시 만나랴	최인훈, 미상	CJ000248	돼지가 우물에 빠진날	정대성외, 미상
CJ000249	박봉곤 가출 사건	장항준외, 미상	CJ000250	접속	조명주외, 미상
CJ000251	조용한 가족	김지운, 미상	CJ000252	초록 물고기	이창동외, 미상
CJ000253	편지	조환유외, 미상	CJ000254	닥터봉	육정원외, 미상
CJ000255	코르셋	최문희, 미상	CJ000256	8월의 크리스마스	오승욱외, 미상
CJ000257	투캅스	김성홍, 미상	CJ000258	은행나무 침대	강제규외,미상
CJ000259	육남매4회	최성실, 미상	CJ000260	육남매5회	최성실, 미상
CJ000261	육남매6회	최성실, 미상	CJ000262	육남매7회	최성실, 미상
CJ000263	육남매8회	최성실, 미상	CJ000264	육남매9회	최성실, 미상
CJ000265	육남매12회	최성실, 미상	CJ000266	육남매14회	최성실, 미상
CJ000267	육남매19회	최성실, 미상	CJ000268	육남매20회	최성실, 미상
CJ000269	육남매21회	최성실, 미상	CJ000270	육남매30회	최성실, 미상
CJ000271	MBC베스트극장300화, 전등사	이한호, 미상	CJ000272	MBC베스트극장302화, 화니와 알렉산더	임채준, 미상
CJ000273	MBC베스트극장304화, 고독의 기원	김광식, 미상	CJ000274	MBC베스트극장310화, 가방을 든 여인	이천형, 미상
CJ000275	MBC베스트극장316화,간직한 것은 잊혀지지 않는다	김광식, 미상	CJ000276	MBC베스트극장326화, 외박	이승환, 미상
CJ000277	MBC베스트극장 327화	정성희, 미상	CJ000278	MBC베스트극장328화, 성난 눈으로 돌아 보라	변원미, 미상
CJ000279	MBC베스트극장329화, 숨은 얼굴 찾기	고동률, 미상	CJ000280	LA아리랑61회	이숙진외, 미상
CJ000281	LA아리랑63회	이숙진외, 미상	CJ000282	내가 사는 이유37회	노희경, 미상
CJ000283	테마게임139회, 단짝	정보없음, 미상	CJ000284	세상끝까지7회	정유경, 미상
CJ000285	세상끝까지8회	정유경, 미상			

2. デジタル化資料

KBS（韓国国営放送局）ドラマシナリオ：http://www.kbs.co.kr

60分/268回分（7.43MB）

ファイル名	資料名	内容	ファイル名	資料名	内容
Vol. 1	동물원사람들	2002	Vol. 2	꽃보다 아름다워	2004
Vol. 3	고독	2002	Vol. 4	거침없는 사랑	2002
Vol. 5	찔레꽃	2003	Vol. 6	겨울연가	2002

3. その他の資料

略名	資料名	内容
時間	『짐승의 시간』	김원우, 1986
我ら	『우리 사는 동안에』	이정하, 1992
リンゴ	『열한번째 사과나무』	이용범, 2001
今会い	『지금, 만나러 갑니다』	양윤옥(訳), 2005
デパート	「삼풍 백화점」『제51회 現代文学賞수상소설집』현대문학	정이현, 2006
長い	「긴 하루」『제30회 이상문학상 작품집』문학사상	구광본, 2006
ビーチ	「비치보이스」『제51회 現代文学賞수상소설집』현대문학	박민규, 2006
マック	「맥도널드 사수 대작전」『제51회 現代文学賞수상소설집』현대문학	김경욱, 2006

索引

著者紹介

丁仁京（ちょん・いんぎょん）

〈略歴〉韓国出身。麗澤大学大学院言語教育研究科博士後期課程修了。博士（文学）。現在、福岡大学教育開発支援機構共通教育研究センター外国語講師。

〈主要著書・論文〉「韓国語の文末表現「것이다」のスコープ機能」（『朝鮮学報』第 208 輯，朝鮮学会）、「韓国語の終結語尾‘-ㄴ걸’‘-ㄹ걸’の研究―話し手が言及する情報と統語形式との関連―」（『朝鮮学報』第 216 輯，朝鮮学会）、「韓国語の先語末語尾‘-시 (si)-’の対者敬語化―日本語との比較―」（『福岡大学人文論叢』第 48 巻第 2 号，福岡大学研究推進部）「韓国語の形式名詞‘것’と日本語の形式名詞」（『韓国語教育論講座』第 3 巻，くろしお出版）、など。

現代韓国語の形式名詞「것geos」に関する研究

初版発行 2021 年 5 月 21 日

著　　者　丁仁京

発 行 人　中嶋　啓太

発 行 所　博英社
　　　　　〒 370-0006 群馬県 高崎市 問屋町 4-5-9 SKYMAX-WEST
　　　　　TEL 027-381-8453（営業、企画）/ FAX 027-381-8457
　　　　　E· MAIL hakueisha@hakueishabook.com

ISBN　　　978-4-910132-07-5

定　　価　3,300円（本体 3,000 円 + 税10%）